Mareike Fröhlich (Hrsg.)
Geschmackvoll morden

wellhöfer VERLAG

Wellhöfer Verlag
Ulrich Wellhöfer
Weinbergstraße 26
68259 Mannheim
Tel. 0621/7188167

info@wellhoefer-verlag.de
www.wellhoefer-verlag.de

Titelgestaltung: Uwe Schnieders, Fa. Pixelhall, Malsch
Satz: Wellhöfer Verlag, Mannheim

ISBN 978-3-95428-258-6

Mareike Fröhlich (Hrsg.)

Geschmackvoll morden

Inhalt

Rezepte

MAREIKE FRÖHLICH

Alhambras Erlöser

Aichwald

Seit mehreren Tagen sind die Rollläden unten. Am Anfang ist noch ab und zu die Diakonie oder so aufgetaucht, aber die haben sich seit einer Ewigkeit nicht mehr blicken lassen. Ein gutes Zeichen, ja, praktisch eine Einladung. Entweder ist der alte Sack oder die Vettel krepiert oder ins Pflegeheim abgeschoben. Erben sind keine auf der Bildfläche erschienen. Klar, die wichtigen Leutchen haben keine Zeit, sich um den alten Krempel zu kümmern.

Ich habe Zeit. Und Lust sowieso. Wie immer, wenn es die kleinste Chance auf *etwas zu holen* gibt.

Die letzten Einstiege sind verdammt mies gewesen. Auch bei uns wird alles schwerer. Kaum mehr was zu holen und für das Kaum bekomm ich auf eBay fast keine Kohle. Eben alles nur Ramsch. Smartphones und Tablets lassen die Leute eh nicht liegen. Der Verkauf von den Dingern ist sowieso zu riskant. Dann haben alle nur noch Plastikgeld statt der guten alten Scheinchen. Und bei den Alten gibt es meistens nur billigen Schmuck oder wertloses Zinn. Schrott eben. Wo es Kohle gibt, da gibt es Hightech-Alarmanlagen. Die Buden sind besser gesichert als der Knast.

Ich schaue noch mal die Straße rauf und runter. Nichts. Wie mit der Zahnbürste leergefegt. Was für eine vergessene Seitenstraße! Von den Menschen, von der Stadt – die hat es nicht mal für nötig gehalten, Straßenlaternen aufzustellen. Zu teuer, vermute ich. Mir kommt das gerade recht. Die Seitenstraßen sind vergessene Kinder, so wie ich.

Ich ziehe die Sturmhaube über das Gesicht und die Handschuhe an und verlasse mein Versteck hinter der Hecke. Schwarz in Schwarz im Schwarz. An einem Montagabend.

Im Gegensatz zu den anderen Einsteigern halte ich den Montag für den perfekten Tag. Montags ist die feine Gesellschaft im Urlaub, auf Geschäftsreise oder – wie in diesem Fall – im Altenheim oder über den Jordan gegangen. Dem Rest sitzt der Schock vom ersten geknechteten Tag nach dem Wochenende in den Knochen. Sie sitzen vor der Glotze und keiner achtet darauf, was hinter dem eigenen Tellerrand los ist. Keiner achtet auf mich.

Wie eine Katze bewege ich mich durch den Garten, um den sich lange niemand mehr gekümmert hat. Das Gras geht mir bis zu den Knien. Auch gut.

Mein Ziel: Das Küchenfenster. Das habe ich mir vor ein paar Tagen genauer angeschaut. Typisch alte Leute. Ein einfacher Holzrahmen, ohne jegliche Sicherung. Klar, lohnt sich nicht mehr, der ist doch noch gut, der Rahmen.

18 Sekunden brauche ich für das Teil. Das ist eine gute Zeit. Eine verdammt gute sogar. Vielleicht wird das hier ja endlich mal was Großes. Ich brauche nur ein vernünftiges Ding, um mit dem Scheiß aufhören zu können. Nur ein Ding für das, was andere ein Leben nennen.

In der Küche ist alles dunkel. Ich lausche. Kein Geräusch ist zu hören, nicht einmal das alte Gebälk knackt.

Ich hole die kleine Taschenlampe aus meiner Jacke und kann in deren Licht sehen, dass die Küche nicht wirklich eine Küche ist. Ein paar Flaschen Wasser, ein paar alte schrumpelige Äpfel in einer Schale. Auch in den Schränken ist Ebbe. Keine Dosen, in denen Bares versteckt ist. Dabei denken die Alten doch, dass ihr Geld dort optimal sicher ist. Ich schaue in den Kühlschrank. Und das Gefrierfach. Das ist auch beliebt. Scheine zwischen Erbsen und Fisch. Allerdings gibt es hier keine Erbsen. Und auch keinen Fisch.

Plötzlich Licht und ein Rauschen. Reflexartig ducke ich mich, knipse die Taschenlampe aus. Doch draußen fährt nur ein Auto vorbei. Paradox, wie sehr die Leute damit prahlen, dass sie in einer ruhigen Straße wohnen. Die sind für Typen wie mich gemacht. Für solche, die die Ruhe anzieht wie Klebestreifen die Fliegen.

Nachdem mein Herz wieder einigermaßen normal schlägt, gehe ich ins Wohnzimmer, das genauso dunkel ist wie der Rest vom Haus. Aber da ist trotzdem was. Gestank! Am liebsten hätte ich die Fenster aufgerissen. Es riecht nach alt und gestorben.

Scheint, als wäre hier wirklich jemand drin verreckt. Wahrscheinlich hat der hier 'ne Weile gelegen, weil ihn niemand vermisst hat. Das kenne ich. Mich vermisst auch keine Sau.

Ich knipse die Lampe wieder an, lasse das Licht über den Schrank gleiten. Warum haben alte Leute immer so gammlige Möbel? Kein Geld ausgeben, damit die Erben mehr haben? Wenn ich Kohle hätte, dann würde ich es so richtig krachen lassen, bevor ich den Löffel abgebe.

Ich stecke die Taschenlampe zwischen die Zähne, ziehe Bücher vor, fasse in Vasen. Irgendwo muss doch was sein, nur ein paar Euro. Alte Leute trauen den Banken nicht. Horten alles zu Hause. Zumindest war das mal so. Ich öffne Blechdosen, in denen sich vor 100 Jahren vermutlich mal Printen oder sowas befunden haben müssen. Dabei versuche ich so leise wie möglich zu sein. In verlassenen Häusern ist die Stille erdrückend. Bei jedem kleinen Gepolter fühle ich mich automatisch ertappt. Obwohl das völliger Quatsch ist. Solange die Nachbarn nichts spitzkriegen.

Auch wenn ich total leise bin, höre ich was. Vielleicht habe ich nicht mehr alle Steine in der Schleuder, aber es kommt mir so vor, als würde der Schrank stöhnen, während ich ihn durchwühle.

»Na, Kumpel, willst du mir was erzählen?«, flüstere ich. »Lass stecken, bin nicht interessiert.«

Ich habe meine eigene Geschichte und keinen Platz für weitere Sorgen, füge ich in Gedanken dazu.

Ich öffne ein Fotoalbum mit Erinnerungen, die keinen mehr interessieren, die im Schrank weggeschlossen sind. So wie meine. Tief drinnen.

Das Stöhnen wird lauter. Ein Wort lässt sich daraus erahnen. Etwas wie »Jung«.

Ich halte inne. Lausche. Versuche zu erkennen.

»Junge!« Leise. Nur ein Hauch.

Beinah fällt mir das Fotoalbum aus der Hand. Ich kann es gerade noch halten, stelle es hektisch in den Schrank zurück.

Langsam drehe ich mich um. Erst jetzt sehe ich es: das Bett an der Wand. Ein Bett für Kranke. Für die, die den Weg aus dem Schlafzimmer nicht mehr schaffen, die im Wohnzimmer liegen, damit es danach aussieht, als würden sie am Leben teilhaben. Doch das tun sie nicht. Sie sterben auf dem Servierteller.

In dem Bett liegt eine Gestalt, die kaum noch an einen Menschen erinnert, sondern viel mehr an den Sensenmann.

»Komm her zu mir.« Auch wenn die Worte leise sind, treffen sie mich mit aller Wucht.

Ich will nicht. Aber meine Gliedmaßen ignorieren mein Nein. Denen ist völlig egal, was ich sage. So wie vielen anderen.

Ich bin nur noch einen Schritt entfernt. Es ist eine Frau, die dort liegt. Aber das erkenne ich nur an den Haaren, die lang und weiß über das Kopfkissen verteilt sind. Der Rest des Körpers: ein eingefallener Hügel unter der Bettdecke. Die Arme, die auf der Decke liegen, nicht mehr als mit Haut bespannte Knochen.

Die Frau klopft mit der Hand auf die Matratze.

Ich zögere, will weg. Weg aus diesem Haus, weg von dieser Frau.

»Setz dich.« Sie klopft erneut auf die Matratze.

Alles in mir schreit, meine Haut kribbelt. Das ist zu nah, viel zu nah. Das ist ihr Ort und ich, ich bin ein Fremder.

Wie ferngesteuert nehme ich den Stuhl, der neben dem kleinen Tischchen vor dem Fenster steht, stelle ihn neben das Bett, ziehe den Rucksack ab und setze mich. Wie beim Arzt, im Wartezimmer.

Die Frau lächelt, gerade so als wüsste sie, warum ich ihr nicht zu nahe kommen will.

»Knipst du bitte das kleine Licht auf dem Tisch an? Ich möchte dich gerne sehen.«

Nein. Das ist nicht gut. Trotzdem stehe ich auf, weil ich Angst habe, dass diese Frau, die näher am Tod als am Leben ist, zu

Asche verfällt, wenn ich widerspreche. Ich mache das Licht an und meine Taschenlampe aus, bevor ich mich wieder setze.

»Nun zieh doch endlich diese Maske ab. Die juckt sicher ganz furchtbar.«

Wieder zögere ich.

»Ich werde dich nicht verraten. An wen auch?«

Ich ziehe die Handschuhe aus und die Maske vom Kopf. Erst jetzt wird mir bewusst, wie heiß es unter dem Ding ist.

»Wie heißt du, mein Junge?«

Ich reagiere nicht und sie lacht.

»Ach …« Sie streckt ihre Hand aus, berührt meine. Die Haut und die Knochen sind warm. Sie umfasst meine Hand, drückt sie, so, wie es meine Oma immer getan hatte. Um mir Wärme und Halt zu geben.

»Migg«, sage ich.

Sie nickt, mustert mich und scheint nachzudenken.

»Migg?«

Ich nicke.

»Abkürzung von was? Von Miguel? Du bist Spanier?«

»Nein. Aber meine Eltern behaupten, dass irgendein Vorfahre irgendwann im Mittelalter mal aus Spanien nach Deutschland gekommen ist. Und seitdem meinen sie, dass ein Hundertstel in uns spanisch ist. Darum bekommen alle von uns spanische Namen.«

Sie lacht. Hustet. Lacht. Nicht verächtlich, sondern amüsiert.

»Warst du denn jemals in Spanien?«

Ich schüttle den Kopf.

»Nein?« Ihre eingefallenen trüben Augen weiten sich. Dann legt sich ein Hauch von Seligkeit auf ihr Gesicht. Sie sieht aus wie ein Kind, das ein Geschenk bekommt.

»Du hast niemals die Alhambra gesehen?«

»Alhambra?«

Wieder drückt sie meine Hand. »Oh ja. Die rote Burg auf dem Sabikah-Hügel. Die Mauren, weißt du.«

Ich weiß gar nichts, woher auch. Aber ich höre ihr zu, sehe das eingefallene Gesicht an, den zerbrechlichen Körper. Und frage mich, warum ich und niemand sonst an ihrer Seite sitzt. Vielleicht haben alle anderen die Geschichte der Burg schon gehört. Kalli…dingsbums Verzierungen an Mauern. Von irgendwelchen Dichtern. Und wie sie in Granada Flamenco getanzt und die Liebe ihres Lebens getroffen hat.

»Ich habe sie so sehr geliebt. Diese Stadt, diesen Mann, diese Burg. Und Gazpacho. Magst du Gazpacho?«

»Was?«, frage ich und versuche aus der spanischen Welt wiederaufzutauchen.

»Kalte Gemüsesuppe.«

Wer isst bitte kalte Suppe?

»Kennst du das gar nicht?«

Ich schüttele den Kopf.

Die Frau stöhnt leise auf. »Ich würde sie so gerne noch einmal essen. Nur ein paar Löffel. Aber niemand will sie mir zubereiten.«

»Hast du keine Kinder? Was ist mit dem Pflegedienst, der immer gekommen ist?«

Die Frau lacht. Ein wissendes Lachen. Super! Eben habe ich verraten, dass ich das Haus schon länger beobachtet habe.

»Ich bin eine Vergessene. Ich lebe schon viel zu lange.« Ein Hustenanfall unterbricht sie. »Meine Kinder kommen nicht, sie sind in Amerika, Japan, China oder wo auch immer die wichtigen Termine stattfinden. Nicht in Spanien. Nicht in Aichwald.«

»Und der Pflegedienst hat keine Zeit?«

Sie antwortet nicht. Die Stille kommt zurück, macht mich nervös. Irgendwann glaube ich, dass sie eingeschlafen ist. Ich überlege, wie ich meine Hand aus ihrer befreien kann, ohne dass sie aufwacht. Ihre Hand, die immer noch warm ist.

»Ich würde gerne eine letzte Gazpacho essen.« Es ist nicht mehr als ein Wispern. Trotzdem haben die Worte so viel Wucht, dass sie mich durchrütteln wie ein Orkan.

Wie kann sich ein Mensch am Ende seines Lebens eine kalte Suppe wünschen? Warum wünscht sie sich – ich weiß nicht mal ihren Namen – nicht einen Besuch ihrer Kinder?

»Miguel? Würdest du eine Gazpacho für mich machen?«

Ich lache. Ganz automatisch. »Ähm, ne, das kann ich nicht. Ich kann nicht kochen.«

Ihre blassblauen Augen strahlen mich an.

»Das musst du auch gar nicht. Gazpacho wird nicht gekocht, sondern eigentlich nur zusammengerührt. Und gestern habe ich den Transporter gehört. Hast du ihn nicht gesehen? Er kam erst spät am Abend. Der Mann stellt die Tüte mit meiner Bestellung jede Woche vor die Tür. Und jede Woche sind die Zutaten für meine letzte Suppe darin. Schau doch bitte nach. Und ich helfe dir dann beim Kochen.«

»Helfen?« Automatisch gleitet mein Blick über ihren Körper, doch sie reagiert nur mit einem Nicken.

Ich überlege. Warum sollte ich? Vielleicht sollte ich einfach gehen? Was will die Alte schon erzählen? Oder eher wem? Es kommt doch sowieso niemand her.

»Miguel?«

Ich brumme, weil ich noch nicht fertig überlegt habe.

»Eine Hand wäscht die andere«, sagt sie und lächelt wieder dieses Lächeln, gegen das ich mich nicht wehren kann.

»Wie meinst du das?«

»Du machst mir Gazpacho und ich gebe dir etwas dafür.«

»Ach ja? Und was soll das sein?«

»Von manchen Dingen muss man sich überraschen lassen«, sagt sie.

Es ärgert mich. Ich hasse Überraschungen. Aber zu verlieren habe ich nichts, also stehe ich auf und öffne die Haustür. Die Frau hat recht. In einer Box befindet sich eine braune Papiertüte mit dem Logo einer Supermarktkette. Ich nehme sie und trage sie zurück ins Wohnzimmer.

»In der Küche, neben dem Herd in der Schublade sind Messer und im Schrank darunter ist ein Brettchen und eine Schüssel.«

Ein bisschen komme ich mir vor wie ein Diener. Steif, mit weißen Handschuhen an den Flossen und alles machen, was man gesagt bekommt. Auch wenn mich das wurmt, hole ich das Zeug aus der Küche. Einfach, weil sie es sich wünscht.

»Es ist ganz leicht. Du musst nur das Gemüse in ganz kleine Stückchen schneiden. So klein wie möglich, hörst du. Und dann alles in die Schüssel.«

Ihre Stimme hat auf einmal wieder Kraft, sie klingt nach Befehl.

»Soll ich das Gemüse erst waschen?«, frage ich, doch sie schüttelt den Kopf.

»Nicht bei der letzten Suppe.« Ihr Blick klebt auf mir. Als ich sie anschaue, sagt sie: »Du bist ein guter Junge.«

Ha! Ich bin ein Vergessener. Ein Einbrecher. Ein Einbrecher, der Gemüse für eine kalte Suppe schneidet.

Während ich am kleinen Tisch im Wohnzimmer sitze und alles in super kleine Stücke schneide, summt die Frau. Es klingt nach Liedern einer anderen Welt.

Ich brauche eine Ewigkeit. Aber das ist nicht schlimm. Wir haben beide Zeit. Keiner wartet auf uns und keiner kommt, um uns zu stören.

Vom Bett aus gibt sie mir Anweisungen. Schritt für Schritt. Bis die Suppe fertig ist. Mit der Zeit fühlt sich das gut an, dieses Gemeinsam. Und ich bekomme tatsächlich etwas auf die Reihe, was ich noch nie gemacht habe. Als ich das Durcheinander, das sich in der Schüssel befindet, probiere, muss ich mir eingestehen, dass dieses Zeug verdammt gut schmeckt.

»Dann hol ich mal einen Suppenteller und einen Löffel«, sage ich.

»Nein!«

Da ist er wieder, der Befehlston in ihrer Stimme.

»Eine Zutat fehlt noch. Hör mir jetzt genau zu.« Ihr Blick krallt sich an mir fest. »Du gehst nach oben ins Schlafzimmer. In der Schublade des rechten Nachtschranks liegt eine Packung. Fentanyl steht drauf. Hast du das verstanden? Fentanyl!«

Ich bewege mich nicht vom Fleck.

»Miguel. Bitte.«

Das ist nicht gut. Ich spüre ganz genau, dass das nicht gut ist. Trotzdem gehe ich. Nur um einen Blick darauf zu werfen. Auf dieses Fentanyl. Um ihr dann zu sagen, dass ich nichts Verbotenes tue.

Ich mache das Licht im Flur an, gehe die Treppen nach oben, in das Schlafzimmer. Man merkt ihm an, dass es unbewohnt ist. Verödet. Noch so ein vergessener Ort.

In der Schublade finde ich Dutzende Packungen der verschiedensten Medikamente. Das Fentanyl liegt obendrauf. Ich tue noch etwas, was ich noch nie zuvor gemacht habe: Ich lese den Beipackzettel. Buccaltablette. Schmerzen. Tumor. Durchbruch. Geben Sie das Medikament nicht an Dritte weiter. Ich verstehe kein Wort.

Ich nehme die Packung, die schwer wie ein Stein in meiner Hand liegt, mit nach unten.

»Was ist das?«, frage ich.

»Nur ein Schmerzmittel.« Sie dreht den Kopf weg, schaut mich nicht an.

Sie kommt plötzlich. Die Wut. Heiß und mit aller Kraft.

»Ach, Blödsinn, was soll das –«, ich will ihren Namen schreien, aber den kenn ich nicht. »Wie heißt du überhaupt?«

Stille.

»Du kennst auch meinen Namen. Eine Hand wäscht die andere. Oder wie war das?«

»Ana Maria«, sagt sie, während sie den Kopf wieder zu mir dreht. Sie streckt ihre Hand nach mir aus.

Ich nehme sie, setze mich auf den Stuhl, halte ihr die Packung hin. »Ana Maria. Was ist das?«

»Ignazio hatte Krebs. Dieses Medikament hat seine letzten Stunden erleichtert und ihn gehen lassen. Ich bin übriggeblieben. Ich will auch gehen.«

Ein bitterer Geschmack breitet sich in meinem Mund aus. »Du willst, du willst, dass ich –«

Sie nickt. »Meine letzte Suppe. Du bist mein Erlöser. Ich habe so lange auf dich gewartet.«

Ich springe auf, der Stuhl fällt um. Ich weiche zurück, schüttle den Kopf. »Nein, nein, nein!«

»Miguel. Migg!«

»Nein! Was denkst du eigentlich? Ich bin kein Mörder!« Immer weiter weiche ich zurück. Weg von ihr. Weg von dem Gedanken.

»Nein. Das bist du nicht. Du bist mein Erlöser. Ich bin vergessen, ich habe Schmerzen. Ich möchte gehen. So lange schon. Und dann kommst du. Der Himmel hat dich geschickt. Du wirst es verstehen, wenn du am Ende deiner Tage angekommen bist, ja, dann wirst du an mich denken.«

»Nein!« Ich spüre Tränen in meinen Augen. Ich, der so gerne ein harter Hund wäre, aber einknicke wie eine Memme. Ich könnte einfach gehen. Was interessiert mich das Schicksal dieser Frau?

Drei Schritte und ich bin am Bett, schnappe meinen Rucksack und gehe zur Tür. Ich greife nach der Türklinke. Was bildet sie sich ein, diese Ana Maria?

Ich halte inne. Ana Maria. Alhambra. Granada. Und Gazpacho. Wann habe ich jemals bekommen, was ich mir gewünscht habe? Wann hat einer mal darauf geachtet, was ich wollte? Noch nie! Alle haben mich ignoriert. Immer. Und ich bin kurz davor, das Gleiche zu tun.

Ich schaue mich um, sehe sie. Ana Maria. Sie starrt an die Decke. Tränen laufen über ihre Wangen.

Mein Brustkorb zieht sich zusammen, ich kriege kaum noch Luft.

Die Suppe ist fast fertig. Die letzte Zutat fehlt.

Ich gehe zurück, stelle den Rucksack wieder neben den Stuhl. Nun bin ich es, der ihre Hand nimmt.

»Wirst du leiden?«, frage ich.

Sie lächelt. »Ich werde genießen. Deine wundervolle Gazpacho. Das Medikament werde ich nicht schmecken und irgendwann bleibt einfach mein Herz stehen. Ich werde Ignazio wiedersehen. Und Spanien.«

»Was muss ich tun?«

Sie nickt. »Hör mir jetzt genau zu. Du pulst die Tabletten aus diesen Verpackungen raus, machst sie mit einer Gabel klein und mischst sie unter meine Suppe. So viele Tabletten, wie da sind. Du musst mir beim Essen helfen. Ich schaffe das nicht allein. Dann gehst du ins Schlafzimmer. Der Schrank ...« Sie hustet. Schnappt nach Luft. »Die Wand hinter den Anzügen, die kannst du verschieben. Geh nach Spanien. Andalusien ist wunderschön. Fang neu an. So wie ich damals.« Wieder zieht sie die Luft ein, drückt dabei meine Hand. Nur so fest, wie ein schwacher Mensch eine Hand drücken kann.

»Das Leben schenkt dir nichts, Miguel. Aber du schenkst mir etwas. Und ich dir. Nimm den Koffer. Niemand wird merken, dass er weg ist. Niemand wird merken, dass du weg bist.«

»Koffer?«

»Ja, den Koffer. Versprich es mir!«

Ich versuche, einen klaren Gedanken zu fassen.

»Versprich es mir!«

Ich verspreche es, hole einen Teller voll Suppe und einen Löffel, zerkleinere die Tabletten und vermische sie mit der Suppe.

»Du bist ein guter Junge«, sagt sie wieder. »Der Himmel hat dich geschickt.« Bei jedem Löffel Suppe, der in ihrem Mund verschwindet, entspannen sich ihre Geschichtszüge mehr.

»Und ein guter Koch.«

Ich stelle den Teller zur Seite und halte ihre Hand. Ich warte. Lange. Ana Maria liegt einfach da. Ab und zu hustet sie. Ich frage mich, wie lange es dauern wird. Oder ob sie sich vielleicht mit der Wirkung von dem Medikament getäuscht hat. Wie lange braucht ein Mensch zum Sterben?

Irgendwann zieht sie die Luft immer stärker ein, stöhnt. Kämpft, ringt und ich verzweifle. Vielleicht sollte ich doch den Notarzt rufen? Ich tue es nicht. Ich weine. Bis sie aufhört zu kämpfen. Bis sie geht.

Ich falte ihre Hände auf ihrem Bauch. Spreche ein Gebet, obwohl ich nicht an Gott glaube. Aber für Ana Maria mache ich es.

Warum bin ich nur in dieses Haus eingestiegen? Ich will gehen. Der Koffer? Ich habe es versprochen.

Also kehre ich ins Schlafzimmer zurück, schiebe die Anzüge und die Rückwand des Schankes zur Seite und hole den Koffer raus. Er ist aus Leder, abgeschabtem Leder. Ich öffne ihn. Mein Körper verkrampft sich. Ich kann kaum noch atmen. Und die Tränen kommen wieder, während ich ein Bündel nach dem anderen aus dem Koffer hole. 22 Bündel. 220.000 Euro. Die verstaue ich in meinem Rucksack, räume den Koffer in das Geheimfach und gehe nach unten. Zu Ana Maria.

Ich gebe ihr einen Kuss auf die Stirn. »Ich danke dir«, flüstere ich. »Der Himmel hat dich geschickt. Und zurückbekommen.«

Ich verlasse das Haus. Die Ortschaft. Das Land. Ich bin kein Einbrecher mehr. Ich bin ein Mörder. Und ein Erlöser.

Gazpacho

Für 4 Portionen

500 g aromatische Tomaten
1/2 Salatgurke
1 grüne Paprikaschote
1 rote Paprikaschote
2 Knoblauchzehen
1 Gemüsezwiebel
750 ml passierte Tomaten
250 ml kalte Gemüsebrühe
75 ml Olivenöl
50 ml weißer Balsamico
Salz und Pfeffer
1 kleine Chilischote ohne Kerne
Zucker

Das Gemüse in feine Würfel schneiden und in eine Schüssel geben. Passierte Tomaten, Gemüsebrühe, Essig, Öl, Knoblauch und Chili vermischen und zum Gemüse geben.
Mit Salz, Pfeffer und Zucker abschmecken und (richtig) kalt servieren.
Dazu passt geröstetes Bauernbrot, mit Knoblauch abgerieben.

MARIBEL AÑIBARRO

Ob ihr es glaubt oder nicht

Böblingen

E-Mail an: Beste@Kochgruppe.de
Betreff: Es tut mir leid

Ihr Lieben,

es tut mir schrecklich leid, dass ich nicht zu unserem gestrigen Kochabend kommen konnte.

Ob ihr es glaubt oder nicht. Der Termin war in meinem Kalender – den ihr mir zu meinem Geburtstag geschenkt hattet – eingetragen und meine Uhr war dank eurer Erinnerung auf die Sommerzeit umgestellt. Es hat auch nicht an einem leeren Tank oder wie beim letzten Mal an einem PS4-Spiel gelegen.

Wenn ihr erst gelesen habt, was mir Unglaubliches passiert ist, werdet ihr mir sicher verzeihen, dessen bin ich gewiss.

Es fing alles damit an, dass ich gestern Vormittag die Zutaten für unsere vegetarischen Spaghetti Bolognese einkaufen wollte und mir dafür einen Einkaufszettel schrieb. Kaum war die Tinte darauf getrocknet, wehte ein heftiger Wind über den Küchentisch, der den Zettel erfasste und ihn wie einen Schmetterling zum offenen Fenster flattern ließ. Ich spurtete hinterher, wollte das widerspenstige Stück Papier zu fassen bekommen, griff jedoch ins Leere. Noch ein letzter eleganter Hechtsprung und ich hatte es geschafft: Ich spießte ihn mit meinem kleinen Finger der linken Hand auf, musste aber zu meiner Bestürzung feststellen, dass ich bereits halb über dem Fenstersims im Freien hing.

Ob ihr es glaubt oder nicht. Meine rechte Hand krallte sich so sehr in das Holz des Fensterrahmens, dass meine Finger wie in warmem Wachs tiefe Abdrücke in diesem hinterließen. Für einige

Sekunden hing ich in der Waagerechten, in der ein Staubkörnchen gereicht hätte, das Gleichgewicht zu meinen Ungunsten aus dem Lot zu bringen.

Und da sah ich es.

Durch das offenstehende Fenster der gegenüberliegenden Wohnung sah ich, wie das Sonnenlicht an einer schmalen Metallfläche reflektiert wurde. Ich schwöre euch, mir war, als würde mich die Klinge des Messers anblinken, bevor sie in die Eingeweide meiner Nachbarin eindrang. Der Mörder – dessen Gesicht unter einer Kapuze verborgen war – zog das Messer aus ihrem erschlaffenden Körper heraus und sah ihr beim Fallen zu.

Ich aktivierte jede einzelne meiner Muskelfasern und schwang mich zurück in meine Küche, bevor der Mörder meiner ansichtig werden konnte. Ohne die geringsten Anzeichen einer Schockstarre robbte ich auf dem Fliesenboden bis zur Tür. Erst dann wagte ich aufzustehen, um die Polizei zu rufen. Denn eines war gewiss: Wenn dank meines Hinweises der Mörder gefasst wurde, würden sich die letzten 24 Bußgeldbescheide für das missverstandene Falschparken und die angeblichen Geschwindigkeitsüberschreitungen aus Dankbarkeit in Luft auflösen.

Glücklicherweise hatte ich mein Handy schnell zur Hand. Doch leider war der Akku leer.

Was blieb mir anderes übrig, als mir meinen Rucksack über die Schultern zu schwingen, sechs Stufen auf einmal nehmend die Treppen hinunter zu rennen und gleichzeitig die Sicherheitsnadel, mit der ich meinen Glücksbringer am Rucksack befestigt hatte, mit den bloßen Händen zu einem Dietrich zu formen.

Der Marktplatz war wie ausgestorben, es war, als hielte ganz Böblingen den Atem an, während ich im Affenzahn zur Eingangstür des Nachbarhauses lief. Die Tür hielt meinem Dietrich keine Zehntelsekunde stand und die Treppen lief ich genauso schnell hinauf wie die meinen zuvor hinab.

Angst? Nein, Angst hatte ich keine, denn das Adrenalin und mein Gerechtigkeitssinn stählten meinen Körper wie eine Rüstung. Gleich würde ich den Mörder zur Strecke bringen. Wie gut, dass ich am Tag zuvor einen Kung-Fu-Film gesehen und mir die Bewegungsabläufe bis ins Kleinste eingeprägt hatte.

Aber ich kam zu spät. Die offene Wohnungstür, die nach meinem gezielten Sylvester-Stallone-Tritt nur noch in einer Angel hing, offenbarte ein schaurig blutiges Bild. Innerhalb einer Sekunde überblickte ich die Situation: Vom Mörder keine Spur. Das Messer lag neben der Leiche. Schnell hob ich das Beweisstück mit zwei Fingern auf und steckte es mit der Klinge voran in das Außenfach meines Rucksacks, um die räuberischen Elstern, die in letzter Zeit vermehrt in der Gegend gesehen wurden, nicht in Versuchung zu führen, das Corpus Delicti durch das noch immer offenstehende Fenster zu entwenden.

Ein scharfer Luftzug verriet mir in der nächsten Sekunde, dass es noch einen anderen Ausgang geben müsse, durch den der Mörder geflüchtet sein musste. Und tatsächlich, durch die offene Hintertür in der Küche hörte ich polternde Schritte, die ungelenk die Treppen hinabstolperten.

Aus dem Augenwinkel sah ich auf dem Küchentisch eine Packung Spaghetti liegen. Die würden nun nicht mehr auf dem Speiseplan meiner Nachbarin stehen, also steckte ich sie in meinen Rucksack und machte mich daran, den Mörder zu verfolgen.

Doch dieser hatte sich mittlerweile wieder bewaffnet. Kaum hatte ich seinen Vorsprung am letzten Treppenabsatz fast eingeholt, warf er etwas nach mir, das im Gegenlicht der Sonne wie eine Handgranate aussah. Heldenhaft fing ich sie auf, bereit sie zu entschärfen und den Wohnblock mit den darin lebenden unschuldigen Menschen zu retten. Zu meinem Erstaunen handelte es sich jedoch um eine Dose mit passierten Tomaten. Und das nahm ich dem Mörder jetzt wirklich übel. Was bitteschön sollte ich mit nur *einer* Dose anfangen?

Hinzu kam, dass der Mörder ein unlauteres Mittel zu seiner Flucht einsetzte: eine BMW HP4 Race. Kurz überlegte ich, die Verfolgung mit meiner Vespa aufzunehmen. Dann fiel mir ein, dass ich sie letzte Woche aus Versehen in eine frisch geteerte Straße manövriert hatte.

Aber meine Wut nährte meine Kräfte. Ich setzte dem rasenden Motorrad nach, vorbei am Marktplatzbrunnen mit der St. Christophorus Statue.

Wieder warf der Mörder etwas nach mir. Aber er war ein miserabler Werfer. Das Objekt meiner Begierde – denn ich hatte das Geschoss als eine zweite Dose mit passierten Tomaten identifiziert – wäre viel zu hoch über mich hinweg geflogen. Ich setzte zu einem Sprung an, nach dem selbst ein Mister Jordan sich die Finger lecken würde, fing die Zutat für unsere Spaghetti auf und verstaute sie noch in der Luft im Rucksack. Gleichzeitig erfasste mich eine heftige Windböe, die mich im wahrsten Sinne des Wortes, in Windeseile quer über den Marktplatz bis hin zum Bösewicht wehte.

Wieder festen Boden unter mir spürend, hängte ich mich an das Carbonheck des Motorrads, stemmte meine Fersen – die in meinen Lieblingsturnschuhen steckten – in den Boden, bis der Qualm des verbrennenden Gummis uns beide umhüllte. Wie Widerhaken mussten sich die Rußpartikel an den Nasenschleimhäuten des Mörders festgesetzt haben, denn ein heftiges Niesen brachte ihn ins Schlingern. Zum Glück verfehlte er das Weingeschäft an der Ecke. Leider fuhr er mitten in einen frisch angelieferten Turm aus Weinkisten.

Ob ihr es glaubt oder nicht. Im Nachhinein kann ich nur sagen, dass dies der Moment gewesen sein muss, in dem eine Rotweinflasche – die unserer Tomatensauce den perfekten Hauch an Verwegenheit verleihen wird – ihren Weg ganz von allein in meinen Rucksack gefunden haben muss.

Wie ein Kaninchen auf der Flucht schlug der Mörder auf seiner BMW Haken, als er die Pfarrgasse entlangraste, die Treppe am Zehntscheuermuseum hinunterholperte, um dann nach rechts in die Poststraße zum Unteren See einzubiegen; ich so dicht an ihm klebend, dass kaum ein Haar zwischen mich und das Hinterrad gepasst hätte.

Wir schlängelten uns um die Fressstände der Veranstaltung *Schlemmen am See*, bis ein Koch, der einen riesigen Parmesan trug, unseren Weg kreuzte. Als er die BMW auf sich zurasen sah, ließ er den Käse Käse sein und hechtete aus der Schusslinie, während der runde Laib in den messerscharfen Felgen der BMW zu feinen Raspeln verarbeitet wurde, die mir in hohem Bogen entgegenflogen, sodass ich sie mit meinem Tuppergefäß – ohne das ich das Haus nie verlasse – auffangen konnte. Deckel drauf und ab in den Rucksack.

Plötzlich hörte ich hinter mir gebieterische Rufe: »Stopp, stehen bleiben! Haltet sie!«

Wieso *sie*, schoss es in mein Hirn. »Haltet *ihn*!« müsste es heißen.

Ich wagte es, kurz den Blick vom Mörder, der nun zu Fuß floh, abzuwenden, um die Lage hinter mir zu peilen. Drei Polizisten rannten hinter mir her. »Achtung, sie ist bewaffnet!«, schrie einer von ihnen.

Was für ein Unsinn, dachte ich, ich bin doch nicht ... da fiel mir das blutige Messer ein. Ich legte einen Zahn zu, sprang über die Autos, die den Elbenplatz überquerten, dem Mörder, der sich unter die Menschenmassen mischen wollte, weiter auf den Fersen. Doch die Polizisten waren aus mir ebenbürtigem James-Bond-Holz geschnitzt. Sie holten auf.

Ob ihr es glaubt oder nicht. Ohne jeden Zweifel steht fest, dass mir der stationäre Buchhandel in diesem entscheidenden Moment mein Leben gerettet hat. Alles, was jetzt folgte, passierte in nur zwei dreiviertel Sekunden: Die Tür zur Buchhandlung in der Bahnhofstraße aufgemacht, das neueste Yps-Heft geschnappt, den Peilsender aus der Verpackung gerissen, aus dem Augenwinkel beobachtet, wie die drei James Bonds am Laden vorbeiliefen, die Tür wieder aufgemacht, den Peilsender, unter Berücksichtigung der Windverhältnisse, der Sonneneinstrahlung, der Luftwirbel und der allgegenwärtigen elektromagnetischen Wellen, mit einem gezielten Wurf, über die Köpfe der Bond-Attrappen hinweg, an der Jacke des Mörders befestigt – ausgeatmet.

Leider hatte ich kein Handy, um die dazugehörige App laut der Anweisung im Heft runterzuladen. Zum Glück fand ein

Preisausschreiben auf der gegenüberliegenden Straßenseite statt. Auf einem Schild war zu lesen: *Lösen Sie das Rätsel und gewinnen Sie ein Smartphone. Welcher Spruch wird gesucht? Sieben Wörter, zweiter Buchstabe des ersten Wortes ist ein u.*

Ich lächelte den Verantwortlichen an. Er lächelte zurück. Vom inhaltlichen keinesfalls überzeugt sagte ich: »Ausreden sind die kleinen Brüder der Lügen.«

Er hörte auf zu lächeln, griff unter die Theke und schob mir ein nigelnagelneues Handy rüber.

Kurz darauf zeigte mir ein pulsierender roter Punkt, wohin der Mörder floh. Zeit, mich erst einmal um unser Essen zu kümmern und die weiteren Zutaten einzukaufen. Leider hatte ich kein Geld dabei.

Wieder war Geschrei auf der Straße zu hören. Ich war auf alles gefasst, wollte schon meinen Hyper-Turbogang einlegen. Doch der Aufruhr galt nicht mir. Aus der Sparkasse an der Ecke stürmte ein maskierter Mann mit einem Sack über der Schulter. Er kam hechelnd direkt auf mich zu. Und ob ihr es glaubt oder nicht, ich stellte mich ihm gleich einer stählernen Wand in den Weg und fixierte ihn mit brutzelndem Blick. Daraufhin ließ dieser seine vier Wasserpistolen, 12 Katapulte und 36 Murmeln fallen und ergab sich.

Mit der Belohnung in der Jackentasche – vom Filialdirektor höchstpersönlich in Form von dicken Euroschein-Bündeln überreicht – ging ich erst einmal Olivenöl, Zwiebeln, Tofu, Salz, Paprika edelsüß, Oregano, Agavendicksaft und Tomatenmark einkaufen, immer einen Blick auf den roten Punkt geheftet, der umso intensiver blinkte, je später und dunkler es um mich herum wurde.

Als mir nur noch eine Zutat fehlte, entschloss ich mich, meine Mission weiterzuverfolgen, in aller Bescheidenheit die Dankbarkeit der Behörden für die Ergreifung des Mörders entgegenzunehmen, was zwangsläufig die Verflüchtigung der letzten 24 unberechtigten Bußgeldbescheide zur Folge haben würde – anders konnte es gar nicht kommen.

Ob ihr es glaubt oder nicht. Ich hätte es noch pünktlich zu unserem Kochabend schaffen können, wenn mich der rote Punkt nicht auf den Alten Friedhof im Herdweg geführt hätte.

Die Silhouetten der turmhohen Bäume sahen im Licht des Vollmondes aus, als würde eine Meute von Riesen auf mich zuwanken. Die Äste glichen langen Krallen, die gierig nach mir griffen, und die daran hängenden Blätter glichen funkelnden, mich lauernd beobachtenden Augen. Nebelschwaden schlängelten sich wie Fesseln um meine Beine, während das trockene Holz unter meinen angeschmorten Turnschuhsohlen knackte, als wollte es alle Einwohner des Friedhofs aufwecken, damit diese über mich herfielen.

Aber ihr kennt mich ja, das alles schreckte mich nicht im Mindesten ab. Mein Ziel vor Augen überlistete ich das verräterische Knacken, indem ich mich so leicht wie eine Daunenfeder machte und die gruselige Kulisse mit einem mitleidigen Lächeln strafte.

Da! Ein weiteres Geräusch hatte sich in das Heulen des Windes und das bösartige Rauschen um mich herum gemischt. Ich blieb stehen. Lauschte. Sah auf das Display des Smartphones. Der rote Punkt leuchtete jetzt durchgehend, der Mörder war also ganz nah. Ich steckte das verräterische Handy weg und lauschte einem menschlichen Wehklagen, sah, wie der Mörder an einem Grab kniete, sich hin und her wiegte und jammerte:

»Es tut mir leid, bitte glaub mir. Ich wollte das nicht. Es war das Messer –«

Eine Eule kreischte hinter mir auf, er fuhr herum und stand blitzschnell auf. Endlich standen wir uns von Angesicht zu Angesicht gegenüber. Ich stutzte, denn das von der Kapuze eingerahmte Gesicht kam mir seltsam bekannt vor. In der Zeit, die einem Wimpernschlag gleichkam, ließ ich alle Gesichter, die ich in meinem bisherigen Leben gesehen hatte, vor meinem inneren Auge aufleben. Beim 5.638.307ten Gesicht rastete etwas ein. Ich kannte das Gesicht aus der Zeitung! Eine Überschrift flammte vor meinem inneren Auge auf: *Urahn von Jack the Ripper metzelt halb Böblingen nieder.*

Ja, ich gebe zu, das war ein Moment, in dem ich mich am liebsten unter meiner dunklen, warmen, kuschligen Bettdecke versteckt hätte. Der schwere Rucksack drückte mich plötzlich übermäßig in den weichen Erdboden. Meine Kniescheiben hüpften unkontrolliert auf und ab und mein herabrinnender Schweiß tränkte das durstige Moos unter mir.

Zum Glück fiel mir eine kampftaugliche Kung-Fu-Ausgangsstellung ein, in die ich mich sogleich bringen wollte. Leider rutschte dabei der Rucksack nach vorn, verhedderte sich in meinem linken Arm und riss meinen Oberkörper hinab, als verbeugte ich mich vor dem Mörder, der mir amüsiert dabei zusah. Aufs Schnellste wollte meine rechte Hand meinem außer Gefecht gesetzten Arm helfen, bekam aber anstatt des Rucksacks nur das Messer zu fassen. Ganz von allein, als hätte ich mein Leben lang nichts anderes getan, richtete dieses sich auf den Mörder, während an meinem linken Unterarm noch immer der Rucksack baumelte.

Jetzt waren es die Kniescheiben des Mörders, die einen Stepptanz aufführten, während er mit aufgerissenen Augen auf das Messer starrte, an dessen Klinge sich das Mondlicht blitzend wiederspiegelte. Er taumelte rückwärts und kippte mit einem dumpfen Aufprall in das frisch ausgehobene offene Grab hinter ihm. Ein verräterisches Knacken am Zahn des zweiten Halswirbels verriet mir, dass sein Genick entzwei war.

Am Ausgang des Friedhofs schnitt ich mit dem Messer die letzte noch fehlende Zutat ab: Bärlauch.

Ob ihr es glaubt oder nicht. Jetzt kennt ihr die ganze Wahrheit.

Liebe Grüße
Eure Thea Münchhausen

PS: Morgen gehe ich zur Bußgeldstelle.

Vegetarische Spaghetti Bolognese

Zutaten:

500 g Spaghetti
500 g Tofu
2 Zwiebeln
5 EL Olivenöl
8 EL Tomatenmark
300 ml trockener Rotwein
300 g passierte Tomaten
5-6 TL Agavendicksaft
4 TL getrockneter Oregano
Salz
Pfeffer
1 Bund Bärlauch
Parmesan

Zubereitung:

Die Spaghetti nach der Packungsanleitung in Salzwasser al dente kochen. Mit einer Gabel den Tofu zerkleinern. Die Zwiebel schälen und fein hacken. Olivenöl in einer Pfanne erhitzen und den Tofu unter Rühren darin gut anbraten. Erst jetzt die Zwiebeln hinzufügen und einige Minuten mitbraten. Das Tomatenmark zugeben und unter Rühren anschwitzen. Abgelöscht wird mit dem Rotwein (Achtung, die Reihenfolge ist hierbei wichtig. Erst das Tomatenmark und dann den Rotwein hinzugeben). Den Wein einige Minuten einkochen lassen. Die passierten Tomaten und Oregano zugeben und aufkochen. Mit Salz, Pfeffer und Agavendicksaft abschmecken. Den frisch gehackten Bärlauch unterrühren.

REGINE BOTT

Rockwells Ende

Kornwestheim

Gestern Nacht habe ich Rockwell getötet.

Ja, ich weiß, so fangen viele Geschichten an – also nicht, dass die Menschen, die diese Storys erzählen, alle Rockwell getötet haben, aber, Sie wissen schon – Geständnisse Gestörter eben.

Im Gegensatz zu diesen Personen jedoch habe ich keine psychische Störung, trotzdem ist es eine unbarmherzige Tatsache, dass ich einen Mord begangen habe, und dies berührt mich kein bisschen. Denn es ist mein Job.

Meine Atmung geht normal, mein Kreislauf ist stabil. Meine Tat war für mich so alltäglich wie mein morgendliches schlaftrunkenes Getorkel Richtung Küche, wie das rituelle Aufbrühen des ersten verdammt starken Kaffees.

Schuldgefühle? Nicht mit mir.

Schlaflose Nächte? Ich bitte Sie!

Rockwells Zeit war um. Tick, tock. Es gibt Dinge, die nicht zu stoppen sind. Man kann ihren Lauf nicht aufhalten, sie schreiten ungehindert voran. Sie sind programmiert.

Warum auch sollte ich mich schuldig fühlen? Würde das irgendetwas an der Tatsache ändern, dass Rockwell mit eingeschlagenem Schädel auf freiem Feld im Regen liegt? Wohl kaum.

Wenigstens ist er an der frischen Luft. Was ich über mich nicht sagen kann.

*

»Okay, gehen wir es noch einmal durch. Du hast ihn also liegen lassen?«

»Soweit ich mich erinnere, habe ich das bereits dreimal bejaht«, sage ich.

»Nur zur Sicherheit. Nur zur Sicherheit. Und es hat dich niemand gesehen?«

Wenn mich mein Gedächtnis nicht völlig im Stich ließ, wollte er das auch schon zweimal wissen. »Nein!« Ich kaue an meiner Unterlippe.

Frank geht im schummrigen Zimmer auf und ab, macht vor seinem Schreibtisch halt und stützt die Fingerknöchel auf die Platte wie einer dieser Wissenschaftler aus *Planet der Affen*. Dem Original – nicht dem Remake. Die Rundung seines Bauches wird gegen die Tischplatte gepresst. Manche Menschen essen aus Angst, manche aus Langeweile und manche, weil es ihnen einfach schmeckt. Ich denke kurz darüber nach, ob Frank zur ersten oder zur letzten Gruppe gehört.

»Ich glaube dir nicht«, zischt er leise. »Wieso glaube ich dir nicht?«

Seine stechenden Augen lenken mich davon ab, dass mir seine ewige Wiederholerei auf die Nerven geht. Frank bedenkt mich mit einem Blick, der sich in meinen Kopf bohrt. Mitten in die Schläfe. Er geht direkt durch meinen Schädel und trifft auf die Wand hinter mir. Ich habe ein Loch in der Birne. So fühlt es sich an. Wenn ich nicht aufpasse, wird diese Einbildung Realität werden. Und Frank wird das Loch nicht mithilfe seiner Glotzer machen.

Es war alles schiefgegangen. Ich stand auf dem Stoppelfeld, es war stockdunkel – kein Mond stand am Firmament, der die silbernen Strahlen seiner Scheibe wie in einem schnulzigen Roman auf die Erde hätte schicken können. Es regnete, es war windig, mir war saukalt und ich klapperte mit den Dritten.

Rockwell vor mir schepperte ebenfalls das Gebiss, jedoch aus einem ganz anderen Grund. Sein Winseln und Jammern machten mich fertig. Mein Job machte mich fertig. Alles kotzte mich an. Ich wollte zurück in mein Apartment, da war es warm und trocken. Stattdessen stand ich hier auf matschigem Erdreich und musste mir Rockwells Heulerei anhören.

Ohne dass ich es wollte, hob sich mein Arm, und die klobige Taschenlampe, die ich in der Hand hielt, sauste auf Rockwells Kopf nieder.

Einmal! Zweimal!

Das Jammern wurde zu einem Kreischen.

Dreimal!

Das Kreischen erstarb. Er fiel kopfüber in den Morast.

Die Stille war herrlich. Meine Taschenlampe allerdings sah katastrophal aus. Sie können sich gar nicht vorstellen, was da alles dran klebte. Und: So hätte das Ganze nicht enden dürfen. Zumindest nicht Franks Meinung nach.

»Wieso glaube ich dir nicht?« Frank reißt mich aus meinen Gedanken. »Wieso nicht? Sag es mir!«

»Welchen Teil denn?«, frage ich, immer noch etwas geistesabwesend, nach.

»Welchen Teil?« Dabei klopft er zur Unterstreichung der zwei Worte mit den Fingerknöcheln auf die Tischplatte. »Warum habe ich, seit wir diese Unterredung begonnen haben, das Gefühl, dass du mir ausweichst?«

»Vielleicht brauche ich Zeit«, versuche ich es schwach. »So ein Mord geht einem mehr an die Nieren, als du es dir vorstellen kannst.«

»Bullshit!«, poltert Frank und setzt sich langsam, während er mich mit seinen Schweinsäuglein weiter fixiert. Sie starren mich aus einem Gesicht an, dessen Farbe eine gewisse Ähnlichkeit mit einer Bockwurst hat, die zu lange im kochenden Wasser lag.

Fieberhaft versuche ich, mir einen Plan zurechtzulegen. Ich brauche einen Tathergang, der Frank zufriedenstellt, und dabei spielt der Zeitfaktor sehr wohl eine Rolle. Von mir aus konnte er warten, bis die Hölle zufrieren würde, und sich in der Zwischenzeit den Finger in den Hintern stecken.

»Welches Feld?«, will er wissen.

»Ortseingang. Richtung Stuttgart-Nord. Wie du es wolltest.«

»Du hast ihm das Genick gebrochen? Gebrochen wie ausgemacht?«

Ich nicke. Vielleicht etwas zu eifrig. Wenn sie die Leiche fänden, wüssten sie sofort, dass Rockwell nicht beim Joggen im Dunkeln gestolpert und dabei unglücklicherweise mit dem Halswirbel auf einen der Gemarkungssteine gestürzt war. Höchstens er hätte sich danach besonnen, sich wieder aufgerappelt und seinen Kopf dreimal auf das Teil gedonnert. Ein Unfall sah anders aus. Bis sie dahinterkommen würden, musste ich verschwunden sein.

Dann folgt, was ich befürchtet hatte. Frank lehnt sich im Schreibtischstuhl zurück, legt die Beine hoch und greift nach einem altmodischen Zigarettenetui. Wie nebenbei bemerkt er: »Eisler wartet unten auf dich.«

Das sitzt.

Ich versuche es ein letztes Mal. »Soll das bedeuten, dass du jetzt entschieden hast, mir nicht zu trauen, Frank?«

Er zündet sich eine Zigarette an. »Diesen Luxus kann ich mir schon lange nicht mehr leisten. Er wird das für mich überprüfen.«

Als ich in den Ford steige und den Gurt anlege, sitzt Eisler schon hinter dem Steuer. Er ist einer von denen, die die Firma in den letzten Monaten als »hoffnungsvollen Nachwuchs« eingestellt hat. Frank fängt an, Personal auszutauschen. Neu gegen alt. Jung gegen verbraucht. Eisler gegen mich.

Wir nicken uns kurz zu, und er startet den Wagen.

Das war es also, was Frank mit seiner letzten Bemerkung gemeint hatte. Nach fünfundzwanzig Jahren Arbeit für die Firma bin ich zu einem alternden Betriebsrisiko geworden, und es braucht frisches Blut und neue Methoden, um wieder Schwung, Elan und Effektivität in den Job zu bringen.

Ich erkläre Eisler kurz, wo er hinfahren muss, und er lenkt den Wagen geschickt aus dem engen Hof hinaus in die neonleuchtende Kleinstadt. Wir passieren die Tankstelle, wo ich mir früher nach jedem Job etwas gegönnt hatte. Eine Flasche Single Malt, ein Sapphire Dry – irgendetwas, was ich mir sonst nicht leistete und womit ich die angefangene Nacht entspannt ausklingen ließ. Diese Zeiten gehören der Vergangenheit an. Meine Leberwerte sind die Katastrophe. Damit wir uns richtig verstehen: Ich bin kein Alkoholiker, aber mein Stoffwechselorgan entlockt meinem Doc kein »Holla die Waldfee!« mehr. Das ist nicht nur in Bezug auf meine Gesundheit betrüblich, denn meine Nachbarin, die der festen Überzeugung ist, ich sei Versicherungsvertreter, versorgt mich regelmäßig, wenn die Zucchini ihren Garten mal wieder in eine unüberwindbare Wildnis verwandeln, mit diesen grünen Dingern. Und so ein Zucchinisüppchen mit Gin … Ich kann nur sagen, dass ich es vermisse. Einen alkoholfreien Ersatz gibt es da nicht; ich hab's mal mit Balsamico versucht: nicht wiederholbar. Verdirbt einem den ganzen Geschmack.

Tja, das Süppchen ist also sensorisch den Bach runtergegangen, so wie vieles andere ebenfalls den Bach hinuntergeht. Meine Haare fallen aus, meine Pumpe hält mit meinen Beinen nicht mehr Schritt, meine noch eigenen Zähne scheinen auseinanderzubrechen wie morsche Bausubstanz und manchmal zittern meine Hände. Letzteres macht mir mehr Sorgen als alles andere zusammen.

Eisler gegen mich. Jung gegen alt. Verdammt! Für mein Gewerbe gibt es keine Rentenansprüche. Da muss das reichen, was man sich auf die hohe Kante gelegt hat. Für die schlechten Zeiten, von denen ich immer dachte, sie würden niemals kommen.

Wir erreichen den Norden der Stadt, und ich weise Eisler kurz vor dem Ortsschild Kornwestheim an, auf den schmalen, aber betonierten Weg entlang der Felder abzubiegen. Es gießt weiterhin in Strömen, den Bauernhof, den wir passieren, kann ich nur erahnen, und ich verspüre ganz und gar keine Lust, den Wagen zu verlassen, als wir parken und der Motor sein Geblubbere einstellt.

»Du gehst vor«, befiehlt mir das Bürschchen, und für einen Moment denke ich, er würde die Walther P99 ziehen und sie auf mich richten, aber er nestelt nur seine Krawatte zurecht und steigt aus.

Der Pfad ist matschig und schon nach kurzer Zeit hat sich mein Hosenaufschlag mit dreckigem Wasser vollgesaugt. Der

Regen peitscht uns in die Gesichter, als wir den steil ansteigenden, schmalen Weg nehmen, der zu Rockwells letzter Ruhestätte führt. Ich schnaufe. Fühle mich hundeelend. Eisler flucht, als er plötzlich ausrutscht und fast auf das schlammige Feld hinschlägt. »Wo ist er jetzt?« Er schreit.

Das Wasser von oben rauscht in meinen Ohren.

Noch vor fünf Minuten fühlte ich mich wie ein alter Sack, der weiß, dass seine Zeit gekommen ist, aber jetzt bin ich nur verblüfft. Der Körper ist weg. Rockwell ist verschwunden. »Er sollte hier liegen«, beantworte ich lahm die Frage. Wo verdammt noch mal ist der Leichnam hin?

»Bist du sicher?«

»Natürlich bin ich sicher! Hältst du mich für dement?« Meine Augen schweifen über das angrenzende Feld. Der Strahl von Eislers Taschenlampe erkundet jeden nassen Grashalm.

»Ein wildes Tier?«

Ich will auflachen, reiße mich aber im letzten Moment zusammen. Was zum Teufel meint er damit? Einen mutierten Kartoffelkäfer? Ein durch die aggressiven Düngemittel der Landwirte genetisch verändertes Insekt? Noch absurder als ein gigantischer Monsterkrabbler jedoch wäre ein Wolf oder ein anderer Räuber. Gerade will ich den Mund aufmachen, um dem Flachdenker ein paar Zynismen um die Ohren zu hauen, da besinne ich mich. »Das wäre durchaus möglich«, höre ich mich sagen. »Vielleicht aus dem unteren Feuerbachtal. Das ist Naturschutzgebiet. Und die Viecher wagen sich ja immer weiter vor.«

»Meinst du, es sind noch mehr da?« Er klingt ehrlich besorgt.

Das ist meine Chance! Ich nicke eifrig. Wenn Eisler, dieser Einfaltspinsel, denkt, ein Tier habe Rockwell davongeschleift, dann lässt er die Sache auf sich beruhen. Ich würde davonkommen. Vielleicht ein letztes Mal.

In diesem Moment greift Eisler in seine Jackentasche und wischt über das Display seines Handys. »Ja?«

Am anderen Ende der Leitung tobt mit Sicherheit Frank. Ich versuche, mir meine Nervosität nicht anmerken zu lassen.

»Nein, es ist noch ein Stückchen. Nur noch ein paar Meter«, Eisler tritt von einem Fuß auf den anderen. Will nicht den Anschein erwecken, als hätte er die Situation nicht im Griff. »Frank, ich melde mich wieder, wenn ich so weit bin.«

Wenn er so weit ist? Mit was? Mir die Knarre an die Schläfe zu halten? Meine Leiche zu verscharren? Ich räuspere mich. »Was jetzt?«

Eisler reibt sich das Kinn. Die Taschenlampe in seiner anderen Hand schwingt vor und zurück. Diese Bewegung kenne ich nur zu gut. Verflucht. Er ist unruhig. Wir sind beide Nervenbündel.

»Wir suchen weiter. Schauen nach einer Spur.«

Ich nicke und trotte hinter ihm her. Da der Regen Rockwells Blut in den Ackerboden eingearbeitet hat, ist nichts mehr von der roten Lache zu sehen, an die ich mich so gut erinnern kann.

»Warum hast du es abseits des Weges gemacht?«, fragt Eisler plötzlich.

»Was meinst du?«

»Du weißt schon. Das Unfallszenario, das mit Frank vereinbart war. Es ist nicht davon auszugehen, dass jemand über den Acker joggt, oder?«

Scheiße. Ein klein wenig mitdenken kann der Nachwuchs also doch. Und ich dachte, er sei einer von denen, die vergessen, das Fenster aufzumachen, bevor sie rauspissen. Nun gut.

»Der Ackerboden ist bei gutem Wetter angenehm für die Füße«, lüge ich schnell. »Jogger laufen nicht gerne auf geteertem Boden. Zu hart. Hier gibt es noch Gras.« Wie ein Oberlehrer deute ich auf den nassen Matsch neben uns. »Hat aber trotzdem funktioniert. Siehst du das hier?« Ich zeige auf eine Stelle, an der ein Stein aus dem Ackerboden herausragt. »Da isser draufgefallen.«

Eisler lässt den Taschenlampenkegel darauf ruhen. »Sehe nichts. Kein Blut.«

»Was erwartest du bei dem Regen?«, schnauze ich ihn an.

Ich bin beruhigt, als ich sehe, wie die geistige Krücke wissend mit dem Kopf nickt, und dieses eine Mal über und über dankbar dafür, dass man mir solch einen Blindgänger mit auf den Weg gegeben hat.

Wir streifen eine Weile auf dem Feld herum, und während Eisler jeden Zentimeter Boden ableuchtet, versuche ich mir selbst zu erklären, was passiert sein könnte. Die Antwort ist einfach, aber es dauert eine Minute, bis sie mir ins Gesicht lacht. Tatsache ist: Ich bin ein Pfuscher geworden! Rockwell ist alles andere als mausetot, sondern hat es – wie auch immer – geschafft, sich wegzuschleppen. Ruhig schlafen würde ich erst wieder können, wenn ich mein Opfer erneut aufgetrieben und endgültig ins Jenseits befördert hätte.

Ich hebe den Kopf ein wenig, schließe die Augen und lasse den Regen auf mein Gesicht prasseln. Was für ein verdammtes Desaster! Das Nachdenken fällt mir schwer. Wie weit könnte Rockwell gekommen sein? Ich hatte dreimal zugeschlagen, mit aller Kraft! Da kann man sich verflucht noch eins doch nicht mehr aufrichten!

Eisler winkt mich vorwärts – zurück zum Wagen. Schemenhaft wird der Ford am Ende des Weges durch den Regenschleier sichtbar, aber wir haben es nicht eilig. Eisler geht im Kopf sicher sämtliche Argumentationsoptionen durch, die er Frank gegenüber vortragen könnte, und das werden nicht viele sein. Ich hingegen bin geschockt von meiner eigenen Unzulänglichkeit. Der Anfang vom Ende. Langsam stapfen wir Seite an Seite über den Acker. Keiner von uns redet ein Wort.

Im Wagen angekommen sitzt das Greenhorn erst mal nur da und starrt auf den Regen, der auf die Windschutzscheibe prasselt. Als er »Scheißviecher« vor sich hinmurmelt, weiß ich nicht, was er damit meint.

Seine linke Hand hält das Lenkrad umklammert, als wollte er es würgen, mit der rechten drückt er das Handy ans Ohr. Ich versuche nicht zu atmen wie eine Dampfmaschine. Die nächsten Minuten werden über mein Fortleben entscheiden. Dabei geht es nicht um das Wie, sondern um das simple Ja oder Nein.

Ich konzentriere mich so sehr auf das Geräusch der aufschlagenden Tropfen, dass ich erst begreife, was Eisler zu Frank sagt, als ich das Wort »Wolf« aus seinem Mund kommen höre.

»Liest man doch gerade immer in der Presse«, deklamiert er überdeutlich. »Und es gab eindeutige Schleifspuren in den Wald.« Er legt den Kopf schief. »Sicher habe ich die gesehen, Frank, der Regen hat sie nicht vollständig verwischt. Klar doch.« Als er »Die Sache ist erledigt, Frank. Wir können da einen Haken dran machen«, sagt, starrt er mir mitten ins Gesicht.

Ich starre zurück. Habe das Gefühl zu ersticken. Versuche nicht zu blinzeln. Schleifspuren? Traktorspuren vielleicht. Konnte Eisler wirklich noch verblödeter sein, als ich es vermutete?

Der steckt das Handy weg und widmet sich nun ganz dem Lenkrad. Dann drückt er auf den Starterknopf des Wagens und macht den Mund wieder auf. »Dass du es weißt: Ich glaube, das war kein Wolf«, sagt er dann.

»Nein?« Ich fange an zu schwitzen.

»Nein. Ich hab da mal so was gelesen. Über Tierspuren. Das war ein Bär. Garantiert. Die Wilhelma ist nicht weit weg, oder? Aber ...«, er scheint zu überlegen, wie er mir es beibringen soll, »... vielleicht sollten wir besser bei der Wolf-Story bleiben. Was meinst du? Frank hat, was unsere Berichte betrifft, ja oft seltsame Ansichten. Er testet einen immer wieder.«

»Ja, es ist ein Skandal!« Ich versuche, möglichst viel Empörung in meine Stimme zu legen, und unterdrücke angesichts der kompletten geistigen Unterbelichtung des Kollegen das erleichterte Seufzen, das sich den Weg aus meinen Lungen bahnen will. Er hat doch nicht den blassesten Schimmer davon, wie man aus dem Fenster pisst. Wahrscheinlich lässt er dabei sogar den Hosenladen zu. Jovial tätschele ich dem Einfaltspinsel den Arm. »Hervorragende Idee, Eisler«, sage ich und schaffe es, dabei nicht hysterisch zu kichern. »Wir binden Frank keinen Bären auf.«

»Bären! Genau!« Er gluckst freudig wegen des Bandes der Verschwiegenheit, das er zwischen uns geknüpft hat. »Es ist nämlich so«, beginnt er langsam eine weitere Erklärung, als er sich wieder beruhigt hat. »Frank hat da 'ne wichtige Sache am Laufen.« Eisler legt den Rückwärtsgang ein. »Für Profis, hat er gesagt. Und wenn ich jetzt mit dem Bären komme ...«

Ich schalte sofort. »Absolut korrekt, Eisler. Richtige Entscheidung. Profis. Also für Männer wie du einer bist«, erwidere ich. »Kompetent, schnelle Auffassungsgabe, guter Schütze, intelligent, zuverlässig.« Wieder frage ich mich, wie ich es so schnell lernen konnte, dermaßen überzeugend kompletten Bockmist zu erzählen.

Eislers Stimme wird weinerlich. »Das habe ich ihm auch alles gesagt, aber er ist unentschlossen, was die Besetzung angeht.«

Väterlich klopfe ich ihm auf die Schulter. »Betrachte es als erledigt. Ich werde ein gutes Wort für dich einlegen. Und den wahren Täter aus dem Reich der Raubtiere nie erwähnen. Großes Ehrenwort.«

Er nickt, grinst wie ein Kind, das eben Knecht Ruprecht gesehen hat und biegt auf die Hauptstraße ein. Plötzlich erschlaffen seine Gesichtszüge. »Was, wenn die Wilhelma sich bei der Presse meldet?«

»Das werden die nicht aufbauschen«, beruhige ich ihn. »Ist nicht gut fürs Image. Mach dir keine Sorgen.«

Eisler nickt erneut und fängt wieder an zu lächeln. »Kompetent, schnelle Auffassungsgabe, guter Schütze, intelligent, zuverlässig«, wiederholt er dann meine Beschreibung, die sich offensichtlich in sein Spatzenhirn eingebrannt hat. »Wirst du Frank das genau so sagen?«

»Worauf du einen lassen kannst.«

Eine Weile sitzen wir stumm nebeneinander, ich folge dem wild winkenden Scheibenwischer mit den Augen, bis es wehtut.

Für heute bin ich aus dem Schneider. Aber morgen werde ich Rockwell auftreiben müssen. Dieses Mal nehme ich meinen Hammer mit.

Und was Eisler angeht: Da muss ich mir ebenfalls was überlegen. Vielleicht schmeiße ich ihn in das Bärengehege in Cannstatt. Danach könnte ich mich meiner Nachbarin an den Hals werfen. Wegen der Zucchini – und eines neuen Suppenrezeptes.

Zucchinicremesuppe mit Gin

Zutaten:
800 g Zucchini
1 Zwiebel
1-2 Knoblauchzehen
20 g Butter
250 ml Gemüsebrühe
20 ml Gin (es darf auch ruhig mehr sein)
125 ml Sahne
ein bis zwei Löffel Crème fraîche
Weißbrot oder Toastbrot
Salz, Pfeffer (ersatzweise eine halbe frische Chilischote für die, die es scharf mögen)
glatte Petersilie

Zubereitung:
Zucchini waschen und würfeln.
Zwiebel und Knoblauch schälen und fein schneiden. In der erhitzten Butter anschwitzen. Gewürfelte Zucchini dazugeben. Salzen und pfeffern (oder Chilischote in kleine Ringe schneiden und dazugeben). Gemüsebrühe dazugeben, köcheln lassen, pürieren und mit Gin, Sahne und Crème fraîche abschmecken.
Das Toast- oder Weißbrot würfeln, in Butter rösten und darüberstreuen. Mit Petersilie und einem weiteren Klecks Crème fraîche dekorieren und servieren.

BIRGIT ADAM

Schattenseite

Bad Herrenalb

Susi und Frida waren störrische Kühe! Ständig fanden sie einen
Weg aus dem Freigehege oder dem Stall und lief davon. Es war
schon so, dass im Oberen Gaistal Josefs Hinterwälderrinder als
Ausbrecherinnen bekannt waren. Der Bauer machte fast täglich
drei Kreuze, wenn sein Nachbar Siegbert die beiden vom Rosen-
hof aus den Blumenbeeten zurückbrachte. Zum Dank schenkte
er dem Siggi einen selbstgebrannten Schnaps aus und versprach,
das Gatter besser zu sichern. Beide wussten, es war vergeblich.
Wenn die störrischen Rindviecher einen Weg suchten, dann fanden sie einen.

Am Abend sank Josef müde auf die Holzbank vorm Kuhstall,
wischte den Schweiß von der Stirn und sah hinunter ins Tal. Bad
Herrenalb lag malerisch und genügsam an den Hängen der um-
liegenden Berge und er wünschte sich weit weg. Nach Mailand.
Gerne würde er noch mal die Erhabenheit der Scala in sich aufnehmen. Oder New York. In einem gelben Taxi mitten in einer
verstopften Straße festsitzen.

Das leise Malmen von Frida, Susi und den anderen Kühen,
das durch das offene Stallfenster zu ihm herüberdrang, zerstörte
die Bilder in seinem Kopf, die Sehnsucht. Doch versöhnte ihn die
Friedlichkeit der Tiere ein wenig. Er war froh, dass die Tagesar-
beit getan war, lehnte sich an die Stallwand und genoss die Ruhe.

»Josef! Josef!« Eine keifende Stimme schallte vom Wohnhaus
herüber. »Sakrament ... Josef!« Die Stimme gehörte Luitgard,
seiner Mutter. Und weil er wusste, was gleich folgte, sprach er
die Worte leise mit: »Verdammt noch mol, wo bisch du? Josef!«

Er verdrehte die Augen, richtete sich von seinem Platz auf und
ging schleppend über den Hof zum Wohnhaus. Vorbei am über-

quellenden Misthaufen, an dem die Schubkarre und die Mistgabel standen, bereit für die fällige Morgenarbeit, wenn die Sonne aufging. Seit Tagen wartete ein voll beladener Traktoranhänger daneben. Das Heu gehörte, bevor das Wetter umschlug, auf den Heuboden. »Wie um alles in der Welt soll ich das allein schaffen?«, murmelte Josef vor sich hin.

Mit hängenden Schultern betrat er den Vorraum seines Elternhauses, schlüpfte aus den Gummistiefeln und platzierte sie an der Hauswand, ordentlich auf den vorgesehenen Abtritt. Am rechten Fuß lugte der große Zeh aus einem Loch in der Socke, er zog den Strumpf zurecht, schlüpfte in die Hauspantoffel und ging in die Wohnküche.

Luitgard saß in ihrem Rollstuhl mit dem Rücken zu ihm an ihrem angestammten Platz am Küchentisch. Er betrachtete die dürren Schultern, den runden, knochigen Rücken und den milchweißen Haardutt an ihrem Hinterkopf, den sie jeden Morgen noch selbst feststeckte. Luitgard presste die gefalteten Hände an ihren Brustkorb. Inbrünstig und mit Hingabe betete sie das Vaterunser. Immer wieder, in einer endlosen Schleife wiederholte sie das Gebet. Für sie gab es nur Beten und Keifen. Seit einem Jahr wartete sie auf die Erlösung Gottes von den irdischen Verfehlungen und war der Überzeugung, Jesus, der Sohn, werde sie zu sich nehmen, wenn sie nur redlich betete und bis zu ihrem seligen Ende eine rechtschaffende Person war. Was in dem Fall bedeutete, dass das Schaffen Josef übernehmen musste und sie behielt recht.

Als Josef hart ausatmete, hob sie den Kopf und wandte sich um, sprach die Fürbitte bis zu dem Amen zu Ende. Ihre trüben Augen irrten suchend hin und her. Seit sie vor einigen Jahren erblindete, hörte sie die Mäuse husten.

»Wann gibt es endlich was zu essen, nichtsnutziger Faulpelz? Warum lässt du mich so lange warten?«, fragte sie Josef. »Als ich noch konnte, habe ich auch alles geschafft. Schaffen isch koi Schand.« Dabei hob sie einen Zeigefinger.

»Gleich«, entgegnete er und wusch die Hände am Spülbecken.

»Ich will Bibeleskäs und Grumbiere.«

41

Josef stöhnte. Er hasste das Gericht. Er hasste es, weil es ihre Leibspeise war.

»Der da drin hat wieder was.« Luitgard wies mit ihrer knochigen Hand nach rechts. Der grimmige Zug um ihren Mund wurde harter.

Josef atmete tief ein. »Ja, Mutter«, sagte er und betrat das Schlafzimmer seiner Eltern.

Sein Vater schlief, kaum konnte er den alten, abgezehrten Körper des Mannes zwischen den Bettlaken ausmachen. Leise tappte Josef durch den abgedunkelten Raum und strich dem einst bärengroßen Helden seiner Kindertage sanft über die eingefallene Wange. Nie würde er vergessen, wie sein Vater das »Möhrenköpfle«, den 300 Kilo schweren Schwäbisch-Hällischen Eber des Hofes, mit bloßen Händen festhielt, bis der Schlachter den Bolzen auf die Stirn des Schweins gesetzte hatte. Lange war es her, die Erinnerung und die Kraft in Vaters Händen längst verloschen.

»Wie geht es dir?«, fragte Josef.

Alfred schlug die Augen auf und deutete ein schwaches Nicken an. »Josef«, krächzte er. Tränen liefen über das ledrige Gesicht. »Lebt sie immer noch?«

Aus der Küche drang die Stimme seiner Mutter: »Josef! Ich brauch dich jetzt! Reib meine Beine mit Schnaps ein. Lass den da!«

Für einen Moment schloss Josef die Augen. »Gleich«, rief er zu Luitgard.

Er schlug die Bettdecke zurück. Ein bleierner Geruch stach ihm in die Nase. Der Arzt hatte es ihm prophezeit, er würde es riechen, wenn die Zeit gekommen war. Als er den ausgemergelten Körper seines Vaters sah, schluckte er. Seit Tagen aß Alfred nicht mehr viel, der Krebs war zurückgekehrt und gab ihm nur noch wenige Wochen.

»Du sagst es mir, wenn du Schmerzen hast«, bat Josef und zwang sich zu einem kleinen Lächeln. Alfred blinzelte schwach. Zärtlich streichelte Josef über die ausgetrocknete, faltige Haut von Alfreds Hand.

»Warum bist du nur zurückgekommen?«, röchelte sein Vater.

Josef riss den Klettverschluss des Plastikschutzes auf und hob Alfreds Beine. Mit geübten Griffen tauschte er die gebrauchte Windel mit einer neuen.

»In Karlsruhe bei Professor Schwaiger hättest du bleiben sollen.«

»Ach, Vater. Du weißt, warum es nicht mehr ging.« Josef deckte ihn sachte zu und strich die Bettdecke glatt.

»Aus dir wäre ein großartiger Pianist geworden. Alle haben das gesagt. Du warst in Mailand und New York. Mein Gott, Junge.« Alfreds Stimme brach.

»Die Marie hat mich gebraucht. Mutter hat ihr nicht helfen wollen mit dem Kind. Du weißt, sie hat mir nie verziehen, eine Auswärtige auf den Hof gebracht zu haben.«

»Tim, mein lieber Enkel, mein einziger. Er liegt auf dem Friedhof«, hauchte Alfred und fuhr mit bebenden Händen über das Gesicht seines Sohnes.

Josef kniff die Augen zusammen. Tränen verschleierten seinen Blick. Mit einer kurzen Bewegung über die Stirn wischte er die schmerzhafte Erinnerung an seinen Sohn weg, der, kurz nachdem er auf der Welt war, wieder gehen musste. Plötzlicher Kindstod, hat Luitgard gesagt. Marie und er waren auf Konzerttournee, das Kind bei der Oma.

»Marie braucht dich«, sagte Alfred schwach, »sieh nach ihr.«

Mit dankbarem Blick sah Josef seinen Vater an und ging aus dem Zimmer.

Marie saß in einem Korbstuhl und schaute mit leerem Blick aus dem Fenster. Seine Mutter rief erneut nach ihm. Da zuckte Marie zusammen, presste die Hände an die Ohren und schrie sich die Seele aus dem Leib. Josef seufzte tief und stand mit hängenden Armen vor seiner Frau. Anfassen durfte er sie nicht, wenn sie vor Kummer um den Sohn fast am Leben zerbrach.

»Josef! Schick das Weib weg!«, befahl seine Mutter aus der Küche. »Mit der ist nichts anzufangen. Jetzt, wo endlich der Bastard tot ist, bist du wieder frei.«

Das hatte sie auch damals zu ihm gesagt, als er und Marie wieder daheim waren und ihren toten Sohn in den Armen hielten. Bastard. Plötzlich sah Josef den zufriedenen Ausdruck auf dem Gesicht seiner Mutter wieder vor sich, als er mit Tränen in den Augen von seinem Tim zu ihr aufsah. Als Luitgard seinen Blick bemerkte, hatte sie ihre Miene verändert und das Kind bedauert. Scheinheilig.

Er ging in die Küche und packte die Griffe des Rollstuhls.

»Wo bringst du mich hin? Vater unser im Himmel, geheiligt werde dein Name.« Josef schob Luitgard über den Hof.

»Dein Reich komme.« Flehend hielt sie die Hände zum Himmel.

Auf dem Weg zum Stall griff Josef nach der Gabel vom Misthaufen. Den Rollstuhl mit seiner Mutter platzierte er vor dem Eingang. Er öffnete die Kuhstalltür.

»Dein Wille geschehe«, sagte Josef und band Susi und Frida von ihren Stricken.

»... wie im Himmel ...«

»Lauft, meine Ausbrecherköniginnen!«, sagte Josef und stach mit der Gabel den Hinterwälder Kühen in den Hintern.

»... so auf Erden.« Das waren Luitgards letzte Worte.

Grumbiere mit Bibeleskäs

Einfaches, eiweißhaltiges, vollwertiges Mittagessen der Leute auf dem Dorf – nicht an Luitgard denken!

Zutaten:
1.000 g Magerquark
1/2 l Sahne (steif geschlagen)
1 Zwiebel (fein gehackt)
1 Bund Schnittlauch (fein gehackt)
Salz, Pfeffer

Zubereitung:
Den Quark durch ein Haarsieb streichen, dadurch wird er locker. Die geschlagene Sahne darunterheben. Die Zwiebel und den Schnittlauch dazu mischen. Mit Salz und Pfeffer, eventuell mit etwas Cayennepfeffer abschmecken.
Anstatt Schnittlauch können auch andere grüne Kräuter wie Kerbel, Liebstöckel oder Borretsch verwenden werden.
Dazu passen sehr gut Pellkartoffeln (Grumbiere) – Frühjahrs-Kartoffeln brauchen nicht geschält werden – oder ein selbst gebackenes Nussbrot.
Milch und Sahne von einem Bauernhof im Gaistal oder in Loffenau. Vielleicht begegnen Sie Susi und Frida, die friedlich im Blumenbeet an einem Grashalm malmen oder während eines Schlagers von Helene Fischer gemolken werden.

BEATRIX ERHARD

Der Erdbeerkönig

*Hohenloher Ebene zwischen Wolpertshausen und
Kirchberg an der Jagst*

*Die ganze Welt ist eine Bühne,
Und alle Frauen und Männer bloße Spieler:
Sie treten auf und gehen wieder ab.*

William Shakespeare, aus »Wie es euch gefällt«

Montag, 3. Juni

Links und rechts eine Bretterwand, die den Blick einengt auf den
Parkplatz davor. Dahinter ein Stückchen Landstraße, dann Felder und kleine Wäldchen bis an den Horizont. Freie Sicht auf die
Erdbeeren, die rot und duftend vor mir in Pappschalen aufgereiht
sind. Wenn ich hinter das Erdbeerbüdchen trete, um eine zu rauchen – eigentlich absurd, das Büdchen zu verlassen, denn ich bin ja
immer an der frischen Luft – sehe ich: Felder und kleine Wäldchen.
Genau dasselbe wie nach vorne hinaus. Aber minus Landstraße
und Parkplatz. Alles ziemlich anders als da, wo ich herkomme.

In der Ferne höre ich, je nachdem aus welcher Richtung der
Wind weht, das Rauschen der Autobahn. Außerdem donnern
immer wieder Baustellen-LKWs vorbei, da wackelt die ganze
Bude. Die A6 zwischen Heilbronn und Nürnberg scheint eine
Dauerbaustelle zu sein.

Sonst ist die Hohenloher Ebene sehr ruhig und idyllisch.

Das absolute Gegenteil von meinem üblichen Arbeitsplatz,
dem »Pink Bananas«. Der schönste Nachtclub von ganz Ham-

burg! Und das sehe nicht nur ich so, sondern das gesamte Milieu. Einmal Reeperbahn rauf und runter.

Heute früh bekam ich die Einweisung in das Erdbeerbüdchen. Der Chef hier ist ein alter Kauz mit zerfurchtem Gesicht. Ich verstehe kaum etwas von dem, was aus seinem Mund herauskommt. Der lokale Dialekt ist eine Aneinanderreihung seltsamer gutturaler Laute. Aber der Alte zeigt mir alles und versucht, leider vergeblich, Hochdeutsch zu sprechen.

Er denkt, ich bin Pole. Statt des bisherigen Erdbeerverkäufers, der anders als ich definitiv aus Polen stammte, stand ja ich heute Morgen plötzlich auf der Matte. Der Marek musste zu seiner kranken Mutter nach Krakau, sagte ich ihm, er habe mich kurzfristig als Vertretung geschickt. Marek bürge für mich mit seiner Ehre. In perfekt gebrochenem Deutsch natürlich. Das hat der Alte nach kurzem Zögern geschluckt und keine weiteren Fragen gestellt. Woher soll er auch mitten in der Erdbeer-Saison so schnell jemand anderes nehmen, der sich mit Mindestlohn zufriedengibt? Er will nicht einmal meinen polnischen Pass sehen, den ich ja auch nicht habe.

Jetzt bin ich König in meinem Reich. Dem Erdbeerreich. Wenn schon nicht König von St. Pauli. Noch nicht. Hier ist es jedenfalls ruhiger und das Wetter ist besser. Ich erhole mich prächtig.

Der Boss macht derweil mit zwei unserer besten Mitarbeiterinnen aus dem »Pink Bananas« Urlaub in Spanien, ich nehme mir eine Auszeit in Hohenlohe. In diesem Moment kreuzt er mit Dina und Margareta auf seiner Segeljacht in den Küstengewässern vor Marbella. Luxus pur.

Ich dagegen genieße das einfache Landleben. Hier kann ich überall rauchen, bin ja immer an der frischen Luft.

Dienstag, 4. Juni

Die Geschäfte laufen überraschend gut. Es ist erstaunlich, wie viele Leute an diesem Erdbeerbüdchen hier mitten im Nirgendwo vorbeikommen. Es scheint nicht ganz so im Nirgendwo zu sein, wie ich zuerst dachte. Auch bleibt mir genügend Zeit, endlich mal in Ruhe über vieles nachzudenken, zum Beispiel über die Ereignisse der vergangenen Woche.

Wir hatten auf dem Weg von Hamburg nach Marbella, wo der Boss seine Jacht liegen hat, einen kleinen Abstecher gemacht über die Schweiz. Ich chauffierte die illustre Gesellschaft höchstpersönlich, der Boss wollte nur die engsten Vertrauten mit dabeihaben. Wir waren in Zürich. Genauer gesagt bei einer befreundeten Größe im Zürcher Rotlichtmilieu. Zum Erfahrungsaustausch. Muss schon sagen, die drehen da ein ganz großes Rad. Anders groß als wir auf der Reeperbahn in Hamburg. Klar, wir haben die russischen Oligarchen. Aber was ist das gegen die Ölscheichs! Das hat mich schon etwas nachdenklich gemacht.

Dann hat der Boss noch bei seiner Bank vorbeigeschaut. Seine Hausbank, wie er zu sagen pflegt. Diesmal musste ich nicht vor dem Tresorraum warten wie sonst. Zu meiner großen Überraschung überreichte mir der Boss eine Vollmacht für sein Schließfach samt dem dazugehörigen Schlüssel und bat mich in den Tresorraum mit hinein. Da liege die eiserne und ewige Reserve, sagte er, damit das »Pink Bananas« nie auf dem Trockenen sitzt, was immer kommen mag. Das Geld, eine gute Million Euro, stammte aus einem Banküberfall in Düsseldorf im Jahr 2002. Er habe jetzt ein Alter erreicht, erklärte der Boss, wo es mit der Gesundheit von einem Moment auf den anderen bergab gehen könne. Da sei es ratsam, einen geeigneten Nachfolger auf den Weg zu bringen. Mich! Ich war gerührt und fühlte mich sehr geehrt.

Ich staple die Transportkisten mit den Erdbeeren vorsichtig aufeinander, so wie der alte Kauz mir das eingeschärft hat, nehme einen tiefen Zug von der Zigarette und fühle mit einer Hand Richtung Hals. Den Schlüssel für das Schließfach trage ich seitdem an meiner goldenen Halskette – ganz nah am Herzen.

Fast so flach wie um Hamburg herum ist es auf der Hohenloher Ebene. Aber nur fast. Die flache Landschaft hat Dellen und zwar dann, wenn ein Fluss sein Tal in die Ebene eingegraben hat. Diese Flüsse tragen recht seltsame Namen. Der Kocher etwa. Wer denkt sich so einen abgefahrenen Namen aus! Oder die Jagst. Darunter kann ich mir deutlich mehr vorstellen. Kommt sicher von Jagd. Im Wald hier springt ja genügend Viehzeug herum, auf das man gelegentlich ballern kann. Habe ich schon selbst gemacht bei einigen Gelegenheiten. Letztlich ist es egal, ob Mensch oder Tier. Tot ist tot. Aber wenn man ein Leben nehmen muss, dann mit Respekt und Stil. Daran habe ich mich stets gehalten. Der letzte war Marek, auch bei ihm habe ich mich wie immer entschuldigt, bevor ich abdrücken musste. Er ruht jetzt friedlich in dem Wäldchen, das ich vom Erdbeerbüdchen aus sehe, und die Tiere des Waldes haben auch noch was von ihm. So schließt sich der Kreislauf der Natur. Das finde ich eine sehr schöne Vorstellung.

Mittwoch, 5. Juni

Die Geschäfte laufen blendend! Der alte Kauz brachte um 14 Uhr zum dritten Mal Erdbeer-Nachschub. Ich sah ihn zum ersten Mal lächeln!

Trotz der vielen Arbeit bleibt zwischendrin weiterhin genügend Zeit zum Nachdenken. Ich rauche jetzt im Büdchen, Lebensmittelsicherheit hin oder her. Wo kein Kläger, da kein Richter. Habe sogar mit dem einen oder anderen Kunden zusammen eine geraucht. Sind ja alle sehr nett, wenn auch nicht unbedingt sehr mitteilsam. In der Regel nach dem zweiten, mit dem ungewohnten »Grüß Gott« und »Ade« eingerahmten Einkauf, werde ich angesprochen, wie angenehm es doch sein muss, fürs Rumsitzen und Rauchen bezahlt zu werden. »So schee hättet's mir au gern!« Ich lache jedes Mal herzlich. Wie recht sie haben!

Es gibt hier einige höchst attraktive Frauen, eine davon könnte sofort im »Pink Bananas« anfangen. Könnte! Ein Traumkörper, in Geiselhaft genommen vom Gemüt einer Grundschullehrerin. Das Äußere ist eben nicht alles, es muss eindeutig innendrin stimmen, wenn jemand Karriere auf der Reeperbahn machen will. Die Schnecke erzählt mir nonstop von Schulgartenprojekten mit Achtjährigen. Hoffnungslos. Aber ich habe sowieso keine Zeit, sie anzubaggern. Wegen der Arbeit im Erdbeerbüdchen und ich will ja wie gesagt die Gelegenheit nutzen, mich zu erholen und Abstand zu gewinnen.

Donnerstag, 6. Juni

Rekordumsatz am vierten Tag in Folge. Der komische alte Kauz ist völlig begeistert, spricht plötzlich sehr viel und auch wenn ich ihn immer noch nicht verstehe, so wird er mir langsam sympathischer. Ich glaube, wir zwei sind uns gar nicht so unähnlich. Er weiß gute Geschäftsleute zu schätzen, ebenso wie ich.

Vielleicht ist das ein Zeichen und ich sollte die Branche wechseln. Muss schließlich noch ein paar Jährchen arbeiten. Der Ruhestand ist fern, anders als bei meinem Boss, der demnächst seinen 65. Geburtstag feiert und es so richtig krachen lassen will. Am Wochenende soll die Mega-Party in Marbella steigen. Mit Dina und Margareta glüht der Boss auf seiner Jacht gerade bereits vor. Am Samstag dann ein Betriebsausflug vom halben »Pink Bananas«, die nach Marbella einfliegen. Die andere Hälfte muss natürlich arbeiten, das Etablissement bleibt geöffnet. Wo kämen wir sonst hin, die Marbella-Sause muss ja schließlich von etwas bezahlt werden.

So gut erholt wie in den letzten Tagen habe ich mich lange nicht mehr gefühlt. Ich verstehe den alten Kauz immer besser. Wenn er sagt: »I han die scheenste Bräschtling von ganz Hohenlohe!«, weiß ich inzwischen, was er meint. Ich bin nun mal sehr sprachbegabt. Auf der anderen Seite ist das einfache Landleben vielleicht doch nicht ganz mein Fall. Ich hause ja gerade in dem alten Wohnwagen, in dem vorher Marek gewohnt hat. Das ist weniger schön.

Im Moment freue ich mich über einen weiteren Tag mit Rekordumsatz, hatte kaum Zeit für eine Zigarettenpause. Ein Auto nach dem anderen kam an das Büdchen gefahren, kaum einer kaufte weniger als fünf Schälchen Erdbeeren.

Freitag, 7. Juni

20 Uhr. Die letzte Zigarette. Dann habe ich Feierabend im Erdbeerbüdchen. Und zwar für den Rest meines Lebens. Ich inhalie-
re tief und genieße den Blick über die Hohenloher Ebene. Zum
letzten Mal. Inzwischen habe ich diese flach-wellige Gegend
und ihre seltsam sprechenden Menschen richtig liebgewonnen.
Werde bald mal wieder herkommen und einen richtigen Urlaub
machen. Es soll hier ein Fünf-Sterne-Hotel geben, hat die Grundschullehrerin erzählt.

Das Geld aus dem Banküberfall ist inzwischen so gut verteilt,
dass es nie mehr nachverfolgt werden kann. Außer es fällt auf,
dass die meisten Scheine rote Erdbeer-Flecken haben. Blutgeld
mal anders interpretiert.

Apropos.

In Marbella gab es einen bedauerlichen Badeunfall. Der Boss
wurde von einem Motorboot überfahren, als er von seiner Jacht
aus im Meer schwimmen ging. Sehr leichtsinnig bei dem hohen
Motorbootaufkommen dort. Das war gestern Nachmittag. Vor-
zeitig in den ewigen Ruhestand abgetreten also. Er hatte ja selbst
gesagt, dass es in seinem Alter ganz schnell gehen kann. Sehr
vorausschauend und verantwortungsbewusst von ihm, dass er
mir letzte Woche in Zürich eine Vollmacht und einen Schlüssel
für das Schließfach gegeben hat.

Nachdem ich den Boss und seine beiden Gespielinnen in Marbella abgeliefert hatte, bin ich wieder über Zürich zurückgefah-
ren, habe das Schließfach ausgeräumt und das Geld an mich genommen. Sicher ist sicher. Doch Schwarzgeld bleibt Schwarzgeld
und bringt leider nichts, besonders wenn es dem bald tragisch
verunfallten Boss gehört. Ich musste mir etwas einfallen lassen.

In jedes Erdbeerschälchen habe ich zwanzig 200-Euro-Scheine
aus dem Bankschließfach unten hineingelegt. Dafür habe ich pro
Schälchen von den Käufern neunzehn 200-Euro-Scheine zurückbekommen. Zweihundert Euro Provision pro Erdbeerschälchen
ist happig. Aber dafür habe ich jetzt nicht-nummerierte Scheine,

die nirgendwo registriert sind. Natürlich mussten die Kunden die Erdbeeren extra bezahlen. Sonst würde ja die Kasse vom alten Kauz nicht stimmen. Außerdem brauchte ich genügend Kleingeld für die Büdchen-Kasse. Ich besitze im Moment nur 200-Euro-Scheine.

Dina und Margareta begleiten den Boss standesgemäß als trauernde Witwen zurück nach Hamburg. Wir werden ihm selbstverständlich ein würdiges Begräbnis ausrichten. Ganz St. Pauli trauert. Es wird viel zu tun geben. Gut, dass ich mich hier in Hohenlohe etwas erholen konnte.

Die vielen Scheinchen aus dem Schweizer Bankschließfach sind inzwischen mit ihren neuen Besitzerinnen und Besitzern nach Italien, Österreich und Frankreich gereist und werden dort in den Kreislauf des Geldes eingespeist. Ein Firmenstandort direkt an der Autobahn ist wirklich sehr praktisch und förderlich fürs Geschäft. Seien es Erdbeeren – oder etwas anderes.

Ich musste höllisch aufpassen, dass es keine Verwechslungen gab zwischen den mit Euro präparierten Erdbeerschälchen und den normalen Schälchen. Das war mit am anstrengendsten. Die naseweise Grundschullehrerin hat sich gestern aus einer der präparierten Transportkisten selbst bedient und hätte das angeblich mit viel Liebe und Sorgfalt ausgesuchte Erdbeerschälchen fast nicht mehr hergegeben. Ich musste meinen gesamten berühmten Charme einsetzen, dagegen ist keine Frau immun, selbst eine Grundschullehrerin aus Kirchberg an der Jagst nicht.

Leider kann ich mich nicht von ihr verabschieden, auch wenn ich gestern doch noch ein Date mit ihr klar gemacht habe. Sie wird heute Abend leider vergeblich in ihrer Lieblingswirtschaft auf mich warten und ohne mich den angeblich besten Rostbraten der ganzen Gegend verspeisen müssen. Denn da kommt mein nagelneuer knallroter Ferrari angefahren. Den habe ich schon am Mittwoch über einen Strohmann gekauft, als sich abzeichnete, dass mein Erdbeer-Geschäftsmodell funktioniert. Das viele saubere Geld muss ja sinnvoll investiert werden. Aus dem Wagen steigt Monty. »Moinmoin, Boss«, begrüßt er mich respektvoll. Monty ist Türsteher im »Pink Bananas«. So habe ich auch mal angefangen und mich dann hochgearbeitet. Die Geschichte wiederholt sich. Allerdings nur der erste Teil, das kann ich hier schonmal garantieren.

Keine Sorge, das »Pink Bananas« wird es weiterhin geben, ich kümmere mich jetzt darum. Werde ein viel größeres Rad drehen, als der alte Boss es sich in seinen kühnsten Träumen jemals ausmalen konnte.

Habe mir kurz überlegt, den komischen alten Kauz für ein Wochenende nach St. Pauli einzuladen. Das hätte der sich wirklich mal verdient. Allerdings müsste ich ihn danach in der Elbe versenken, wegen der Verschwiegenheit. Das kann ich seinen vielen Erdbeer-Kunden in Hohenlohe nicht antun.

Da kommt der Alte auch schon angefahren in seinem klapprigen Passat. Der kriegt den Mund gar nicht mehr zu, als ich ihm den Schlüssel zum sorgfältig verschlossenen Büdchen reiche, inklusive der Tageskasse. 803,44 Euro Umsatz gab es heute. Neuer Rekord. Alles sauber abgerechnet. Der Alte bringt keinen Ton heraus. Nun ja, auf Dankbarkeit kann man heutzutage sowieso nicht mehr viel geben.

Monty hält mir den Schlag des Ferraris auf. Ich steige ein und lasse genüsslich den Motor aufheulen. Der Wagen gleitet über die Auffahrt Wolpertshausen auf die Autobahn. Kein Stau heute! Da tut das Scheiden gleich etwas weniger weh. Auf Wiedersehen, Hohenlohe!

Feuriger Bräschtling *)

Gegrillte Erdbeere im Bierteig-Mantel

6-10 frische große Erdbeeren
200 g Vollkornmehl
3 EL Puderzucker
1/2 TL Zimt
1 Flasche dunkles Bier
Paniermehl oder Semmelbrösel
Weinbrand

Man nehme einige schöne große Erdbeeren – wie kleine Kartoffeln mindestens. Echte Schleckermäuler legen sie kurz in mildem Weinbrand ein. Für den Teig das Vollkornmehl mit drei Esslöffeln Puderzucker und einem halben Teelöffel Zimt mischen. Das Geheimnis des Teigs kommt jetzt dazu: Vorsichtig und löffelweise dunkles, malziges Bier einarbeiten, bis ein zähflüssiger, klebriger Teig entsteht. Das ist wichtig, damit er gut an der Frucht haftet. Dann die Erdbeere gut trocken tupfen, auf eine Grillgabel spießen und genüsslich im Teig wälzen, bis die gesamte Frucht gut bedeckt ist. Schön weiterdrehen, damit der Teig gut verläuft. Dabei etwas Paniermehl oder Semmelbrösel aufstreuen – das stabilisiert die Teighülle zusätzlich. Jetzt flugs auf eine sehr heiße Zone über die Grillkohle halten und schön braun anrösten. Immer weiterdrehen und nicht verbrennen lassen. Der Teigmantel wird jetzt fest. Anschließend am Rand des Grills ablegen und etwas ausbacken lassen – bei kleinerer Hitze. Und dann – vielleicht mit etwas Puderzucker bestäubt – heiß und saftig genießen.

*) Bräschtling ist der hohenlohische (und in diesem Fall auch schwäbische) Begriff für Erdbeere.

MARTINA UHL

Tangotod

Stuttgart

Was würde ich nicht alles dafür tun, die Zeit zurückdrehen zu können. Ich würde den Zeiger der Uhr drehen und drehen und drehen. Bis zum Beginn. Zu dem Abend, an dem ich ihn wiedergesehen habe. Ich erinnere mich, wie ich im Schlafzimmer stand, vorgebeugt, den rechten Fuß auf dem Bett aufgestützt, und mir vorsichtig die seidenen schwarzen Strümpfe über die Knöchel streifte. Mich dann leichtfüßig vor dem Spiegel drehte und es genoss, wie der leichte Stoff des Rocks verspielt und zärtlich um meine Beine strich. An diesem Abend trug ich rot. Ich freute mich auf den Abend. Auf die Sehnsucht in den Schritten, die Umarmung, das Gefühl, eins zu sein mit der Musik und vor allem auf die Bewunderung in den Augen der Männer. Ich nahm den Beutel mit den Tangoschuhen vom Garderobenhaken und lief voll Erwartung auf das Kommende beschwingt die Treppe hinunter.

Es war ein vorfrühlingshafter Abend im März. Ich konnte den Beginn des neuen Lebens in den Blumentöpfen der Öko-Mieter in den Backsteinhäusern riechen, das bildete ich mir zumindest ein. Erdig und frisch. Sogar die Pfützen in den Schlaglöchern auf der Straße zu den Wagenhallen waren mir irgendwie friedlicher erschienen. Weicher. Wohlgesonnener. Das Leben ist schön, dachte ich, als ich die Glastür zum *Ocho* öffnete. Ich habe es geschafft. Ich bin die Frau, die ich immer sein wollte. Aufblühend wie das Leben im Frühling. Ich trat ein. Beim Funkeln des alten Kronleuchters ließ ich mich auf den Samt des zerschlissenen Sessels sinken, um meine Tanzschuhe anzuziehen. Schwarzer Lack und zwölf Zentimeter Absatz. Ein Traum mit zierlichen Riemchen, deren Schnallen ich fest über meinen Knöcheln verschloss.

Ein guter Halt war wichtig. Im Leben und beim Tanzen erst recht. Gerade hatte ich mich zurechtgesetzt, die Beine elegant überkreuzt und mein Blick möglichst unnahbar. Ich hatte die Erfahrung gemacht, dass dieser Blick die Tänzer, vor allem die Guten, anzog wie die Motten das Licht. Nur nicht anbiedern. Nie wieder. Da kam schon der Erste. Einer meiner treuen Milongueros. Er stand vor mir, nickte mir kurz zu und reichte mir die Hand. Huldvoll nickte ich und stand langsam auf, bemüht, meine Bewegungen leicht lasziv wirken zu lassen. Wir betraten die Tanzfläche. Standen uns gegenüber. Mit einer weiten Geste legte ich meinen linken Arm in Zeitlupe auf seinen Rücken, verlagerte mein Gewicht nach vorne und reichte ihm die rechte Hand in die perfekte Umarmung. Die Augen geschlossen wartete ich auf die ersten Takte der Musik, auf die sanfte, aber doch fordernde Führung meines Partners. Da – der erste Ton. Die stumme Aufforderung meines Partners, mich auf die Zehenspitze des rechten Fußes zu stellen, die kaum auszuhaltende Spannung beim ersten Schritt. Die Musik hüllte mich ein wie eine weiche anschmiegsame Decke. Ich tanzte um mein Leben, tanzte, um die Leere in mir mit Bewegung und Harmonie zu füllen. Ich folgte dem Rieseln der Töne auf die Tanzfläche und spürte mich so intensiv wie es in meinem normalen Leben nie geschah. Ich fühlte mich begehrt, spürte das Verlangen in der Führung meines Tanzpartners und ich war eins mit mir selbst. Das war meine Welt. Das war mein Leben. Die letzten Töne verklangen und wir kamen langsam zum Stehen, wollten die Spannung zwischen uns noch einen Augenblick lang erhalten, das Kribbeln noch einmal auskosten. Dann war der magische Augenblick vorbei und ich setzte mich wieder auf meinen Platz, wartete auf die nächste Chance, auf das nächste Abenteuer.

Mit völlig unbeteiligtem Blick musterte ich unauffällig die anwesenden Männer. Meine Beute. Für einen Tanz. Oder manchmal auch für mehr. An der Bar saß ein Mann, den ich hier noch nie gesehen hatte. Die Silhouette sah im Halbdunkel des gedimmten Lichtes vielversprechend aus und ich beschloss, mir ein

Glas Rotwein zu holen. Dabei würde ich den einen oder anderen Blick auf ihn erhaschen können. Und er auf mich. Auf die perfekt gestylte Frau, jugendlich und elegant und eine Sünde wert. Ihn entsprechend meiner Erfolgsstrategie komplett ignorierend, bestellte ich ein Glas Rioja und bezahlte. Ich nippte an dem Wein und genoss den schweren erdigen Geschmack auf der Zunge und den intensiven Geruch nach den Versprechungen des Sommers in der Nase. Anschließend riskierte ich einen Blick in Richtung des Neuzugangs in der Stuttgarter Tangoszene, wollte ihn gewohnheitsmäßig auf meiner virtuellen Skala einordnen, ob er für ein Tänzchen taugte oder sich vielleicht sogar in die Reihen meiner Bewunderer einreihen ließ. Irgendetwas kam mir spontan bekannt vor an dem kantigen Gesicht und den hungrigen Augen, die mit starrem Blick das Geschehen auf der Tanzfläche beobachteten. Und tatsächlich – beim zweiten Blick fiel mir das Glas fast aus der Hand. So schnell es ging, eilte ich, den schillernden Fleck des verschütteten Weins ignorierend, zu meinem Sessel zurück und fiel mehr hinein als ich mich setzen konnte. Herzklopfen. Zittern in den Händen. Alles war wieder da. Innerhalb einer winzigen Sekunde. Ich fing an, meine Fingernägel abzubeißen, was ich seit vielen Jahren nicht mehr getan hatte, kaute an der Nagelhaut, bis ich das Blut schmecken konnte. All die Steine, die ich über Jahre mühsam mit dem Mörtel aus Nagellack, Schminke und schicken Kleidern aufgeschichtet hatte, fielen in sich zusammen. Tief durchatmen. Das half in Notfällen immer. Einer der wenigen Ratschläge meines ehemaligen Therapeuten, die ich zu schätzen wusste. Mich auf meinen Atem und auf einen Punkt auf dem Tisch vor mir konzentrieren. Mein Weinglas. Nach ein paar Minuten, es hätten auch Stunden gewesen sein können, ich kann mich nicht erinnern, trank ich den Wein in einem Schluck aus. Ich rannte aus dem *Ocho*.

Am darauffolgenden Donnerstag war ich wieder auf dem Weg zum *Ocho*, fuhr durch die Schlaglöcher an der Martinskirche vorbei und sagte mir selbst zum wiederholten Mal, dass das die einzig richtige Entscheidung sei. Die Chance, meine Vergangenheit ein für alle Mal zu besiegen. An den Rest des Abends von letzter Woche erinnerte ich mich nur sehr verschwommen. Bittere Tränen und mein alter Teddy, den ich nach vielen Jahren von ganz hinten im Schrank herausgeholt hatte – eines der wenigen Überbleibsel aus meinem anderen Leben, die ich nie gewagt hatte wegzuwerfen –, wirbelten durch meinen Kopf. Als ob ich gewusst hätte, dass ich den Trost des abgeschabten Fells auf meiner Wange einmal dringend brauchen würde. Jede Menge schwerer Rotwein hatte das Seine dazu getan, dass ich schließlich in einen betäubungsähnlichen Schlaf gefallen und am nächsten Morgen mit stechenden Kopfschmerzen erwacht war. Auf dem Weg zum Telefon, Migräne wollte ich meinem Chef sagen, die Leidensstimme würde mir nicht schwerfallen, war ich über meine Tangoschuhe gestolpert. Der Lack war verkratzt und die Sohlen von der Feuchtigkeit des Parkplatzes aufgequollen. Die konnte ich wegwerfen, hatte ich gedacht. Ich merkte, dass mein Mantel fehlte. Egal, was ich mir überlegen würde, wenn ich wieder klar denken konnte, ich musste auf jeden Fall noch einmal ins *Ocho*, um Straßenschuhe und Mantel zu holen. Musste noch einmal riskieren, ihn zu treffen, ob ich wollte oder nicht. Ein paar Tassen Kaffee und mehrere Kopfschmerztabletten später dachte ich: Warum eigentlich nicht? Er hatte mich nicht erkannt, würde mich auch nicht erkennen. Dazu hatte ich zu hart daran gearbeitet, eine andere zu sein. Vielleicht war es das Schicksal, das ihn zum Tango, auf die Spielwiese meines mühsam erschaffenen neuen Lebens, geführt hatte. Die Chance, mir endgültig zu beweisen, dass ich es geschafft hatte. Und so beschloss ich, Russisch Roulette mit dem Schicksal zu spielen. Wenn er heute da wäre, würde ich ihn ansprechen. Wenn nicht, würde ich die Vergangenheit ruhen lassen und das Ganze vergessen. Mit diesem Gedanken ließ ich das letzte Schlagloch hinter mir und parkte entschlossen neben einer der Holzfiguren der Künstlerkolonie, die im Dunkeln fast drohend vor mir aufragte.

Kurz darauf saß ich wieder im gleichen samtroten alten Sessel und band die Riemchen meiner Tanzschuhe. Dieses Mal waren es die mit dem braunen Leopardenmuster. Schließlich war ich auf der Jagd. Ich schaute mich um. Er war nicht da. Eigentlich sollte ich Erleichterung fühlen, bemerkte aber, dass sich bittere Enttäuschung wie ein schwerer Stein in mir breit machte. Vielleicht hatte ich die Vergangenheit doch nicht so weit hinter mir gelassen, wie ich gedacht hatte. Ich hatte seit dem Tag meines Schulabschlusses jeden Kontakt mit Menschen von damals vermieden. Ich war zu keinem Klassentreffen gegangen, zu keinem Ehemaligen-Stammtisch. Ich wollte keine Konfrontation mit meiner Kindheit und Jugend. Ich hatte die kleine Elli mit den Colaflaschen-Brillengläsern und den abgelegten Kleidern ihrer Cousine hinter mir gelassen. Ich war jetzt Frida, die Selbstbewusste, die Schöne, die Betörende und nicht mehr Elli, der die Jungs hinterherriefen: »Elli, der Maulwurf mit dem fetten Arsch.« Kinder können grausam sein. Eltern auch. Wie konnten sie mir nur einen solchen Namen geben? Elfriede, die Altbackene, war immerhin noch besser als das höhnische »fette Elli«, das mir die Jungs in der Schule hinterherriefen. Er vornedran. Er sah nicht, wie sehr ich ihn bewunderte, merkte nicht, wie ich ihn vergötterte, in ihn verliebt war bis über beide Ohren und alles für ihn getan hätte. Einfach alles.

Ich war so in meinen Gedanken versunken, dass ich nicht gemerkt hatte, dass sich die Situation an der Bar verändert hatte und dass nun eine andere Person dort saß. Er war da. Er war gekommen und es war an mir, mir zu beweisen, dass ich wirklich eine andere war. Russisch Roulette – in fünf Kammern der Pistole wartete der Sieg und in einer die Gefahr. Ich bin Frida, ich bin Frida, sagte ich mir selbst, wie ein Mantra lief es in meinem Kopf hin und her und ich machte wieder die Atemübungen, dem Therapeuten sei Dank. Endlich war ich bereit, das Risiko einzugehen. Noch eine kurze Flucht auf die Toilette, ein ausgiebiger Blick in den Spiegel. Andere Haarfarbe, Kontaktlinsen, eine jahrelang antrainierte sportliche Figur und ein Kleid, das modern und leicht verspielt meine weiblichen Reize in den Vordergrund stellte. Ich war Frida und ich wollte es mir ein letztes Mal unwiderruflich beweisen. Mein Spiegelbild und ich sahen uns ernst an, nickten uns entschlossen zu und los ging es. Zurück im Raum checkte ich die Lage. Er saß an der Bar und schaute auf die Tanzfläche. Sein Blick war starr und hungrig wie früher, als er es auf die Mädchen in unserer Schule abgesehen hatte. Er brauchte die Eroberungen schon damals so sehr wie ich heute die Bewunderung in den Augen der Männer. Daran schien sich bei ihm nichts verändert zu haben. Ich schritt langsam zur Bar, stellte mich neben ihn und bestellte mein übliches Glas Rioja. Beim Bezahlen kramte ich in meinem Täschchen und ließ es wie zufällig fallen, der ganze Inhalt war auf dem Boden verstreut. Mit einem leisen Aufschrei bückte ich mich elegant und stieß dabei wie unabsichtlich an sein Bein. Sofort richtete ich mich auf, legte ich ihm meine sorgfältig manikürte Hand auf den Arm und sah ihn mit einem entschuldigenden Augenaufschlag an. »Sorry«, hauchte ich. Dann begann ich, meine Sachen aufzusammeln. Es lief wie geplant. Er bückte sich ebenfalls und half mir, Lippenstift, Mascara und Münzen aufzusammeln. Ich verstaute alles wieder in dem Täschchen und bedankte mich mit rauer Stimme und dankbarem Blick.

»Darf ich Sie für die Hilfe auf ein Glas Wein einladen?« Es war perfekt. Meine Stimme klang einladend, nicht zu bemüht. Das jahrelange Sprechtraining zahlte sich aus. Er musterte mich einen Augenblick zu lange und einen Wimpernschlag lang war der hungrige Jagdblick in seinen Augen zu erkennen. Ihm war nur nicht klar, wer hier gerade der Jäger war und wer die Beute. Ich warf einen Blick auf meine hochhackigen Leopardenschuhe. Ich wusste es. Den Wein bezahlte natürlich er und wir waren kurz darauf beim Du – mein hingehauchtes »ich bin Frida« wurde nicht in Frage gestellt und es war keinerlei Wiedererkennen in seinen Augen zu sehen. Ich war also wirklich eine andere – für mich und für ihn ebenfalls. Zu diesem Zeitpunkt hätte ich es gut sein lassen sollen, aber ich konnte nicht, ich wollte das Spiel weiterspielen, sehen, dass ich nicht nur eine leere Pistolenkammer erwischte, sondern auch die anderen vier. An die sechste mit der Kugel dachte ich in diesem Augenblick leider nicht. Also machte ich weiter in meinem Spiel. Auf der Tanzfläche war ich Meisterin im Verführen. Ich musste mich beim Tanzen etwas zurücknehmen, um ihn nicht zu überfordern, und verband Unnahbarkeit und Anschmiegsamkeit zu einem unwiderstehlichen Band zwischen uns. Ich erreichte mein Ziel. Auf seine Frage, ob wir zu mir gehen könnten, antwortete ich mit verführerischer Zurückhaltung, dass mir das zu schnell gehe und lud ihn im Gegenzug ein paar Tage später zum Abendessen ein. Mit ein paar gehauchten Küsschen verabschiedete ich mich, vergaß dabei aber nicht, noch einmal mit kokettierendem Augenaufschlag zu ihm zurückzublicken. Eine Abfuhr war in diesem Fall keine Alternative.

Ich hatte extra freigenommen, um für den besagten Abend alles perfekt vorzubereiten. Die Wohnung war geputzt und aufgeräumt. Das Schaffell in Rosé lag vor dem Kamin bereit und der Esstisch war stilvoll gedeckt. Weingläser funkelten im Licht der weißen Kerzen und gemeinsam mit den cremefarbenen Tellern aus edlem Bone-China und dem dunklen Holz des Tisches war es ein perfektes Arrangement. Das Essen sollte möglichst gut zu der Tango-Atmosphäre passen, um die knisternde Stimmung des Abends im *Ocho* zurückzurufen. Es gab gratinierte Rinderfilets. Feurig und irgendwie argentinisch, zubereitet mit getrockneten Tomaten, Basilikum und Parmesankäse. Eines der wenigen Fleischgerichte, die ich kochen konnte. Ich briet selten Fleisch in meiner Wohnung, da man den Geruch auch Tage später nicht aus den Räumen bekam. Aber der Anlass heute war es wert.

Verheißungsvoll klingelte es an der Tür. Ich drückte auf den Türöffner und lehnte mich dekorativ an den Türrahmen. An diesem Abend trug ich schwarz. Im Rückblick passte das perfekt, irgendwie als hätte ich geahnt, was passieren sollte.

Er kam die Treppe herauf. Die vielen Stufen der vier Stockwerke lehrten jeden Besucher Bescheidenheit. Schnell atmend sah er mich trotzdem siegessicher an und zauberte hinter seinem Rücken einen Strauß dunkelroter Rosen hervor.

»Für eine wunderschöne Frau an einem hoffentlich unvergesslichen Abend«, sagte er mit nonchalantem Lächeln dazu.

Ich versenkte mein Gesicht in den Rosen und sah ihn mit großen Augen an.

»Komm herein.«

Es begann alles sehr Erfolg versprechend. Bei einem Gläschen spanischem Cava, der verspielt in den Sektgläsern perlte, unterhielten wir uns zu den leisen Klängen eines sentimentalen Tangos in der Küche, wo ich die letzten Vorbereitungen für das Essen traf. Während ich die Rinderfilets kurz anbriet, gab er sich besserwisserisch, mimte den Mann von Welt und lobte seine Kochkünste.

»Ich finde es essenziell, beim Kochen auf hochwertiges Fleisch zu achten«, dozierte er.

»Oh ja!« Ich versuchte, einen bewundernden Ton in meine Stimme zu legen. Wie um meine Kompetenz zu diesem Thema zu beweisen, entfernte ich mit meinem großen Fleischermesser – zum Glück hatte ich eines, aber nur, weil der Messerblock so stylisch in meine Küche gepasst hatte – ein paar winzige fettige Fasern von den Filets, bevor ich sie in die Auflaufschale gab und mit der Pinienkern-Tomaten-Mischung bedeckte. Schnell noch den Parmesan – frisch gerieben natürlich – daraufgestreut und ab in den Backofen. Dann stießen wir noch einmal mit unserem Cava an.

»Auf einen schönen Abend«, sagte er.

»Auf einen ereignisreichen Abend«, antwortete ich mit einem Lächeln, das verführerisch wirken sollte.

Wir gingen zur Balkontür und sahen auf die Lichter der Wohnungen des Stuttgarter Westens hinunter. Das Licht in der Küche hatte ich wohlweislich gedimmt. Und tatsächlich. Meine Rechnung ging auf. Er legte mir seinen Arm um die Taille, drehte mich mit festem Griff zu sich herum und küsste mich. Lange, intensiv und mit geschlossenen Augen. Ich schmiegte mich an ihn und dachte, so fühlt es sich also an, und ein paar Zungenschläge später, und deshalb hast du jahrelang geschmachtet und das Kissen vollgeheult? Als er mit Annika aus der Parallelklasse ging und demonstrativ in einer Ecke des Partykellers auf der Klassenfeier an ihr rumfummelte, wollte ich sterben, weil sie die Auserwählte war und nicht ich. Und jetzt hatte ich die Chance und fühlte – nichts. The show must go on, dachte ich. Schließlich war mein Ziel für heute nicht ein romantischer Abend, sondern der endgültige Sieg über meine Jugend. Deshalb seufzte ich möglichst bedauernd, als die Uhr des Backofens ankündigte, dass unser Rinderfilet jetzt perfekt gratiniert sei, und meinte, wir dürften das Essen nicht warten lassen. Ganz der Gentleman, der er nicht war, wie ich genau wusste, trug er die Auflaufschale zum Tisch. Ich folgte mit Weißbrot und Rotwein. Argentinischen Malbec hatte ich zu diesem besonderen Anlass ausgesucht. Während er das Fleisch auf unseren Tellern anrichtete, schenkte ich den Wein ein. Dunkelrot, fast schwarz, schimmerte er in unseren Gläsern.

Wir plauderten über dies und das, über unsere gemeinsame Leidenschaft für gute Küche und fürs Kochen – wenn der wüsste – und über die Passion für den Tango. Er hatte lange in Berlin gelebt und war dort auf die Tango-Szene gestoßen. Vermutlich, weil es da genügend willige Opfer für seinen Jagdinstinkt gab. Ich erzählte von meiner Entdeckung des Tangos in San Francisco. Er brauchte ja nicht zu wissen, dass ich dort nur einen Abend bei einer Tangoshow auf einer Pauschalrundreise verbracht hatte, als ich in einem Akt der Verzweiflung der Enge unseres Dorfes entflohen war. Allerdings war ich danach wirklich, meinen ganzen Mut zusammennehmend, zu einer Tangoschule nach Stuttgart gefahren und hatte mich für den Grundkurs angemeldet. Vor dem ersten Kursabend hatte ich wochenlang gefastet, war sogar einmal, den Geruch des frischen Brotes in der Nase, vor einer Bäckerei in einem Schwächeanfall umgekippt. Aber ich schaffte es. Zum Kursbeginn war ich nicht mehr die dicke Elli, sondern ich verwandelte mich nach und nach in die verführerische Frida. Der letzte kleine Rest der Elli, die beim Wiedersehen mit der Vergangenheit ihren alten Teddy als Trost brauchte, würde heute noch verschwinden. Wann sollte ich es ihm sagen? Ich war gespannt auf seinen Blick, wenn ihm klar wurde, wen er vor sich hatte. Das Begehren, das nicht mehr nur Frida, sondern auch Elli gelten würde, der ganzen Elfriede, die letztendlich trotz ihres scheußlichen Namens wieder ein Mensch werden würde. Vergangenheit und Gegenwart würden wieder vereint sein. Und dann würde ich ihn rauswerfen, würde ihn auslachen. Um anschließend in Richtung Zukunft aufzubrechen.

Nach dem Essen brachten wir die Teller in die Küche zurück. Die Töne des Bandoneons klangen immer noch melancholisch durch den Raum. Spielerisch legte ich ihm die Hand auf den Arm, glitt wie von selbst in die Umarmung und schloss die Augen. Wir begannen zu tanzen. Meine Wange schmiegte sich an seine und ich presste meinen Oberkörper ein klein wenig mehr an ihn, als es schicklich war. Merkte, dass er darauf reagierte, mich noch mehr an sich zog und die Tanzrichtung änderte. Von der Küche in Richtung Schlafzimmer. Ich improvisierte einen *Ocho* und wir waren wieder auf dem Weg zurück. Giros, Ganchos, Sacadas, immer intensiver wurde unser Tanz, wir ließen keine Schrittfolge aus und gaben uns ganz den verführerischen Klängen der Musik hin. Als das Bandoneon langsam verklang und wir in der Umarmung verweilten, war der Augenblick gekommen.

»Sag mal, komme ich dir nicht vielleicht bekannt vor?«, flüsterte ich ihm ins Ohr.

»Bekannt?«

Er rückte ein bisschen von mir ab und schaute mich fragend an. Ich konnte richtiggehend sehen, wie seine Gehirnzellen einen One-Night-Stand nach dem anderen durchgingen. Allerdings kam er zu keinem Ergebnis.

»Nein, tut mir leid. Hilfst du mir auf die Sprünge?«, sagte er mit entschuldigendem Lächeln.

Brust raus, Kopf hoch. Mein Therapeut hatte gesagt, dass die Körperhaltung die Wirkung der Worte maßgeblich beeinflusst. Diese Worte mussten wirken.

»Ich bin Elfriede aus deiner Schulklasse. Elfriede, die ihr immer Elli genannt habt.« Jetzt war es raus. Jetzt würde die Bewunderung für meine Verwandlung folgen. Ich wartete. Er sah mich verständnislos an. »Elfriede? Elli?«

Schließlich fiel bei ihm der Groschen.

»Die fette Elli. Das bist du? Ich glaub es ja nicht. Jetzt hab ich die fette Elli geknutscht und beinahe hätte ich mit ihr gevögelt. Zum Glück hast du mich gewarnt. Dieses Bild hätte ich mein Leben lang nicht mehr aus dem Kopf bekommen. Die fette Elli und ich im Bett.«

Mit diesen Worten wich er zurück und schüttelte sich angeekelt, bevor er mit geschlossenen Augen kalt zu lachen begann. Ich konnte den Film, der in seinem Kopf ablief, leibhaftig vor mir sehen.

So hatte ich mir das nicht vorgestellt. Ganz und gar nicht. Plötzlich war ich nicht mehr Frida, sondern wieder die kleine Elli, die sich hilflos den Sticheleien und der Ausgrenzung ihrer Mitschüler ausgesetzt sah. Das durfte nicht passieren. Das durfte einfach nicht sein. Sein Lachen traf mich wie ein Schwert mitten ins Herz. Ich stützte mich mit den Händen auf der Küchenarbeitsplatte ab und klammerte mich daran fest wie an den letzten Strohhalm vor dem Ertrinken. Plötzlich hatte ich das Messer in der Hand, mit dem ich vorher noch siegesgewiss das Fleisch geschnitten hatte. Ich starrte es verständnislos an. Wie in Trance beobachtete ich, dass ein paar fettige Fasern an der Klinge hingen und verfolgte mit den Augen eine zarte Spur aus Blut, die sich ihren Weg den Stahl der Klinge entlang gebahnt hatte. Und plötzlich sah ich rot. Blutrot. Ich packte den Messergriff und stach zu. Einmal, zweimal, wieder, immer wieder. »Das ist für die dicke Elli.« Stich. »Das für den fetten Arsch.« Stich. »Nie wieder wirst du mich auslachen. Nie wieder.« Ich weiß nicht, wie oft ich zugestochen habe, ich weiß nicht, wann ich aufgehört habe, ob er schon am Boden lag, ob er sich noch bewegte. Er starb in meiner Küche. Genau wie Frida. Denn ich holte keinen Rettungswagen. Ich schaute zu, wie beide verbluteten. Dann brach ich heulend auf dem Küchenboden zusammen und konnte das Messer einfach nicht loslassen.

Inzwischen trage ich grau. Die Schnürbänder aus den Schuhen und die Kordel der Jogginghose hat man mir weggenommen. Der Blick in den Spiegel erschreckt mich jedes Mal. Die Frau im Spiegel und ich, wir kennen uns nicht. Ihre graue Haut sieht keine Sonne mehr, kein Solarium und Lippenstift ist ein Fremdwort für sie. Mein Anwalt hat gemeint, mit Notwehr würden wir nicht durchkommen vor Gericht, aber bei einer entsprechend dargestellten psychischen Störung im Zusammenhang mit einem traumatischen Ereignis in der Vergangenheit hätte ich die Chance, in absehbarer Zeit mit entsprechenden Auflagen wieder auf freiem Fuß zu sein. Ich habe keine andere Wahl, als ihm zu vertrauen.

Die Frau im Spiegel kenne ich nicht. Aber ich kann anfangen, sie kennenzulernen. Man hat im Leben immer die Wahl. Ich kann überlegen, wer die Frau sein soll, die ich für mein Leben jenseits der Gitterstäbe neu erfinden will. Aber noch lieber würde ich die Zeit zurückdrehen können. Ich würde den Zeiger der Uhr drehen und drehen und drehen. Bis zum Beginn.

Gratiniertes Rinderfilet

Zutaten:
4 Stück Rinderfilet à 250 g
1 EL Olivenöl
50 g Pinienkerne
50 g Zwiebeln
1 Knoblauchzehe
2 Töpfe Basilikum
150 g geriebener Parmesan
150 g getrocknete Tomaten in Öl
20 g Butterschmalz
Salz, Pfeffer
Rotwein

Zubereitung:
Filets mit Olivenöl einreiben und pfeffern. Pinienkerne gold-
braun rösten und grob hacken. Zwiebeln und Knoblauch schälen und fein hacken. Basilikum in Streifen schneiden. Tomaten
abtropfen lassen, das Öl auffangen. Tomaten fein hacken.
Tomaten-Öl heiß werden lassen, Zwiebeln und Knoblauch darin andünsten, Tomaten dazugeben und anschmoren. Pinienkerne und Basilikum hinzugeben. Rinderfilets in Butterschmalz
kurz anbraten und anschließend in eine feuerfeste Form geben.
Bratenfonds mit Rotwein loskochen und unter die Tomatenmi-
schung rühren. Mischung auf die Filets geben, mit dem Parmesan
bestreuen und die Butter in Flocken obendrauf geben.
Form in den Backofen geben und 5 bis 10 Minuten überbacken.
Mit Ciabatta oder Baguette servieren.

RUTH EDELMANN-AMRHEIN

Nachts in einem fremden Haus

Irgendwo auf der Schwäbischen Alb

Guten Abend. Kann ich Ihnen behilflich sein?

Ich muss es Ihnen sagen, normalerweise öffne ich nicht mehr um solche Zeit. Doch bei einem Schneesturm wie diesem kann man niemanden vor der Tür stehen lassen. Aus diesem Grund, nur aus diesem Grund, bitte ich Sie nun herein. Sagen Sie, was ist denn geschehen?

...

Telefonieren?

...

Einen Abschleppwagen?

...

Hatten Sie einen Unfall?

...

Einen Plattfuß?

...

Ganz plötzlich?

...

Wie bitte?

...

Nägel auf der Fahrbahn?

...

Eine ganze Menge? Wer tut denn so etwas? Unglaublich! Nun, da haben Sie Glück. Mein Haus ist das einzige weit und breit in dieser abgeschiedenen Gegend, hier auf der Schwäbischen Alb.

...

Umstände? Nein, Sie machen keine Umstände. Ich bekomme nur selten Besuch und freue mich über jede menschliche Seele, die ihren Weg zu mir findet, und sei es an solch einem Abend.

Doch bitte, ziehen Sie Ihre Schuhe aus. In diesen Profilsohlen hat sich einiges an Schnee angesammelt, das müssen wir nicht in die Wohnung hineintragen. Und Ihre nasse Jacke legen Sie am besten auch gleich ab. Ich werde sie hinunter in den Heizraum bringen, dort ist es schön warm, und so trocknet sie schneller.

Sie verstehen, dass ich die Tür von innen verschließe? Ich fürchte mich allein hier im Haus.

...

Nun gut, allein bin ja nicht mehr, jetzt, wo Sie da sind, aber seit dem Tod meines Mannes habe ich mir so dies und das angewöhnt, Sie verstehen?

Bitte warten Sie einen Augenblick, bis ich wieder oben bin bei Ihnen. Sie können ja vielleicht so lange einen Blick in das Aquarium werfen. Es erinnert mich jeden Tag an meinen Mann, müssen Sie wissen. Vielleicht entdecken Sie den graugrün schillernden Wels, den alten Gesellen. Er war ein Liebling meines verstorbenen Mannes.

...

Weshalb ich so laut spreche? Nun ja, im Keller hier unten bin ich ein ganzes Stück von Ihnen entfernt. Aber wie Sie sehen, bin ich schon wieder oben und ich sage Ihnen, so eine Treppe hält beweglich. Ich bin immerhin schon, na, was schätzen Sie, wie alt ich bin?

...

Nein, nein, ich kokettiere nicht mit meinem Alter, wie kommen Sie denn auf die Idee?

...

Nun ist Ihre Jacke versorgt. Wie wäre es jetzt mit einem schönen heißen Tee bei der Kälte? Vielleicht einen »Gute-Nacht-Kräutertee« mit Baldrian, Melisse, Hopfen und Lavendelblüten? Versüßt mit einem Löffel Waldhonig?

...

Wie bitte? Sie mögen keine Kräuter und Hopfen nur im Bier?

...

Nun gut, nach dieser Aufregung hätte Ihnen Baldrian ganz sicher nicht geschadet. Mit Lavendel hätten Sie in einen tiefen Schlaf gefunden und Melisse hätte Krämpfen vorgebeugt, doch wenn es Ihnen lieber ist, brühe ich Ihnen gerne meine Spezialmischung auf, *first flush*, eine Teemischung aus Indien, dazu ein ordentlicher Schuss Rum. Was meinen Sie?

...

Das hört sich besser an? Das freut mich. So, kommen Sie mit mir hier den Flur entlang, aber passen Sie auf, die Köpfe der Tiere hängen tief.

...

Wie bitte? Ja, dies war ein Sieben-Ender. Mein Mann war Jäger, müssen Sie wissen. Alles, was hier hängt, wurde auch von ihm geschossen.

...

Ja, mit dieser Flinte. Sie ist noch immer gut in Schuss!

Und dort drüben, sehen Sie den Elch? Auf den war er besonders stolz.

...

Ja, er ist nach Kanada zur Jagd geflogen, jeden Sommer.

...

Nein, ich habe ihn nie begleitet.

...

Nein, nicht wegen der Kinder. Wir hatten keine. Kinder machen nur Lärm und Schmutz. In der Nacht schreien sie und erst der Gestank der vollen Windeln. Gott bewahre! Nur das nicht.

...

Was meinen Sie?

...

Dort drüben?

...

Der Lichtschein? Ja, der stammt von meinem Kamin. Kommen Sie, folgen Sie mir. Sehen Sie den Sessel? Sie können gerne Platz darin nehmen.

...

Die Katze? Ja, das ist ihr Platz, am knisternden Feuer.

...

Wie bitte? Ob sie schläft?

Nein, sie ist tot. Bereits seit vielen Jahren.

Auch sie war ein Liebling meines Mannes. Ich habe sie ihm ausgestopft wie all die anderen Tiere auch, die Sie hier sehen. Ich bin von Beruf Präparatorin, müssen Sie wissen. Es hat etwas Beruhigendes für mich, wenn ich all diese Tiere um mich habe.

...

Wo ich das gemacht habe? Hier im Haus. Unten im Keller befindet sich meine Werkstatt.

...

Sie wollen nun doch lieber gehen? So plötzlich? Wo wollen Sie denn hin mitten in der Nacht bei diesem Schneesturm?

...

Sie würden jetzt gerne telefonieren?

...

Nun, dass Ihr Handy nicht funktioniert, hätte ich Ihnen gleich sagen können. Wir befinden uns hier direkt in einem Funkloch.

...

Mein Telefon? Lieber junger Mann, mein Telefonanschluss ist schon lange stillgelegt. Nun trinken Sie doch erst einmal in Ruhe Ihren Tee.

...

Wie bitte?

...

Sie werden müde?

Na ja, das wird wahrscheinlich am Rum liegen. Ich nehme an, Sie sind keinen Alkohol gewöhnt? Denken Sie nicht auch, es wird besser sein, wenn Sie heute Nacht hierbleiben?

...

Ob ich ein Gästezimmer habe? Ja, natürlich. Es befindet sich allerdings unten im Keller, direkt neben meiner Werkstatt. Möchten Sie mir folgen?

...

Ich gehe voraus, aber Vorsicht, die Stufen sind steil. Warum haben Sie es auf einmal so eilig? Warten Sie doch!

...

Wohin gehen Sie denn? Das ist die falsche Richtung!

Das Gästezimmer befindet sich am Ende des Flurs. Immer geradeaus.

Nein! Stopp, nicht nach links!

Herrgott, so bleiben Sie doch stehen!

...

...

...

Was schreien Sie denn jetzt so laut? Nun beruhigen Sie sich doch.

...

Sie sind selbst schuld daran. Ich hatte Ihnen gesagt, am Ende des Flurs.

...

Wie bitte? Wer die vielen jungen Männer sind? Da staunen Sie, was? Nein, nach ihren Namen habe ich sie nicht gefragt. Der mit den schwarzen Locken ist damals über einen spitzen Stein gefahren, der inmitten der Fahrbahn lag. Ich erinnere mich noch gut daran, es war in einer lauen Sommernacht. Der Kleine mit dem Schnauzbart hatte eine Allergie gegen Hopfen. Dem mit der Glatze haben Scherben bei Vollmond die Reifen zerschnitten und der hier, mit den großen Ohren, fuhr leider über eine Menge Nägel. Es tobte ein Schneesturm so wie heute. Sein Reifen platzte nahezu an derselben Stelle wie Ihrer.

Nun kommen Sie schon, ich habe Ihnen ein weiches Himmelbett vorbereitet, es wird Sie in einen langen, tiefen Schlaf geleiten.

...

Wie bitte?

...

Was meinen Sie?

...

Wer der Alte ist, der dort hinter all den Jungen in der Ecke hockt?

...

Ach, entschuldigen Sie, ich hatte ganz vergessen, ihn Ihnen vorzustellen.

Der dort drüben in der Ecke, das war mein Mann ...

Gute-Nacht-Kräutertee

Zutaten:

50 g Baldrianwurzel
25 g getrockneter Hopfen
10 g Johanniskraut
5 g Lavendelblüten
25 g Melissenblätter

Zubereitung:
Drei Teelöffel der Kräutermischung mit 200 ml kochendem Wasser übergießen und zehn Minuten ziehen lassen. Mit Honig süßen und eine Stunde vor dem Schlafengehen genießen.

JULIA HOFELICH

Opfer

Stuttgart

Die Halskette mit den bunten Glasperlen war das schönste Geburtstagsgeschenk, das sie je bekommen hatte. Rote und pinke, blaue und gelbe Perlen, die wie richtig echte Edelsteine glitzerten. Immer wieder musste Alice die Kette anschauen und anfassen, während sie ihre Haare kämmte und sich ihr Lieblingskleid mit den Marienkäfern anzog. Das Kleid hatte blöderweise einen kleinen Kakaofleck auf dem Bauch, der nicht mehr wegging. Ein bisschen kurz war es auch geworden, aber für die Superkette brauchte sie einfach ein Kleid. Alice nahm sich ein ganz klein bisschen von Mamas rotem Lippenstift und strich ihn auf die Lippen. Jetzt sah sie umwerfend schick aus. Heute würden die anderen Kinder nicht über sie lachen. Heute war sie nicht hässlich. Sie war eine Prinzessin. Alice lächelte. Am Abend hatte sie sogar Kekse gebacken, mit Zitronenguss, das waren die besten, und die coolen Lutscher von der Tanke hatte sie ebenfalls, sie hatte ihr gesamtes Taschengeld der letzten Monate dafür ausgegeben. Über 20 Euro hatte das gekostet, und Mama hatte mit ihr geschimpft, weil sie eigentlich eine neue Jacke brauchte. Aber Alice wollte ihren zehnten Geburtstag in der Schule genauso feiern wie die anderen aus ihrer Klasse und da brauchte sie die coolen Lutscher von der Tanke.

In der Küche machte sie sich und ihrem kleinen Bruder ein Vesper, denn Mama war schon beim Zeitungsaustragen, und dann packte sie die Lutscher und die Kekse vorsichtig in eine Jutetasche, die sie über die Schulter hängte.

Den ganzen Weg zur Schule freute sie sich über ihren Süßigkeitenschatz, der sie bestimmt beliebt machen würde, und über die Kette. In der Sonne leuchteten die Perlen, und wenn sie die

Hand darunterhielt, waren rote und gelbe und pinke und blaue Lichtpunkte darauf. Sie hüpfte auf einem Bein und beobachtete, wie die Lichtpunkte mithüpften. Eine echte Prinzessinnenkette. Wunderwunderschön.

Als sie das grüne Schulhaus der Gesamtschule an der Hauptstraße erreicht hatte, wurde sie langsamer. Neben dem Eingangstor standen ausgerechnet Manuel und Chiara. Alice wurde flau im Magen. Warum waren die heute so früh da, wo bisher niemand anders hier war? Noch hatten die sie nicht gesehen, es war also klüger, wenn sie nicht über den Pausenhof ging, sondern den Seiteneingang neben der Turnhalle nahm. Vielleicht sollte sie die Kette zur Sicherheit ausziehen und erst später in der Klasse wieder ... Von hinten riss jemand plötzlich an der Jutetasche mit den kostbaren Lutschern und den Keksen. Sie drehte sich ruckartig um und legte ihre rechte Hand schützend über die Perlenkette, während sie mit der anderen die Jutetasche zu befreien versuchte. Eva aus der 5b hielt die Tasche grinsend fest.

»Boh, Scheiße«, sagte Eva laut in Richtung Manuel und Chiara. »Hey, schaut mal, wie peinlich die Alice wieder aussieht. Eine Babykette und ein Babykleid mit Käfern drauf.«

Eva und die anderen lachten. Alice wurde rot und zog den Kopf zwischen die Schultern, wünschte sich, ganz klein zu werden und zu verschwinden. Ihre Hand lag krampfhaft auf der Perlenkette. Sie machte einen Schritt auf das Eingangstor zu, nur weg von Eva. Die hielt weiter den Griff der Jutetasche umklammert. Und jetzt kam Manuel, der größer und stärker war als alle anderen Jungen aus der Klasse, weil er drei oder vier Mal wiederholt hatte, zu ihnen geschlendert, und mit ihm kam Chiara.

»Wo willste denn so eilig hin, Zigeunerschlampe?«, fragte Manuel und spuckte auf den Boden. »Du dreckige Zigeunerschlampe.« Er kam ganz dicht zu ihr, sie roch den Geruch seines Schulranzens, Leberwurst und fauligen Apfel. Sie versuchte zurückzuweichen. Da stand Eva und schubste sie wieder zu Manuel. Der Griff der Jutetasche riss fast, hoffentlich zerbrachen die Kekse nicht.

»Was haste denn da drin?«, fragte Manuel.

Alice versuchte, den dreien zu entkommen, aber sie hatten sie eingekreist. »K-k-kekse«, stotterte sie. »F-für m-meinen G-g-geburtstag.«

»K-k-kekse«, äffte Manuel sie nach, und Chiara und Eva lachten hämisch. »Hergeben!«

Alice schüttelte verzweifelt den Kopf, versuchte, die Tasche mit den Keksen und den Lutschern in Sicherheit zu bringen. Dafür brauchte sie beide Hände, ihre Perlenkette hing für eine Sekunde schutzlos um ihren Hals.

Mit einem schnellen Griff packte Manuel das Schmuckstück und riss daran. Sie schlug auf seine fette Pranke, schluchzte auf. »L-lass meine K-kette in R-r-ruhe.« Sie brachte den Satz kaum über die Lippen, so schlimm wurde ihr Stottern. Ihr ganzer Körper wurde vom Stottern durchgeschüttelt.

»Hässliche Zigeunerkette«, sagte Manuel.

Sie versuchte verzweifelt, seine Finger von ihrer Kette zu lösen. Aber er hielt fest und zerrte weiter daran. Mit einem leisen *zick* riss die Kette. Und die roten und gelben und pinken und blauen Perlen fielen auf den Boden wie Regentropfen. Sie bückte sich panisch, sie musste die Perlen aufheben, die da überall herumrollten. Vielleicht konnte man die Kette ja reparieren und ... Manuel gab ihr einen Stoß. Sie fiel nach vorn, schlug sich den Arm auf. Tränen liefen ihre Wangen hinunter. Sie sah, wie Manuel und Eva auf die Perlen traten, wie sie eine nach der anderen kaputtmachten. Glitzernder Staub auf dem kalten Boden. Mit einem verzweifelten Stöhnen rappelte sie sich auf und stürzte sich auf die letzten herumrollenden Perlen, um sie vor den unerbittlichen Schuhen zu retten. Direkt vor ihr zerknirschte Manuel grinsend weitere Teile ihres schönsten Geburtstagsgeschenks. Sie schluchzte und packte ein paar der kaputten Glasperlen. Stürzte sich auf ihn. Kratzte ihm mit den Scherben mit aller Kraft übers Gesicht, riss sich die ganze Hand auf. Manuel schrie auf. Schmiss sie auf den Boden, brüllte und fluchte und trat mit den Springerstiefeln auf sie ein. Bis sie nur noch wimmerte, alles war Schmerz.

Mit einer brutalen Bewegung riss er ihr die Jutetasche weg. Sie leistete keine Gegenwehr mehr.

»Warum nicht gleich so?«, sagte er. Er rieb sich das Auge. Über seine Wangen rann Blut. Im Weggehen zertrat er die letzten Perlen. Beim Mülleimer am Schuleingang blieb er stehen und unter dem johlenden Beifallgelächter der anderen warf er die kostbaren Lutscher und die Kekse in den Mülleimer.

Halb ohnmächtig vor Schmerzen kroch sie über den Pausenhof. Sie musste unbedingt ihre Kekse und ihre Lutscher retten. Ein paar Meter vor dem Mülleimer brach sie zusammen. Ihr Kopf sackte auf den Boden, Schwärze umfing sie, Schwärze und Schmerz. Schließlich spürte sie gar nichts mehr.

Alice verfluchte sich, dass sie ausgerechnet jetzt, an ihrem ersten richtigen Arbeitstag im Club, an diesen Vorfall denken musste. Vielleicht war es der rote Kaviar auf den Häppchen, der sie an Perlen erinnerte. Oder die Tatsache, dass Manuel schon den ganzen Abend im Separee herumlungerte und sich mit halbnackten Blondinen besoff. Ihre Hände zitterten leicht, als sie die dünne Goldkette mit dem schlichten Anhänger berührte, die um ihren Hals hing. Sie wollte diesen Job hier an der Bar des Clubs. Von Typen wie Manuel durfte sie sich nicht mehr einschüchtern lassen! Ein leichter Schwindel überkam sie und sie holte zwei Mal tief Luft. Manuel erinnerte sich sowieso gar nicht mehr an sie, sie hatten sich immerhin 16 Jahre nicht gesehen. Sonst hätte er garantiert etwas gesagt, als er vorhin zur Tür hereingestürmt war.

Sie hatte ihn im Gegensatz dazu allerdings sofort erkannt. Er hatte einige Kilo zugelegt, ein Koloss, immer noch in Springerstiefeln, aber jetzt war sein Kopf kahlgeschoren und das Tattoo der Motorradgang prangte auf Hals und Händen. Sein rechtes Auge war trüb und blind, eine Folge der kaputten Glasperlen, die sie ihm ins Gesicht geschleudert hatte. »Ich bring dich um, Zigeunerschlampe«, hatte er ihr von der Klinik aus ausrichten lassen, während die Ärzte noch versucht hatten, sein Auge zu retten. Alice war danach fünf Mal auf dem Schulweg von »un-

bekannten Tätern« zusammengeschlagen worden, einmal kran-
kenhausreif. Als sie wieder zu Hause gewesen war, hatte jemand
einen brennenden Molotowcocktail in ihre Wohnung geworfen.
Danach hatte ihre Mutter weinend ihre Sachen gepackt und sie
waren nach Karlsruhe gezogen.

Alice hatte auch dort nie aufhören können, ängstliche Blicke
hinter sich zu werfen, wenn sie auf der Straße unterwegs gewesen
war.

»Hey, du da, Neue«, sagte der blonde Barkeeper grob, »hör
auf zu träumen und bring endlich dem Manu ein paar Häppchen
rüber. Frag ihn gleich, ob er nicht 'ne Flasche Champagner will.
Den teuren, klar?«

Alice zuckte zusammen. »M-mach ich«, sagte sie. Sie merkte,
wie das Stottern, das sie fast vergessen hatte, sich in ihrem Hals
breitmachte. Sie sprach bewusst langsam.

»Er hat extra nach dir gefragt.« Der Barkeeper zuckte mit den
Schultern. »Bist du eins von seinen Mädchen?«

Ihr blieb fast die Luft weg. Manuel hatte sie also doch erkannt.
Sie erwog die Möglichkeit, einfach wegzulaufen. Nur, das hatte sie
ihr halbes Leben lang getan. Sie wollte endlich keine ängstlichen
Blicke mehr hinter sich werfen. Nie mehr. Und deshalb musste
sie ihrer größten Angst die Stirn bieten, sonst würde sie immer
ein Opfer bleiben. Abgesehen davon würde Manuel ihr ja wohl
kaum in einem gutbesuchten Club etwas antun. Sie nahm eines
der Kaviarhäppchen. Ihre Finger zitterten so, dass es ihr beinahe auf den Boden fiel. Einige der Fischeier rollten davon. Schnell
setzte sie das Häppchen auf einem leeren Teller ab. Griff nach
dem nächsten. Während sie mit bebenden Händen einen großen
Klecks Remoulade auf Manuels Teller klatschte und schließlich
die Champagnerflasche und den Häppchenteller auf ein Tablett
stellte, unterdrückte sie die leise Stimme, die ihr zuflüsterte, wie
bescheuert sie gewesen war, nach Stuttgart zurückzukommen.
Wie bescheuert, hier im Club anzufangen. Die hatten jemanden
gesucht, der die Hochhaussiedlung gut kannte und deren Bewohner. Und sie war eine von ihnen. Manuel hatte kein Recht, sie von

hier zu vertreiben. Sie betrachtete angewidert den Kaviar. In jeder Perle schien sich das Gesicht des Mädchens zu spiegeln, das sie einmal gewesen war. Anklagend. Wenn sie kein Opfer mehr sein wollte, dann musste sie da jetzt durch. Sie ergriff das Tablett mit beiden Händen. Die winzigen Fischeier glitzerten im Licht der alten Diskokugel. Sie ging an der Bar vorbei, den Flur entlang, der zu den Toiletten und zum Separee führte. Ihre Knie waren ganz weich. Manuel war mittlerweile ein *Skeleton Rider*, und wenn er vorher nicht schon gefährlich genug gewesen war, nun war er es mit Sicherheit. Sie klopfte an der grellrosa Tür.

»Endlich. Einen Scheißhunger hab ich.« Manuels Stimme klang bereits ein wenig verwaschen. Seine Augenlider waren nur halb geöffnet, als er die drei Frauen, die seinen Hals und seine Brust küssten, mit einer trägen Bewegung zur Seite stieß. Er starrte Alice an, seine Augenlider gingen langsam ganz auf, ein trübes Auge, eines mit eiskaltem Blick.

»Wen haben wir denn da?«, fragte er und lehnte sich in das rote Sofa zurück. Sein nackter Bauch war dick und schwabbelig. Aber seine tätowierten Oberarme waren muskulös. »Mädels, eine Schulfreundin von mir«, sagte er zu den Blondinen, »lasst uns mal allein.«

Die drei blonden Frauen verließen den Raum, eine schaute Alice mitleidig an.

»Setz dich«, sagte er und machte den offenen Reißverschluss seiner Hose zu.

Mit schmerzenden Händen klammerte sie sich an dem Tablett fest. Der Geruch des Kaviars verursachte ihr Übelkeit. Sie machte ein paar Schritte auf Manuel zu, streckte ihm das Tablett entgegen. Fühlte sich unwohl in ihrem durchsichtigen Top aus Netzstoff und den Hotpants, die sie an der Bar tragen mussten.

»Ich hab was gesagt!« Seine Stimme klang ungeduldig und aggressiv. Er trank einen großen Schluck Schnaps aus einer Flasche, die neben ihm auf dem Sofa gelegen hatte. Er machte keine Anstalten, das Tablett zu nehmen.

»Hey«, brachte sie heraus. »L-lange nicht gesehen.«

Manuel starrte sie an. »Setz dich endlich!« Fast geflüstert. Eine Drohung.

Sie setzte sich, so weit weg von ihm, wie es das kleine Sofa erlaubte, das Tablett auf ihren Knien. Die Champagnerflasche zitterte ein wenig. Im Raum roch es nach Sperma und Schweiß.

»Ich hab dir doch gesagt, wenn ich dich noch einmal sehe, bringe ich dich um«, zischte er. »Hast du etwa geglaubt, ich hätte das vergessen?«

Sie antwortete nicht, schaute ihn nur an. Sie musste wachsam sein. Ihre rechte Hand tastete nach dem Flaschenhals. Zur Not konnte sie den Champagner als Waffe ...

Als hätte er ihren Gedanken erraten, beugte sich Manuel ruckartig zu ihr hinüber und schlug ihr das Tablett aus der Hand. Kaviarperlen spritzten durch den Raum, die Champagnerflasche flog gegen eine Wand und zerbarst mit einem Knall. »Du Dreckstück«, brüllte er. »Du dummes Dreckstück.«

Sie atmete zitternd ein und erhob sich langsam. Manuel hinderte sie nicht daran, stand jedoch ebenfalls auf, versperrte ihr den Weg zur Tür. Er machte einen Schritt auf sie zu und blieb direkt vor ihr stehen. So dicht, dass sie das kleine Tattoo an seinem Ohrläppchen sehen konnte. Ein Totenkopf, der von einem Schwert durchbohrt wurde. Ihr wurde eiskalt. Trotzdem war da etwas in ihr, das sich nicht länger ducken wollte. »Du hast meine Kette ... kaputtgemacht. Du bist selbst schuld ... an dem Auge.« Sie konzentrierte sich ganz auf ihre Zunge und ihren Atem. Ein wenig abgehackt. Aber sie stotterte nicht mehr.

Er gab ihr eine Ohrfeige, so plötzlich, dass sie nicht darauf reagieren konnte. Dann packte er mit schmerzhaftem Griff ihre Handgelenke. »Wiederhol das, du Schlampe, und ich schneide dir die Zunge raus!«

Sie versuchte, ihre Arme zu befreien, aber Manuel, mehr als einen Kopf größer und doppelt so breit, packte nur noch fester zu. Er näherte sein Gesicht ihrem. Sie konnte seinen alkoholgeschwängerten Atem riechen. Das Tattoo mit dem Schwert war direkt vor ihren Augen.

»Weißt du, was ich dachte, als ich kapiert habe, wer du bist?«, knurrte Manuel. »Gutes Karma, dachte ich. Ich hab dich die ganze Zeit gesucht. Und da wirst du ausgerechnet Bedienung im Skeleton Club.«

Sie zwang sich, seinen Blick zu erwidern. »D-du hast mir drei Rippen gebrochen ... damals«, presste sie heraus. »Ich denke trotzdem, wir sollten die S-sache endlich abschließen. Wir waren K-kinder. Lass mich los, d-du Arschloch.«

»Niemand nennt mich Arschloch!« Er stieß sie nach hinten, sie taumelte gegen die Wand. »Die Sache ist erst abgeschlossen, wenn du tot bist, Zigeunerschlampe«.

»D-das sagst du nur so«, brachte Alice heraus.

Manuel sah sie an. Sie wusste, dass er es bitter ernst meinte. Ihr wurde flau. Beinahe unbewusst strich sie über die Kette an ihrem Hals. »Es gibt Zeugen, d-die haben mich hier reingehen sehen«, sagte sie, während sie ganz langsam ein paar Schritte in Richtung Fenster machte. Weg von Manuel. »D-du kannst mir nichts tun. Man wird dich dafür bestrafen. D-du gehst in den Knast.«

Manuel lachte kalt auf. »Jemand wie ich geht nicht in den Knast. Was glaubst du, wofür ich den Scheißbullen jeden Monat ein Vermögen zahle? Glaubst du, ich hätte sonst den Motorradführerschein gekriegt? Mit dem Auge?« Er starrte sie mit aggressivem Blick an und deutete mit seinen tätowierten Händen auf das trübe Auge.

»Ein F-führerschein ist was anderes als ein ...«

»Halt dein Maul!« Seine Stimme klang bedrohlich. »Meine Brüder kümmern sich um alles. Es interessiert die Bullen einen feuchten Dreck, wenn eine dumme Zigeunerschlampe wie du verschwindet.« Er kratzte sich zwischen den Beinen.

»D-das kann ich mir nicht vorstellen. D-deine ...«, sie zwang sich zu einem herablassenden Tonfall. Ihre Stimme war nicht fest »Deine sogenannten B-brüder werden ganz schnell reden, wenn die B-bullen ...«

»Niemand redet. Wir machen das nicht zum ersten Mal.« Er zeigte auf das kleine Tattoo auf seinem Ohrläppchen. »Weißt du, was man tun muss, um ein *Skeleton Rider* zu werden? Weißt du das, du Dreckstück? Ein Schwert, ein Mord. Das kriegst du nicht geschenkt.« Er spuckte auf den Boden vor ihre Füße.

Sie wich einen weiteren Schritt zurück. »So ein T-tattoo mit einem Schwert k-kann sich jeder stechen lassen. D-du hast noch nie jemanden g-getötet. Sowas schafft ein V-versager wie du gar nicht.« Diesmal stotterte sie ganz bewusst.

Er ballte seine tätowierte Faust und starrte sie an, hasserfüllt, eine Spinne, der endlich die Fliege ins Netz gegangen ist. Auf seiner Stirn begann eine dicke Ader zu pulsieren. »Eine schwarze Nutte«, sagte er und machte mit der Hand eine Bewegung, als wollte er sich den Hals durchschneiden. »Die hat nicht gespurt, genau wie du.«

»Das g-glaub ich dir nicht.«

»Sie haben sie in der Mülltonne gefunden. Stand sogar in der Zeitung.« Manuel zog langsam ein Klappmesser aus der Hosentasche. Strich mit dem Zeigefinger über den Griff. »Damit hab ich sie geschächtet.« Er leckte sich über die Lippen und ließ die Klinge aufschnappen. »Und jetzt bist du dran.«

Mit einem Halbkreisfußtritt schlug Alice ihm das Messer aus der Hand und rammte ihm danach ihr Knie zwischen die Beine. Manuel sank schwankend in sich zusammen.

»Perlenkette«, rief sie. Das Codewort. Es dauerte nur wenige Sekunden, bis ihre Kollegen von der Polizei im Raum waren. Sie überwältigten den stöhnenden Manuel und warfen ihn auf den Boden, legten ihm Handschellen an.

»Ich will meinen Anwalt sprechen, sofort«, tobte er, als sie ihn über seine Rechte belehrt hatten und zurück auf die Füße zerrten. »Ihr könnt mir gar nichts.«

»Hier ist ein Mikro drin.« Alice strich über den Anhänger ihrer Kette. »Meine Kollegen haben alles mitgehört und aufgezeichnet. Du hast den Mord an Schadia Abdou gestanden. Und wir haben jetzt das Messer.«

Manuel spuckte erneut auf den Boden. »Das wirst du bereuen, Schlampe. Die können mir gar nichts. Mir nicht«, sagte er. Aber das erste Mal sah Alice nackte Angst in seinem klaren Auge.

»Der wird eine Weile einfahren«, sagte ihr Chef, als sie zum Ausgang des Clubs gingen. Überall standen *Skeleton Riders* mit erhobenen Händen an der Wand und wurden durchsucht. »Du hättest uns allerdings früher reinrufen sollen. Das hätte in die Hose gehen können.«

»Als ich das Tattoo mit dem Schwert gesehen habe, wusste ich, dass er jemanden getötet hat. Ich konnte nicht anders. Ich musste ihn dazu bringen, dass er gesteht.«

Ihr Chef klopfte ihr anerkennend auf die Schultern. »Das war verdammt gute Arbeit«, sagte er. »Das hat noch keiner von uns geschafft, gleich am ersten Tag seines Undercover-Einsatzes einen ungeklärten Mordfall zu lösen.«

»Ich war jahrelang Manuels Opfer. Deshalb hatte er keine Angst vor mir. Und er war wütend auf mich, das hat ihn zusätzlich unvorsichtig gemacht. Ich wusste, er würde über kurz oder lang reden. Weil er mich einschüchtern will.« Sie lächelte.

»Er kann nicht viel Verstand haben, wenn er dich für ein Opfer hält, das sich leicht einschüchtern lässt«, sagte ihr Chef und hielt ihr die Tür auf. Sie traten hinaus in die warme Nacht, die nun von Blaulicht erleuchtet war. Mit einem leisen Ploppen schloss sich die Tür des Clubs hinter ihnen. Ohne einen einzigen Blick zurückzuwerfen ging Alice über den großen Parkplatz zu ihrem Auto.

Zu Hause holte sie die kleine Dose Kekse mit Zitronenguss, die sie gestern gebacken hatte, aus dem Schrank und aß zufrieden fast die ganze Dose leer.

Kindergeburtstagskekse nach dem Rezept meiner Oma
(Menge für ein Blech)

Zutaten:
300 g Mehl
200 g Butter
100 g Zucker
abgeriebene Schale von 1/4 Biozitrone
1 Prise Salz
Saft von ca. 1/2 Biozitrone
150-200 g Puderzucker
nach Belieben bunte Zuckerperlen zum Verzieren
Ausstechformen

Zubereitung:
Mehl, Zucker, Zitronenschale und Salz in eine flache Schüssel geben und vermischen. Kalte Butter hinzufügen und mit zwei Messern in kleine Stücke hacken, dabei mit der Mehlmischung mischen. Schließlich den Teig schnell verkneten, damit er nicht zu warm wird, und dann für mindestens eine Stunde in den Kühlschrank stellen.

Den Ofen auf 180 Grad vorheizen (keine Umluft). Den Teig ca. 1/2 Zentimeter dick auswellen, mit den Ausstechformen Kekse ausstechen und auf ein mit Backpapier belegtes Blech legen. Je nach Größe der Kekse 8-10 Minuten backen, die Kekse sollen noch hell sein.

Die Kekse auf dem Kuchengitter ein wenig abkühlen lassen. Vorsicht, heiß sind sie sehr zerbrechlich, am besten das ganze Backpapier mit den Keksen auf das Gitter ziehen.

Den Puderzucker in eine Schale geben, so viel Zitronensaft hinzufügen, dass ein dickflüssiger Guss entsteht. Die Kekse noch warm mit dem Guss bestreichen, gegebenenfalls mit Zuckerperlen verzieren und trocknen lassen.

TANJA ROTH

Luana muss weg

Wangen im Allgäu

Da steht sie und starrt auf mich herab. Ihre schwarz umrandeten Augen sind auf mich gerichtet, in der Hand hält sie noch den gusseisernen Pokal. Sie scheint sich nicht sicher zu sein, ob ich auch wirklich tot bin.

Zumindest ich weiß es, denn ich schaue von oben auf sie herunter. Ja genau, von oben. Kitschiger geht es nicht. Und ja, natürlich habe ich versucht, zurück in meinen Körper zu gelangen, immer und immer wieder. Doch nichts tut sich. Inzwischen sind wertvolle Minuten vergangen, die sich in meiner Wahrnehmung wie Kaugummi ziehen. Fast bin ich erstaunt darüber, dass ich mich so schnell mit meinem Schicksal abfinde. Aus und vorbei ist es, von einer Sekunde auf die andere. Nicht mal mehr hinsehen kann ich, wie mein Körper dort liegt, langsam auskühlt, mein bleiches Gesicht mit den aufgerissenen Augen. Mein Mund ist weit geöffnet. Selbstverständlich hatte ich vor kurzem erst ein Bleaching, aber das macht die Sache auch nicht besser. Wenn die Beamten mich finden, ist die unschöne Blutlache unter meinem Kopf noch mein kleinstes Problem. Warum musste ich mich so gehen lassen? Kurz vor Mittag in diesem rosa gepunkteten Bademantel herumzulaufen. Und die Häschenpantoffeln sind bei der Tatortbegehung vermutlich der Brüller. Für alle außer mich. Was hat meine Kosmetikerin mal gesagt? Sei immer so gekleidet, dass du sogar im Krankenhaus eine gute Figur machen würdest. Schließlich weiß man nie, was passiert, wenn man aus dem Haus geht. Nur bin ich gar nicht aus dem Haus gegangen. Und ins Krankenhaus komme ich wohl auch nicht mehr. Zumal mich in dieser Woche keiner mehr vermissen wird, denn ich habe Urlaub genommen, um den Garten in unserem Ferienhaus zu richten.

Siedend heiß fällt mir ein, dass Basti erst zum Wochenende herkommt. Und dann? Ich sehe die Polizeihundertschaft schon vor mir, die mit Hunden und Wärmebildkameras nach mir suchen wird. Wie will Luana es anstellen, dass der Verdacht der Beamten nicht auf sie fällt? Gut, wir haben ihre Tätigkeit hier nicht angemeldet, denn zuhause in Freiburg habe ich eine zuverlässige Dame fürs Putzen auf 450-Euro-Basis. Wer wird mich finden? Da wir sonst nur am Wochenende hier sind, weiß keiner von meinem Aufenthalt und es gibt auch keine Nachbarn, die auf unser hübsches Häuschen in Alleinlage direkt an den Feldern achten würden.

Luana schleicht derweil um mich herum und hat die Stirn in Falten gelegt. Was sie wohl überlegt? Und vor allem: Was hat sie vor? Ihre Spuren verwischen und fliehen? Meinen Körper beseitigen? Schlimmer noch: Der Polizei gegenüber behaupten, es sei ein Unfall gewesen? Wenig wahrscheinlich. Wie will sie diese Verletzung erklären?

Eine halbe Stunde später beobachte ich, wie sie sich über die Reste meines liebevoll selbst eingelegten Sauerbratens hermacht. In der Mikrowelle wärmt sie ihn auf! Oh, möge sie in der Hölle schmoren! Gemütlich nimmt sie dann auf dem Sofa Platz, obwohl bei uns nur am Esstisch gegessen wird. Das weiß sie genau, schließlich putzt sie schon über ein Jahr hier! Ich sollte vielleicht erwähnen, dass sie meinen Körper aus vermutlich optischen Gründen inzwischen entfernt hat und die Spuren weggeputzt; leider ein Geschäft, das sie beherrscht. Meine Überreste liegen nun am Boden des Misthaufens hinter der rückwärtigen Hauswand. Unter zehn Kubikmeter Pferdedung, den der Bauer mir extra auf dem Hänger angekarrt hat und den ich diese Woche einarbeiten wollte auf der Grünfläche und unter den Sträuchern, der Garten umfasst immerhin neun Ar. Die Arbeit kann ich mir jetzt sparen. Bastian schaltet hoffentlich schnell, wenn er am Samstag kommt. Nicht auszudenken, wie ich stinke, wenn sie mich da rausziehen. Bademantel und Häschenpuschen sind ein Klacks, verglichen mit dem Schmodder, der meinen Körper nun verunstaltet. Und nachdem Bastis Unternehmen letztes Jahr den Startup-Preis gewonnen hat, kann man davon ausgehen, dass mindestens die Regionalpresse über meinen Mord berichtet.

Luana gönnt sich derweil eine Runde Klatsch-und-Tratsch-Fernsehen. Auf einem Fernseher, auf dem normalerweise nur Wissensreportagen geschaut werden. Während sie sich die Reste meines in der Mikrowelle aufgewärmten Bratens in den Schlund schiebt. Der Braten nach dem Rezept meiner Urgroßmutter – eine ganze Woche eingelegt. Und erst die mit Liebe zubereitete Lebkuchensauce. Bis ich in dieser Gegend allein Saucenlebkuchen bekommen habe! Und dann noch in der Mikrowelle! Oh, du dumme Trulla, mögest du jämmerlich ersticken daran. Aber dafür ist das Rindfleisch leider zu zart. Bisher war ich stolz darauf, dass es auf der Zunge zergeht.

Auf dem Bildschirm keifen sich derweil zwei Nachbarn wegen eines Mülleimers an. Hoffentlich explodiert der Monitor.

Die ersten zwei Tage nach meinem Tod verbringe ich fassungslos und in Schockstarre, versuche, mich mit der Situation zu arrangieren. Das heißt, ganz schockstarr bin ich nicht, denn ich habe herausgefunden, dass ich noch nicht komplett von der Landkarte getilgt bin. Ich bin mir sicher: Luana spürt meine Präsenz. Gut, ich gebe zu, ich bin gestern ein wenig ausgeflippt und wild vor ihr auf und ab geschwebt und habe sie dabei angebrüllt. Alles rausgelassen, was mich so belastet. Ist ja auch verständlich in meiner Situation. Das Erstaunliche: Entweder hat sich zufällig genau in diesem Moment ihr schlechtes Gewissen gemeldet oder sie hat mich tatsächlich gehört. Mit einem Mal wurde sie zittrig, Schweißperlen traten auf ihre Stirn und nach ein paar Minuten hat sie sich mit fahrigen Handbewegungen auf den Hinterkopf geklatscht. Als ob sie mich damit loswürde. Heiser kann ich nicht mehr werden, der Tod hat also nicht nur Nachteile. Gut, nicht ganz ladylike, dieses Herumschreien, dafür effektiv. Würde jeder Psychologe bestätigen. Das werde ich ausbauen und Luana damit in den Wahnsinn treiben, wenn sie nicht sofort die Polizei holt. Aber fürs Erste habe ich sie in Sicherheit gewiegt und mich zurückgezogen, um dann heute mit aller Macht zuschlagen. Vielleicht genau jetzt, während sie mein Frühstück in sich hineinstopft, an meiner Stelle und ohne den edlen Schinken entsprechend zu würdigen. Was will sie überhaupt noch hier? Unbezahlten Urlaub machen in unserem Ferienhaus, schon klar. Wo wohnt sie überhaupt und vermisst sie niemand? Familie schient sie nicht zu haben. Und warum weiß ich nur so wenig über sie? Bis vorgestern hätte ich jedem geraten, dass man über sein Personal am besten gar nichts weiß, jetzt würde ich das nicht mehr so ad hoc unterschreiben. Was Luana nicht weiß, ist, dass Bastian am Wochenende kommt. Mit etwas Glück erwischt er sie und wirft sie hochkant raus beziehungsweise übergibt sie in Polizeigewahrsam. Was hat sie vor? Ich lasse die letzten Momente meines irdischen Seins Revue passieren. Dieser hinterlistige Blick, mit dem sie mich erst nach einem Reinigungsmittel gefragt hat, bevor sie mir Bastians Unternehmerpreis über den Kopf gezogen hat. Was bringt ihr das? So kann ich ihr das Passwort für den Safe nicht mehr geben. Doch dann fällt es mir wie Schuppen von den Augen: Bestimmt will sie auch Bastian …

Die Sache duldet keinen Aufschub mehr. Luana muss weg. Bevor noch mehr passiert. Ich warte, bis sie mit ihrem Kaffee am Küchentisch sitzt und zufrieden seufzend durchs Fenster auf die grünen Wiesen, den Wald und das malerisch ins Tal gegossene Wangen schaut. Winzige Nebelfelder und das satte Grün sind ein Anblick, für den ich teuer bezahlt habe. Ich, nicht sie. Ich schwebe neben ihr linkes Ohr und brülle unvermittelt los. Und bin fast stolz auf mein Talent. Schlagartig erbleicht sie und krallt ihre roten Fingernägel ins Stuhlkissen. Zufrieden fluche ich weiter und gebe alles. Nachdem sämtliche Schimpfworte, die ich lebendig nie so von mir gegeben hätte, verballert sind, versuche ich mich an der Arie der *Königin der Nacht*. Das hat Stil und dass ich das hohe C selbst im Tod nicht treffe, fällt in dieser Situation auch nicht auf. Vor allem nicht Luana, die zu meiner Enttäuschung fluchtartig das Haus verlässt. Das war ja einfach.

Allerdings – wie soll ich sie so in den Wahnsinn treiben? Ob ich ihr folge? Ach, nicht nötig, die kommt wieder zurück, das habe ich im Gefühl. Mit meinem sensationellen Geister-Radar erfasse ich jede Stimmung.

So ganz allein in meinem eigenen Haus genieße ich die Ruhe und stelle mir vor, wie ich hier an ihrer Stelle sitze, den wunderbaren Kaffee riechen kann und den Ausblick genießen. Aber so ganz will es mir nicht gelingen. Stattdessen erfasst mich eine tiefe Traurigkeit. Wenn ich weinen könnte, ich würde es tun.

Erst am Mittag kehrt Luana wieder zurück, fast freue ich mich über ein bisschen Gesellschaft, auch wenn es nur die ihre ist. Ganz geschäftig gibt sie sich, blickt immer wieder gehetzt über die Schulter und verteilt Räucherkerzen auf dem Tisch. Warum? Wir haben Mai und nicht Weihnachten. Kurz darauf liegen säuberlich aufgereiht ein Pendel und eine dicke Knoblauchzwiebel daneben, diverses Kleinzeug sowie Tütchen mit irgendeinem Pulver, von dem sie nun eine große Handvoll vor die Türe streut. Mein Parkett! Das gibt gleich wieder Kratzer. Haben wir etwa Ungeziefer? Und was will sie mit dem Pendel? Als sie die Räucherkerzen angezündet hat, schlägt sie ein Buch auf und beginnt kurz darauf zu summen, während sie Wasser aus einem Sprüher im Raum verteilt. So putzt sie also? Und dafür habe ich sie immer bezahlt?

Während ihr zittriges Gesumme lauter und lauter wird, und sie wieder dieses Pendel schwingt, fällt es mir wie Schuppen von den Augen: von wegen putzen. Eine waschechte Geisteraustreibung nennt man das, was sie da vollführt. Ha, als ob so ein Humbug gegen mich wirken würde! Zugegeben, dieses Kratzen in einem nicht mehr vorhandenen Hals, das ich eigentlich überhaupt nicht spüren dürfte, das ist neu. Bestimmt nicht mehr als eine eingebildete Atemnot … Zur Sicherheit beziehe ich im Büro Stellung, hier hat sie an der Türschwelle kein Pulver verstreut. Da drin ist es erträglicher und mein Kopf wird wieder klarer. Irgendwann muss sie durchlüften, diese verpestete Luft ertragen auch ihre Lungen nicht. Und bestimmt gehen demnächst die Rauchmelder an und dann … siedend heiß fällt mir ein, dass die verdammten Dinger noch verpackt in einem Karton im Keller liegen.

Konzentriert darauf, Luana aus dem Büro beim Mich-Austreiben zuzusehen, bemerke ich erst jetzt, als Bastians M-Klasse in die Einfahrt prescht und dabei winzige Steinchen gegen das Fenster schleudert, dass Samstag ist. Na endlich! Obwohl, was genau soll mich an diesem Umstand noch erfreuen? Bestimmt wird er sich schon gewundert haben, dass ich auf seine Anrufe nicht reagiert habe. Mir wird etwas eng ums imaginäre Herz, als ich feststelle, dass ich ihn nie mehr werde umarmen können, seinen Körper nie mehr spüren werde. Lebendig bekommen wir uns nicht mehr.

Auch Luana scheint nicht mit Besuch gerechnet zu haben, denn nach der anstrengenden Geisteraktion fläzt sie faul und sichtlich zufrieden über ihren Erfolg auf meinem Sofa und hebt nicht mal den Kopf, als sich der Schlüssel im Schloss dreht.

»Hallo Schatz?«, ruft mein Mohnstriezelchen. Ob er mich wohl hören kann, wenn ich nicht schreie, sondern normal mit ihm spreche? Vielleicht kann ich ihm die Sachlage erläutern, bevor …

»Hallo Bastian!«, erklingt Luanas Stimme vom Wohnzimmer her. Seit wann duzen die sich? Ein Luftzug verrät, dass sie die Balkontür aufgerissen hat. Der Wind fegt zum Glück das lästige Pulver vor der Tür weg, endlich kann ich mich wieder frei bewegen.

»Wo ist Viola?«, fragt Bastian und umarmt Luana zu meinem Missfallen, wenn auch nur kurz.

»Komm mal mit.« Mit gesenktem Kopf führt sie ihn ins Esszimmer und bittet ihn, Platz zu nehmen. Was hat sie vor und vor allem: Warum so vertraut?

Sie legt ihm einen Arm auf die Schulter. »Ich musste es jetzt schon tun.«

Sie musste WAS?

Während ich das eben Gesagte einzuordnen versuche, fragt sie »Wie schaut's aus mit dem versprochenen Geld?« Unnötig zu erwähnen, dass Luana sich gerade ein Brot mit dem teuren Aufstrich vom Biobauern macht.

Welches Geld? Auch Bastian schaut konsterniert. »Muss ich erst abheben. So früh habe ich ja nicht ... damit gerechnet.«

Womit hat er nicht gerechnet? Und warum verstehe ich nur Bahnhof? Wo ist er, wenn ich ihn brauche, mein Geisterradar?

»Die Gelegenheit war günstig.« Luana zwinkert ihm vertraut zu. Als ob sie meinen Mann schon ewig kennt. Und was macht er? Der Mistkerl lacht, wie wenn sie einen richtig guten Witz gemacht hätte. Dann beugt er sich zu ihr hinunter, um sie zu küssen.

Mich überrascht inzwischen gar nichts mehr, aber wenn es ginge, würde mir die Luft wegbleiben. Warum sucht er sich ausgerechnet unsere pummelige Putzfrau aus, um ein bisschen Spaß zu haben, wo er doch eine Menge Geld investiert hat, um eine schlanke Frau mit trainiertem Körper zu bekommen?

»Viola war eine dürre Ziege im Gegensatz zu dir«, haucht er, zieht Luana lüstern aufs Sofa und knabbert an ihrem Ohrläppchen. Das funktioniert besser als jede Geisteraustreibung. Ich verlasse freiwillig den Raum.

Verwirrt schwebe ich über die nahen Feldwege und wieder zurück durch den Garten. Das vierstimmige Geläut der nahen Pfarrkirche Mariä Geburt, des so genannten Schussentaldoms, erklingt, heute schrillt es unheilverheißend in meinen Ohren. Erst beim Betrachten der Rosen werden meine Gedanken endlich klarer. Eine Liebesbeziehung scheint es nicht zu sein, sonst würde er ihr kein Geld geben müssen, um mich aus dem Weg zu schaffen. Dieses Weichei! Seine Hände macht er sich natürlich nicht selbst schmutzig.

Als ich wieder ins Gebäude gleite, steht Luana singend unter der Dusche. Meine Versuche, mittels Willenskraft das Wasser zu vereisen, scheitern leider. Ich muss auf der mentalen Ebene bleiben. Unten in der Küche steht Bastian, nur mit einem Handtuch um die Lenden bekleidet, und macht sich einen Kaffee. Perfekt. Da ist sowieso geladen bin und enttäuscht, brülle ich ihn an und stelle mir vor, ich könnte ihm die Ohren blutig schreien. Ermorden lassen hat er mich, feige von unserer Putzfrau! Für wieviel Geld sie es getan hat? Ob ich ihm wenigstens ein gutes Sümmchen wert bin? Schon steht ihm der Schweiß auf der Stirn und seine Augen wandern unruhig durch den Raum. »Hallo?«, fragt er und schaut sich misstrauisch um.

Jetzt weiß ich, was ich tun muss. Ich bringe die beiden um den Verstand, bis sie sich stellen oder sich gegenseitig umbringen. Ja, diese Idee ist sogar noch besser. Luana hat einmal getötet, sie wird es wieder tun. Vor allem, wenn er ihr kein Geld gibt. Wenn ich es verhindere. Bastian ist ein Feigling. Dieser Mistkerl hat es noch viel mehr verdient zu sterben, auf ihn muss ich mich konzentrieren. Also bearbeite ich ihn und schreie mantraartig, dass sie kein Geld verdient hat. Als ich von ihm ablasse, scheint er zumindest zu überlegen.

Am Abend vor dem Fernseher spielt er gerade mit einer Locke ihres dichten, schwarzen Haars, obwohl er eigentlich immer auf blond stand, der Drecksack. »Sag mal, eigentlich brauchst du doch kein Geld. Wenn du bei mir bleibst, fehlt es dir an nichts. Du wohnst hier, und am Wochenende …«

Das hätte er gern, hier eine Freundin und vermutlich daheim in der Stadt bestimmt auch gleich die nächste. Der Lustmolch. Luana mustert ihn stumm, die Überraschung steht ihr ins Gesicht geschrieben. Es folgt vermutlich der erste Streit ihrer noch jungen Zweckgemeinschaft. Leider einigen sie sich erstaunlich schnell auf die Hälfte meiner Lebensversicherung. Mit mir hat er jedes zu viel gekaufte Shampoo diskutiert, der kleinliche Haarspalter. Als er aufsteht und zur Toilette gehen will, beginne ihn wieder zu bearbeiten, bis er sich sichtlich unwohl fühlt und mit wirrem Blick durchs Erdgeschoss tapert. Ich drehe nochmal voll auf. Aber ich muss vorsichtig sein, damit sie mich nicht hört. Denn wenn Luana von mir Wind bekommt, fängt sie bestimmt gleich wieder mit der Räucherei an. Also lautet das große Ziel: Ich schaffe es noch bis morgen, Luana so weit zu bringen, dass sie Bastian auch um die Ecke bringt. Im Gegensatz zu mir wird er gleich am Montagmorgen vermisst werden und *schwupps* kümmern sich die Ermittler endlich um Luana. Wenn sie unser Haus durchgeforstet haben, finden sie bestimmt den einen oder anderen Hinweis auf unser Feriendomizil. Verdammt, ich hätte Luana anmelden sollen. Gut, zur Not finden sie sie nicht, aber meine liebe Seele hätte trotzdem ihre Ruhe, weil es Bastian an den Kragen gegangen ist. Auge um Auge, Leben um Leben. Wer mich umbringt, muss früher aufstehen. Wenn das geschafft ist, kann ich endlich in mein Altenteil eingehen oder mich in die ewigen Jagdgründe zurückziehen oder wie immer das heißt.

Liebe allein spielt zwischen den beiden offensichtlich keine große Rolle. Das heißt, er sollte ihr weiter das Geld verweigern und sich sonst auch schlecht benehmen. Also flüstere ich ihm ein, dass sie genug profitiert. Immerhin hat er seine Firma auf seine Erbsenzählerei aufgebaut, nicht auf Großzügigkeit.

»50.000 Euro! Das reicht. Denk an deine Firma«, flüstere ich. Doch zu meinem Missfallen scheint er abzustumpfen, reagiert gar nicht mehr. Konzentriert bereitet er das Abendessen vor, packt die Karotten an ihrem grünen Schopf und durchtrennt ihren Rumpf mit einem einzigen, festen Hieb. Plötzlich murmelt er wie in Trance »Sie profitiert schon genug.« Sehr gut!

Etwa eine Viertelstunde später liegt Luana auf dem Boden, an fast derselben Stelle, an der sie mich erschlagen hat. Obwohl sie keine Häschenpantoffeln trägt, bietet sich ein fürchterliches Bild. Um ihren Kopf wabert eine riesige Blutlache, da hatte sie wirklich sauberer gearbeitet als Bastian. Gut, mir gehört das Parkett ja sowieso nicht mehr. Er erstaunt mich wirklich. Diese Kaltblütigkeit hätte ich ihm gar nicht zugetraut. Mein lieber Mann hat natürlich nicht seinen Unternehmerpreis verwendet, um unsere Putzfrau loszuwerden, sondern den Schürhaken des Kamins. Ich kann mich nicht von der Szenerie losreißen und fühle leise Verzweiflung. So habe ich das nicht gewollt. Nicht etwa, weil ich Mitleid mit ihr haben würde, nein. Aber wer soll jetzt Bastian erledigen? Und die Aussicht, die Zukunft neben Luana unter dem Misthaufen zu verbringen, ist nur halb so reizvoll, wie wenn Bastian dort läge.

Am Montag verschwindet mein Mann, also mein Ex-Mann, wieder in die Firma und ich versinke in trüben Gedanken. Erst als er am folgenden Wochenende zum Entspannen kommt, wie auch immer es ihm in diesem blutbehafteten Gemäuer gelingen mag, entschließe ich mich, ihn heim zu begleiten, in unser, in mein eigenes Haus. So lasse ich ihn nicht davonkommen.

Abends macht er es sich mit einer Fertigpizza im Bett bequem, während er eine Dating-App durchsucht. So schnell geht das! Sein Finger drückt neben einem aufreizenden Bild auf Kontakt und ich kreische ihm ins Ohr, bis sein Daumen wieder zurück-zuckt. Diese Blonde, die noch dünner ist, als ich es je war, wird unser Haus niemals betreten! Nun verharrt sein Finger über dem Bild einer Dunkelhaarigen, die wiederum eindeutig ein paar Jährchen zu jung für ihn ist. Vielleicht sollte ich ihn zu der Rot-haarigen lenken. Sie sieht so aus, als ob sie sich langfristig zu ei-nem Mord bewegen ließe. Oder besser die Kurzhaarige mit dem kalten Blick?

Sauerbraten mit fränkischer Lebkuchensauce

Sauerbraten eingelegt beim Bauern des Vertrauens kaufen oder selbst einlegen (pro Person 200-250 g Fleisch)

Für das Einlegen eignet sich ein kühler Kellerraum. Planen Sie zwei Tage bis eine Woche dafür ein (zwischendurch wenden).
Für die Beize benötigen Sie: Rotweinessig und/oder Rotwein, Gewürze wie Wachholderbeeren, Nelken, Salz, Senf- und Pfefferkörner und Suppengrün, Zwiebeln und Karotten
Kochen Sie vor dem Marinieren des Sauerbratens den Essig mit Wein (oder Traubensaft) und Gewürzen auf. Dann entfalten sich die Aromen der Gewürze besser. Wenn die Beize abgekühlt ist, wird das Fleisch mit Zwiebeln, Karotten oder Suppengemüse eingelegt.
Die Sauce durchzieht in der Ruhezeit das rohe Fleisch und sorgt für den säuerlichen Geschmack. Je länger das Fleisch so ruht, desto zarter wird es.

Nach 2 bis 7 Tagen Ruhezeit Öl im großen Bräter erhitzen. Fleisch abtropfen, rundherum kräftig anbraten, herausheben. Gemüse und Zwiebeln ebenfalls kräftig anbraten. Mit Salz und Pfeffer würzen. Tomatenmark kurz mit anschwitzen. Das Fleisch zusammen mit der Marinade in den Bräter geben. Im vorgeheizten Backofen ca. 2 Stunden bei geschlossenem Deckel garen (Ober-/Unterhitze: 200 Grad, Umluft: 180 Grad). Immer wieder mit Marinade ablöschen.
Wenn zart genug, den Braten aus der Marinade nehmen. Marinade durch ein Sieb geben, Flüssigkeit für die Zubereitung der Sauce auffangen. Braten mit Küchenpapier trocken tupfen, mit Salz einreiben und warm stellen.

Nun genug Lebkuchen in die Marinade bröseln, dass die Sauce gebunden wird. Aufkochen und etwa 5 Minuten köcheln, dabei ab und zu umrühren. Nochmals mit Salz und Pfeffer abschmecken.

Sauerbraten schmeckt am besten mit Servietten oder Kartoffel-knödeln, aber auch mit Spätzle. Als Gemüse passen Rotkohl, Ro-senkohl, Karotten und Erbsen oder auch ein bunter Salatteller.

Guten Appetit!

Monika Küble

Wo die Tomaten blühen

Insel Reichenau

Kaum hatte der Elefant am Dienstagmorgen den Block betreten, roch er, dass etwas nicht stimmte. Hatten irgendwelche Nachbarsjungen sein Gewächshaus als Klo benutzt? Er ging durch die Reihen, und tatsächlich sah er etwas Ungewöhnliches zwischen seinen Tomatenpflanzen liegen. Er fragte sich, ob er am Abend zuvor seine Gummistiefel vergessen hatte, beim Näherkommen wurde ihm jedoch klar, dass in den Gummistiefeln jemand steckte. Schlief da einer in seinem Block den Rausch aus?

»He!« Er drehte die Person auf den Rücken. Es dauerte einen Augenblick, bis ihm klar wurde, dass er Ariane Lange-Kiebele vor sich hatte. Sie war Gemeinderätin und gehörte der Bürgerliste für neues Leben an. Nun lag sie in seinem Block und war nicht betrunken, sondern tot. Zumindest schien es so. Außerdem roch sie unangenehm, war voller Pickel und streckte ihm die Zunge heraus. Dabei hatte er sie gar nicht näher gekannt. Nur so, wie man Gemeinderäte halt kennt.

Der Elefant überlegte, was er tun sollte. Er hieß eigentlich Heito Müller, doch das wussten die Wenigsten. Auf der Insel Reichenau nannten ihn alle nur »Elefant« und das störte ihn nicht. Viele Leute hier hatten Übernamen. Elefant war noch einer der harmloseren. Woher er diesen Spitznamen hatte, konnte niemand mehr so genau sagen. Manche meinten, es sei wegen seiner großen Ohren, andere, weil er im UHO, dem Unterhaltungsorchester der Reichenau, die Trompete spielte, wieder andere schrieben den Namen seiner dicken Haut zu, was Unsinn war, er bekam genauso rote Pusteln wie alle anderen, wenn die Schnakensaison losging. Die meisten waren indes der Meinung, dass ihm dieser Name noch zu Schulzeiten verliehen worden sei, weil er wunderfitzig war, naseweis, mithin seinen Rüssel in alles hineinsteckte.

In der Tat interessierte ihn alles und jedes, und nicht umsonst nahm er jede Gelegenheit wahr, um zu reisen. Von seiner letzten Reise mit der Pfarrgemeinde nach Israel im vergangenen Jahr unter der Leitung von Pater Laurentius hatte er eine vollkommen neue Idee mitgebracht: Er wollte Tomaten anpflanzen. Nun gab es laut Gärtnerei-Genossenschaft auf der Reichenau bereits 20 verschiedene Sorten Tomaten, und auch in seinen Gewächshäusern wuchsen einige davon, doch er wollte jetzt spezielle Tomaten züchten für ein spezielles Essen. In einem Kibbuz hatte man ihnen zum Frühstück ein Gericht serviert, das ihm sensationell gut geschmeckt hatte: Shakshuka. Es basierte auf Eiern und Tomaten. Gemeinsam mit dem Wirt des Gasthauses *Zum Gropp*, Egino Wehrle, hatte er beschlossen, dieses Gericht zum neuen typischen Inselessen zu machen und bei den Touristen zu vermarkten. Dafür hatte er ganz besondere Tomaten aus Israel mitgebracht – »Hezhou« hieß die Sorte. Das war nicht ganz einfach gewesen und schon gar nicht legal, aber ein Reichenauer Gemüsegärtner weiß natürlich, wie man unauffällig Samen und Setzlinge transportiert und dann im heimischen Block vermehrt.

Damit das Gericht noch besseren Anklang finden würde, hatte er beschlossen, seine Tomaten rein biologisch anzubauen. Mit Hornmehldüngung und ohne Chemie, nur mit Nützlingen. Die Pflanzen gediehen prächtig, sie waren schon weit über den Spanndraht in vier Metern Höhe hinausgewachsen. Ganz unten hingen rote, pflaumengroße Früchte an den Rispen, darüber waren sie grün, weiter oben summte es um die gelben Blüten. Und mitten zwischen den biologisch-israelischen Tomatenpflanzen lag nun die Gemeinderätin Ariane Lange-Kiebele. Sie war keine Hiesige. Auf der Insel trug etwa die Hälfte der Leute den Familiennamen Böhler, ein weiteres Drittel teilte sich die Namen Blum, Deggelmann, Müller, Huber, Bernhard, Wehrle und Wagner. Der Rest waren Sonstige – das heißt, Auswärtige, Zugezogene, Angeschwemmte. Manche aus dem Schwäbischen, und da konnte schon mal jemand Lange-Kiebele heißen, ein Name, der selbstredend einen Spitznamen überflüssig machte, man musste nur den Artikel anpassen.

Der Elefant überlegte, was zu tun war. Vielleicht sollte er zunächst abklären, ob es sich womöglich lohnte, einen Krankenwagen zu rufen. Er näherte sich der Frau und begann sie zu schütteln. Ein paar Erdhummeln flogen auf. Nützlinge.

»He! Hallo! Sie! Was tun Sie hier?«

Sie antwortete nicht, und aus der Art, wie sie sich schütteln ließ und ihn mit offenen Augen nicht ansah, schloss der Elefant, dass sie tatsächlich tot war.

Dann war wohl der Bestatter Deggelmann der Kontaktmann der Wahl. Der Elefant ging hinüber ins Haus, um von dort aus anzurufen. Seine Frau saß im Büro, sie machte gerade die Buchhaltung.

»Komm mal mit, Hilde«, sagte er, »ich muss dir was zeigen.«

Zusammen gingen sie in den Block, und der Elefant steuerte zielstrebig auf die Tomatenreihe zu, in der Ariane Lange-Kiebele lag.

Gelegen hatte.

»Was ist denn?«, wollte Hildegard wissen.

»Da hat eine Tote gelegen, die Gemeinderätin Lange-Kiebele.«

Hildegard sah ihn verblüfft an. Dann schaute sie die Tomatenreihe entlang. Alles war normal, die hochrankenden Pflanzen, die Heizungsrohre am Boden, die umherschwirrenden Hummeln.

»Heito, hast du was geraucht?«

Der rumänische Erntehelfer Bogdan hatte in der hintersten Ecke des Blocks ein paar Marihuanapflanzen gezogen, die mindestens so gut gediehen wie die Tomaten.

»Wenn ich's dir sage! Hier hat sie gelegen!«, erwiderte der Elefant ärgerlich.

»Und sie war tot?«

»So tot wie die weiße Katze, die Berno letzte Woche überfahren hat.«

Ihr Sohn hatte seit Kurzem den Führerschein und raste gern ein bisschen, obwohl man auf der Insel nirgends schneller als 70 fahren durfte. Die Katze ihrer Nachbarn war immer rotzfrech über die Straße spaziert, doch das tat sie jetzt nicht mehr. Inzwischen lag sie mit einem Stein beschwert auf dem Grund des Gnadensees und war vermutlich schon von den Aalen aufgefressen worden, Bogdan hatte das erledigt. Man wollte ja das gute Verhältnis zu den Nachbarn nicht gefährden. Auch wenn sie Angeschwemmte waren.

Da bückte sich Hildegard, weil sie zwischen den Grashalmen unter den Tomaten etwas liegen sah.

»Schau mal!« Sie hob eine durchsichtige Plastiktüte mit abgebrochenen Ästchen, Blüten und Früchten einer Tomatenpflanze auf.

»Siehst du?«, sagte der Elefant triumphierend. »Das ist bestimmt von der Lange-Kiebele.«

»Aber falls sie da gelegen hat, warum ist sie verschwunden? Und falls die Tüte ihr gehörte, was wollte sie damit?«

»Tomaten züchten?«

»Du meinst, sie wollte die Pflanzen klauen? So wie du?«

Der Elefant überging den Hinweis auf den Ursprung seiner israelischen Tomaten.

»So wie damals der Verwalter vom Markgraf von Baden, der nachts heimlich rübergerudert ist nach Mannenbach und den Müller-Thurgau mitgebracht hat.«

Die Müllers besaßen neben drei Gewächshäusern noch einen halben Hektar Reben, wo sie vor allem den einst in der Schweiz erbeuteten süffigen Weißwein anbauten.

Hildegard schüttelte zweifelnd den Kopf. »Das sind keine kompletten Pflanzen in der Tüte, damit kannst du nicht züchten.«

»Wie auch immer, jetzt müssen wir den Mann von der Lange-Kiebele anrufen.«

»Und die Polizei.«

Die beiden sahen sich an. Sie mussten an den Tatort denken, den sie jeden Sonntag gemeinsam schauten. Die Polizei würde den Block absperren mit rotweißen Bändern, die Spurensicherung würde kommen, Männer mit weißen Anzügen, und das Gewächshaus unter die Lupe nehmen, und die Müllers würden nicht mehr nach ihren Tomatenpflanzen schauen können, die kurz vor der Ernte standen.

»Hilde«, sagte schließlich der Elefant, »vielleicht hätte ich doch nichts rauchen sollen, so früh am Morgen.«

*

Zwei Tage später fand man beim Strandbad die Leiche einer Frau. Um ihren Bauch war ein Seil geschlungen, an dessen Ende wohl ehedem ein schwerer Gegenstand befestigt gewesen war. Ihr Gesicht war nicht mehr erkennbar, die Aale waren hungrig um diese Jahreszeit. Für die Polizei war klar: Die Tote war ermordet worden, und um die Tat zu vertuschen, hatte man ihre Leiche im See versenkt, wenn auch etwas stümperhaft.

Ludwig Bauer, Kommissar aus Konstanz, brauchte nicht lange, um die Identität der Toten festzustellen. Ihr Mann, der Gymnasiallehrer Otto Kiebele, hatte sie schon vor drei Tagen als vermisst gemeldet. Sie war am Montagabend nach der Gemeinderatssitzung nicht nach Hause gekommen.

Bauer versuchte mit den Leuten der Sonderkommission »Aal« die üblichen W-Fragen zu klären. Wann sie ums Leben gekommen war, wo, wie und vor allem, wer sie umgebracht hatte.

Es zeigte sich, dass alle Fragen schwierig zu beantworten waren. Der Todeszeitpunkt war nicht eindeutig, weil sie im Wasser gelegen hatte. Der Pathologe vermutete, dass sie wohl in der Nacht ihres Verschwindens zu Tode gekommen war, aber genau konnte er es nicht sagen. Das Wo war ebenfalls nicht einfach zu ermitteln, denn Strömung und Wind hatten die Leiche sicher ein Stück weit durch den See getragen. Mit dem Gewicht war das langsamer gegangen, allerdings war nicht klar, wann das Gewicht sich gelöst hatte. Natürlich suchte die Polizei das ganze Ufer des Gnadensees ab, ob man irgendwo einen Hinweis finden würde, dass eine Leiche in den See transportiert worden war. Doch wie sollte man das an dem steinigen Ufer erkennen?

*

Die Nachricht von der Auffindung der toten Gemeinderätin Lange-Kiebele verbreitete sich wie der Feuerbrand auf der Insel.

Am gleichen Tag erkrankte die Mutter des Müller'schen Erntehelfers Bogdan in Rumänien so schlimm, dass er kündigen und in seine Heimat zurückkehren musste. Schweren Herzens und mit Genesungswünschen für die Frau Mutter ließen die Müllers ihn ziehen.

Außerdem kam wie immer am Donnerstag das neue *Umgebot*, das offizielle Mitteilungsblatt der Gemeinde Reichenau. Darin las der Elefant etwas, was er sofort Hildegard erzählen musste. In der letzten Gemeinderatssitzung hatte die Rätin Lange-Kiebele eine Anfrage bezüglich des Bio-Anbaus auf der Insel gemacht. Sie hatte behauptet, dass nur zu Werbezwecken der Anschein erweckt werde, das Biogemüse sei Bio, in Wirklichkeit werde Chemie eingesetzt. Das sei ein Skandal. Auf lautstarke Proteste vonseiten einiger Gemüsegärtner in Rat und Publikum habe sie erwidert, sie werde die Beweise dafür liefern.

»Dann hat sie deswegen die Pflanzen abgerissen«, konstatierte Hildegard. »Sie wollte beweisen, dass da Rückstände von Chemikalien dran sind.«

»Pech gehabt!«, antwortete der Elefant. »Chemie gesucht und Nützlinge gefunden.«

*

Den Kommissar und die Sonderkommission »Aal« beschäftigte vor allem die Frage nach dem möglichen Mörder und seinem Motiv. Der erste Verdächtige war wie immer der Ehemann.

»Was haben Sie an dem Abend gemacht, als Ihre Frau bei der Gemeinderatssitzung war?«, wollte Bauer von ihm wissen.

»Ich hab das gemacht, was die Lieblingsbeschäftigung aller Deutschlehrer ist, ich habe Aufsätze korrigiert«, antwortete Kiebele sarkastisch.

Bauer sah plötzlich drein, als ob er Zahnschmerzen bekommen hätte. Er musste an die vielen Aufsätze während seiner Schulzeit denken, die er mit zahlreichen roten Verzierungen nach den Korrekturen zurückbekommen hatte.

»Und haben Sie sich nicht gewundert, dass Ihre Frau nach der Sitzung nicht heimgekommen ist?«

»Natürlich hab ich mich gewundert! Ariane ist eigentlich nie mit den anderen Räten zum anschließenden Trinken in den *Mesmer* gegangen.«

Er erzählte, dass er gegen Mitternacht mit einigen Gemeinderäten telefoniert und nach ihr gefragt hatte, allerdings vergebens, danach hatte er sich mit seinem Hund auf die Suche gemacht, ebenfalls vergebens, und schließlich hatte er gegen 2 Uhr nachts die Polizei angerufen.

»Auch das war vergebens!« Anklagend sah Herr Kiebele den Kommissar an.

Wie es in solchen Fällen üblich war, hatte die Polizei ihm zum Abwarten geraten, Erwachsene verschwänden schon mal, so ungewöhnlich sei das nicht. Ihm war klar, dass das Verschwinden seiner Frau nicht gewöhnlich war, aber es blieb ihm nichts anderes übrig, als den Rat der Polizei zu befolgen.

»Hatte Ihre Frau Feinde?«, versuchte es Bauer mit einem anderen Ansatz.

»Machen Sie Witze? Sie war im Gemeinderat!«

»Will heißen?«

»Fragen Sie doch Ihren Kollegen!«

Erstaunt wandte sich Bauer an den jungen Mann, der mit ihm gekommen war.

»Ach richtig, Blum, Sie sind ja Reichenauer! Was meinen Sie denn?«

Thomas Blum überlegte ein wenig.

»Naja, als Gemeinderat auf der Reichenau hat man es nicht einfach. Mein Cousin ist auch dabei. Da könnten sich durchaus Mordmotive ergeben.«

Dann erzählte er, dass im *Umgebot* alle zwei Wochen ein ausführliches Protokoll der Gemeinderatssitzungen veröffentlicht werde.

»Ich sag Ihnen, bei zwei Drittel der Anträge ist irgendein Gemeinderat befangen und muss vom Ratstisch abrücken, bis der entsprechende Punkt abgehandelt ist. Erst wenn das Thema fertig besprochen ist, darf er sich wieder dazusetzen. Das steht immer ganz genau drin.«

»Und worum geht es bei diesen Anträgen?«

»Meistens um Bauvorhaben. Oder um Verkehrsführung. Oder Finanzierungsfragen. Alles Mögliche halt.«

»Aber deswegen würde doch niemand einen anderen umbringen!«

»Also, wenn Sie aus einem Feld oder einem Block Baugrund machen können, da geht es schnell um Millionen. Wenn dann ein Gemeinderat Einspruch erhebt ...«

»Aus einem Block? Was bedeutet das nun wieder?«

»Bei uns auf der Insel heißen die Gewächshäuser Block.«

Bauers Miene sagte, dass er Leuten, die zu Gewächshäusern Block sagten, auch Schlimmeres zutraute. Vielleicht kam es da wirklich zu Mord und Totschlag wegen eines Blocks, wer konnte das schon wissen. Man würde die Gemeinderäte vernehmen müssen. Alle. Das konnte dauern.

*

Am nächsten Tag bekamen sie endlich die Ergebnisse der Obduktion. Und die waren erstaunlich.

»Blum, schauen Sie mal!«, sagte der Kommissar, während er das Gutachten durchblätterte. »Sie ist an einem allergischen Schock gestorben! Durch einen Stich. Ist das nicht eigenartig?«

»Ach, das kommt gar nicht so selten vor! Eine Cousine von mir ...«

»Blum, Ihre Cousine wurde aber nicht mit einem Gewicht im See versenkt, oder?«

»Nein, sie ist ja auch nur beinahe gestorben …«

Bauer verdrehte die Augen. »Selbst wenn sie ganz gestorben wäre, hätte man sie bestimmt nicht im See versenkt!«

»Nein, unsere Familie wird traditionell auf dem Oberzeller Friedhof begraben.«

»Mensch, verstehen Sie nicht? Wenn jemand an einem allergischen Schock stirbt, muss man keinen Mord vertuschen!«

»Es sei denn, es war Mord.«

»Sie meinen, jemand hat den Schock absichtlich ausgelöst?«

Blum zuckte mit den Schultern.

*

»So, Herr Kiebele, jetzt erzählen Sie uns mal, wogegen Ihre Frau allergisch war.«

Bauer hatte den Ehemann ins Präsidium nach Konstanz einbestellt.

»Ach das! Wir wussten es nicht wirklich. Sie hat ein paarmal Asthmaanfälle bekommen, daraufhin hat sie alle möglichen Abklärungen machen lassen, aber kein Arzt konnte ihr etwas Genaues sagen. Wir haben vermutet, dass es mit der Chemie zusammenhängt, die im Gemüsebau eingesetzt wird. Weil wir uns rein vegetarisch ernähren. Sie hat dann konsequent nur noch Biogemüse gekauft, um dem zu entgehen. Vor zwei Wochen bekam sie trotzdem wieder einen Anfall. Da war klar, dass mit dem Biogemüse etwas nicht stimmt.«

»Das Biogemüse also. Soso! Und gegen Wespen war sie nicht allergisch?«

»Wespen? Nein, sie ist letzten Sommer mal von einer Wespe gestochen worden. War halt ein bisschen rot, nicht weiter schlimm. Wir wussten wirklich nicht, was es war. Warum fragen Sie das alles?«

»Ihre Frau ist an einem allergischen Schock gestorben. Wegen eines Insektenstichs.«

»Aber wenn ich Ihnen sage, dass der Wespenstich ihr nichts ausgemacht hat! Das kann gar nicht sein!«

*

Der Allergologe Doktor Muckenfuß bestätigte den Polizeibeamten, dass Frau Lange-Kiebele diverse Untersuchungen bei ihm hatte durchführen lassen, ohne ein klares Ergebnis.

»Ich dachte ehrlich gesagt, es sei psychosomatisch«, gab er etwas kleinlaut zu. »Weil sie ständig wegen neuer Probleme ankam: Hausstaub, Pollen, Katzenhaare, Feinstaub ... Alle paar Wochen war sie gegen etwas anderes allergisch.«

»Ihr Mann sagt, gegen Wespenstiche nicht.«

»Nein, zumindest das eine Mal, als sie letzten Sommer gestochen wurde, nicht. Das hat sie mir erzählt.«

»Kann man denn beim zweiten Stich allergisch reagieren?«

»Ja, kann man schon. Beim ersten Mal wird man sensibilisiert, beim zweiten Mal reagiert man allergisch. Alles möglich. Ist sie an einem Wespenstich gestorben?«

»Es war keine Wespe, es war das hier.«

Kommissar Bauer zog eine kleine Plastiktüte aus der Jackentasche, in der sich ein totes Insekt befand.

»Bombus terrestris, Erdhummel«, erklärte Bauers Reichenauer Assistent Blum. »Werden als Nützlinge in unseren Gewächshäusern eingesetzt, zur Bestäubung.«

»Von so einer wurde Frau Lange-Kiebele gestochen?«, wunderte sich Muckenfuß. »Hummeln sind doch normalerweise ganz friedlich.«

»Außer sie werden gereizt«, erwiderte Bauer. »Und ich würde vermuten, dass eine Hummel es als Reizung ansieht, wenn sie zwischen Jacke und Haut zerquetscht wird. Da hat man sie nämlich gefunden. Im Jackenärmel der Toten.«

»Wie sind die Symptome bei so einer Allergie?«, fragte Blum.

»Pusteln, manchmal Schluckbeschwerden und Atemnot, oder Übelkeit und Erbrechen. Schließlich wird der Gestochene bewusstlos und stirbt letztendlich an Atemstillstand.«

»Sagen Sie, wenn jemand nicht gegen Wespen allergisch ist, könnte er trotzdem gegen Hummeln allergisch sein?«, wollte Blum wissen.

»Ja natürlich, das sind zwei verschiedene Gifte.«

Bauer nickte anerkennend. »Gut, das haben wir also auch geklärt. Dann spielt der nicht allergische Wespenstich vom letzten Sommer gar keine Rolle.«

»Allergen.«

»Wie meinen?«

»Es heißt allergen, nicht allergisch.«

*

»Klugscheißer!«, ärgerte sich Bauer, nachdem sie sich von dem Allergologen verabschiedet hatten. Insgeheim musste er sich jedoch eingestehen, dass die roten Anstreichungen in seinen Aufsätzen nicht von ungefähr gekommen waren.

»Nun wissen wir also, wer sie umgebracht hat!« Blum tat, als ob er die Zurechtweisung seines Chefs nicht gehört hätte.

»So, wer denn?«

»Na, Bombus Terrestris!«

»Bombus Terrestris hat der Toten keinen Stein um den Bauch gebunden.«

»Stimmt, das war wohl der Besitzer.«

»Das heißt, wir müssen jetzt alle Gewächshäuser durchsuchen.«

»Dort, wo die Tomaten blühen.«

»Blum, Sie werden ja richtig poetisch. Die Insel, wo die Tomaten blühen! Das hätte Goethe nicht schöner sagen können.«

Blum sah den Kommissar verdutzt an. »Die Erdhummeln werden vor allem zur Bestäubung von Tomaten eingesetzt. Drum müssen wir die Blöcke untersuchen, wo die Tomaten blühen.«

»Ach so. Und, wo blühen gerade die Tomaten?«

»Gute Frage. Am besten, wir fragen die alte Frau Huber.«

*

Die alte Frau Huber hatte den schönsten Garten auf der Reichenau. Sie war jahrzehntelang mit ihrem Mann um die Welt gereist
und hatte von überall exotische Pflanzen mitgebracht. Unter ihrer Obhut gediehen sie besser als im Dschungel. Im Winter kamen sie in den Block, in dem es mindestens so eng und feucht
zuging wie im Regenwald, im Sommer schmückte sie ihren Garten vor dem Haus damit. Jeder, der vorbeifuhr und -ging, kam in
den Genuss ihrer Palmen- und Orchideen-Schätze. Seit ihr Mann
verstorben war und sie allein den Urwald bewirtschaften musste,
sah man sie von früh bis spät in ihrem Garten arbeiten, immer
mit Schürze und Gummistiefeln, immer freundlich, immer zu einem Schwätzchen bereit, jeden Tag, außer Sonntag. Da ging sie
in die Kirche und ins Konzert, wenn das UHO spielte. Und zwar
im Sonntagshäs.

»Ja, die Nützlinge! Wir haben damit angefangen, da haben
uns alle ausgelacht. Aber jetzt benützen sie alle Gärtner auf der
Insel, jetzt lacht keiner mehr!«, sagte Frau Huber zufrieden.

Vor allem nicht Frau Lange-Kiebele, dachte Kommissar Bauer.

»Wo findet man denn zurzeit die Erdhummeln?«

»Bombus terrestris wird zur Bestäubung im Block eingesetzt«,
antwortete Frau Huber, »vor allem bei den Tomaten.«

»Und wo blühen momentan die Tomaten?«

»Jetzt im Mai? Fast überall. Zum Beispiel gleich hier nebenan
beim Elefant.«

Bauer wagte nicht zu fragen, was das nun wieder zu bedeuten
hatte. Wenn die Reichenauer Palmen und Orchideen aus aller
Welt für einen Dschungel auf ihre Insel brachten, warum nicht
auch einen Elefanten.

»Gut, Blum, dann fangen wir beim Elefant an.«

*

»Erstaunlich, diese Frau Huber«, meinte der Kommissar anerkennend, nachdem sie die alte Frau verlassen hatten, »wusste
sogar den lateinischen Namen für die Erdhummeln.«

»Für die Erdhummeln?« Blum lachte. »Frau Huber kennt die lateinischen Bezeichnungen sämtlicher Tiere und Pflanzen in ihrem Garten. Ist so üblich bei den Gärtnern auf der Insel. Man muss sich ja verständigen.«

Der Kommissar schluckte. Er konnte mit Mühe Rosen von Tulpen unterscheiden, aber das war's auch schon mit seinen botanischen Kenntnissen.

Die Reichenauer blieben ihm ein Rätsel.

*

Der Elefant war mit seiner Frau und den rumänischen Erntehelfern am Unkrautjäten. Das war einer der Nachteile des Bioanbaus, dass man diese Arbeit von Hand machen musste.

Da rief es plötzlich vom Eingang des Blocks her: »Hallo, ist jemand da?«

Hildegard sah ihren Mann fragend an.

Durch die Tomatenreihen kam Thomas Blum auf sie zu. Hinter ihm ging ein untersetzter Mann um die fünfzig mit kurzgeschorenen Haaren und einem Schnurrbart. Der Elefant, Hildegard und die rumänischen Erntehelfer stellten sich vor den Eintretenden auf, sodass ein Blick in den hinteren Teil des Blocks unmöglich war. Die Tomatenpflanzen verströmten ein kräftiges Aroma.

»Grüß dich, Elefant! Hallo Hildegard!« Blum schüttelte den beiden die Hand. Die Erntehelfer begrüßte er kollektiv mit einem Kopfnicken.

Verstohlen schaute der Kommissar sich nach einem Elefanten um. Er sah nur ein paar Hummeln herumschwirren.

»Das ist Kommissar Bauer.«

Kommissar Bauer schüttelte den beiden ebenfalls die Hand.

»Herr Bauer, das sind Heito Müller, genannt Elefant, und seine Frau Hildegard. Ihnen gehört dieser Block hier.«

»Ach, Sie sind der Elefant!«, rutschte es Bauer heraus und war ihm sofort peinlich.

»Ja, der bin ich.« Der Angesprochene schien nicht beleidigt.
»Und warum sind Sie hier?«

»Ihr habt bestimmt von der toten Frau Lange-Kiebele gehört«,
erklärte Blum. »Sie ist an einem Erdhummel-Stich gestorben.
Deshalb müssen wir alle Blöcke untersuchen, in denen gerade
die Tomaten blühen.«

»Also, hier war sie nicht!«, rief Hildegard ein bisschen zu laut
und zu schnell.

»Dürfen wir eine Ihrer Erdhummeln mitnehmen zum Vergleich?«, fragte Bauer. »Da hat ja jeder Bauer seinen eigenen
Stamm, die erkennt man unter dem Mikroskop wieder.«

Er wusste nicht, ob das so war, er schoss ins Blaue. Hildegard
und der Elefant holten beide tief Luft, doch bevor sie etwas sagen konnten, flüsterte Blum dem Kommissar ins Ohr: »Sagen Sie
niemals zu einem Reichenauer Gärtner, er sei ein Bauer, das ist
eine Beleidigung!«

Bauer überlegte noch, warum Bauer eine Beleidigung sein
sollte, da sagte der Elefant betont freundlich: »Also, Herr Kommissar, Sie können gerne eine unserer Hummeln zum Vergleich
mitnehmen.«

Hildegard schickte ihm Blitzblicke hinüber. Sie hatte nicht
mitbekommen, dass er am Tag zuvor neue Kästen mit Hummeln
im Block ausgesetzt hatte, weil die Lebens- und Bestäubungszeit
der alten Hummeln abgelaufen war.

*

Die Sonderkommission »Aal« verbrachte einige Tage damit,
bei allen Gemüsegärtnern, die Tomaten zogen, Hummelproben
zu nehmen, aber keine war eng genug verwandt mit der Hummel, die Frau Lange-Kiebele den Garaus gemacht hatte. Der
Block, in dem sie zu Tode gekommen war, konnte demnach nicht
ermittelt werden.

Die mühsame Befragung sämtlicher Gemeinderäte brachte
ebenfalls kein Ergebnis.

Da man auch nicht herausfand, wer die Tote in den See befördert hatte, wurde der Fall schließlich zu den Akten gelegt.

Ariane Lange-Kiebele wurde auf dem Friedhof von Mittelzell
beerdigt. Ihr Mann hatte keine Seebestattung gewünscht. Kurz
danach zog er von der Insel fort. Es hieß, er habe den Anblick
von Gewächshäusern nicht mehr ertragen. Und Tomaten habe er
auch nie mehr gegessen.

*

Die Tomaten waren schon überall reif, als eines Abends jemand
bei den Müllers an die Tür klopfte. Es war Thomas Blum. Er
wurde freundlich herein und an den Küchentisch gebeten.

»Setz dich, wir haben gerade gevespert«, sagte Hildegard.
»Magst ein Glas Müller-Thurgau?«

»Da sag ich nicht nein!«

Der Elefant, Hildegard und Blum prosteten sich zu.

Dann sagte der Polizist: »Wir haben den Fall Lange-Kiebele
zu den Akten gelegt.«

»Haben wir gehört«, antwortete der Elefant karg.

»Wahrscheinlich war ihr Tod sowieso nur ein Unfall.«

»Kommt halt vor, so eine allergische Reaktion.«

Blum trank einen Schluck Wein. »Stimmt es, dass euer Bogdan
nach Rumänien zurückgegangen ist?«

»Seine Mutter ist krank geworden.«

»Ein Erntehelfer vom Onkel Pirmin hat mir das erzählt.« Blum
nahm einen weiteren Schluck. »Und er hat gesagt, der Bogdan sei
am gleichen Tag weggefahren, an dem die Tote gefunden wurde.«

»Zufälle gibt's!« Der Elefant trank ebenfalls.

Blum drehte sein Glas zwischen den Fingern und betrachtete
den Wein. »Schmeckt gut, der Müller-Thurgau!«

»Ist eine der letzten Flaschen vom vergangenen Jahr. Aber dieses Jahr gibt es vermutlich wieder eine gute Ernte.«

»Ja, der Bogdan! War ein guter Erntehelfer, nicht wahr? Beim
Onkel Pirmin hat er auch einmal gearbeitet. Sehr zuverlässig!«

»Ein Familienmensch. Immer hilfsbereit. Alles, was er verdient hat, hat er nach Rumänien geschickt. Hing sehr an seiner Mutter!«

»Ein Familienmensch halt.«

Hildegard schenkte Wein nach.

»Sag mal, rein hypothetisch«, begann nun der Elefant, »wenn jemand so eine Leiche findet, sagen wir mal, wie die Lange-Kiebele, eine, die schon tot ist und er hat nichts damit zu tun, und wenn er sie dann, also rein hypothetisch, im See entsorgt ...«

»Was natürlich eine Schnapsidee ist, die kommt ja wieder hoch ...«

»Totale Schnapsidee, klar, ein vernünftiger Mensch würde das ja nie machen, aber rein hypothetisch, ist das überhaupt strafbar?«

»Das ist eine Störung der Totenruhe. Es gibt nämlich eine Bestattungspflicht. Nach § 30 des baden-württembergischen Bestattungsgesetzes.«

»Sie im See zu versenken, ist doch auch eine Art Bestattung.«

»Eine Seebestattung«, ergänzte Hildegard.

»Die hätte vielleicht der Ehemann veranlassen können, aber der wollte das ja nicht. Wenn jemand anders das macht, und dazu noch mit einem Seil um den Bauch und einem Gewicht, dann ist es eindeutig eine Störung der Totenruhe. Wird mit Geldbuße bis zu 1.000 Euro bestraft.«

»Komm, trink noch!« Hildegard schenkte dem Polizisten nach.

Der sagte nachdenklich: »Jaja, der Bogdan! Wer so viel arbeitet, der muss sich wenigstens ab und zu ein kleines Vergnügen gönnen, nicht wahr?«

»Ja, wir brauchen alle hin und wieder ein kleines Vergnügen. Prost!« Der Elefant hob sein Glas. »Der Bogdan war ein sehr genügsamer Mensch. Schade, dass er fort ist!«

»Die Adresse von der Mutter habt ihr wahrscheinlich nicht, oder?«

»Nein, er kam über einen Vermittler, du weißt ja, wie das ist. Mal kommt der, mal der.«

»Heute hier, morgen dort, so ist das eben.« Blum trank aus. »Also dann, ich muss wieder, die Petra wartet mit dem Abendessen.«

»Sag schöne Grüße!«

*

Im Juli hatte Kommissar Bauer Geburtstag, und er beschloss, seinen besten Mitarbeiter zum Essen einzuladen.

»Blum, haben Sie eine Idee, wo wir hingehen könnten?«

»In den *Gropp*, auf der Insel, da ist das Essen sehr gut und man kann auf der Terrasse sitzen.«

So stießen sie abends mit einem Glas Müller-Thurgau auf Bauers Geburtstag an, auf der Terrasse des *Gropp*, von wo aus sie hinter einigen Gewächshäusern ein Stück See sehen konnten. Die Sonne färbte das Wasser tomatenrot.

»Was können Sie mir denn empfehlen, Blum?«, fragte der Kommissar.

Seit Juni zauberte der Wirt Egino Wehrle mit den Hezhou-Tomaten des Elefanten Shakshuka in allen Variationen: Mit Speck (was nicht im koscheren Sinne des Erfinders, aber dennoch sehr gefragt war), mit Thunfisch, mit Auberginen, mit Feta oder Spinat. Er hatte sogar eine eigene Shakshuka-Karte drucken lassen. Die Reichenauer und die Touristen liebten das Gericht, es war der Renner im *Gropp*, nicht nur zum Frühstück wie in Israel, sondern auch zum Mittag- und Abendessen.

Eine Variation war besonders gefragt. Alle, die davon gegessen hatten, waren begeistert. Die einen sagten, sie hätten nach dem Essen viel besser geschlafen, andere berichteten, dass ihre Stimmung plötzlich so gut geworden sei, sie hätten über jeden noch so blöden Witz gelacht, und es gab sogar Leute mit Rheuma, die behaupteten, nach dem Genuss dieses Shakshuka seien ihre Schmerzen wie weggeblasen gewesen. Das Rezept mit den speziellen Zutaten hielten Wehrle und der Elefant geheim. Den Namen dafür hatte sich Hildegard ausgedacht.

Blum überlegte kurz, dann sagte er: »Also, mein Lieblingsgericht ist Skakshuka à la Bogdan.«

Shakshuka – israelisches Eier-Tomaten-Gericht

Für 2 Personen

Zutaten:

800 g vollreife Tomaten, gut sind auch Kirschtomaten aus der Dose (2 Dosen), 3 EL Tomatenmark
Olivenöl, Rapsöl oder Butterschmalz, nach Belieben
1 große Zwiebel
2 Frühlingszwiebeln, 2 Knoblauchzehen, in Scheiben geschnitten
1 EL Paprikapulver, Salz und Pfeffer, 6 Eier
etwas zum Scharfmachen: Peperoncini, Chili, Sambal Oelek nach Belieben
3 EL gehackte Petersilie, glatt, frisch und/oder Koriandergrün
3 EL Basilikum
wahlweise Speck, Thunfisch, Auberginen oder anderes

Zubereitung:

Das Öl bzw. Butterschmalz in einer großen Pfanne erhitzen und darin die klein geschnittene Zwiebel, die Frühlingszwiebeln und den Knoblauch anbraten. Tomatenmark dazugeben und leicht karamellisieren lassen. Kleingehackte Tomaten, Scharfmacher, Basilikum, Paprikapulver, Salz und Pfeffer dazugeben. Wahlweise andere Zutaten hinzufügen. Petersilie und Koriander klein hacken und die Hälfte beifügen. Bei kleiner Hitze ca. 15 Minuten köcheln lassen, bis die Tomaten eingekocht sind.
Mit einem Löffel Vertiefungen in die Tomatenmasse drücken und vorsichtig je ein Ei hineingleiten lassen, ohne dass der Dotter zerstört wird (am besten jedes Ei in eine Tasse aufschlagen). Das Eiweiß mit der Gabel leicht unter die umgebende Masse rühren. Noch einmal etwa 7 Minuten bei mittlerer Hitze schmoren lassen, sodass das Eiweiß stockt, aber das Eigelb noch weich ist. Vor dem Servieren mit dem Rest Petersilie und Koriander bestreuen. Mit Weißbrot servieren.
Zubereitungszeit ca. 40 Minuten.

Uschi Kurz

Eine Muse verlässt man nicht

Stuttgart

Hinter jedem erfolgreichen Mann steht eine Frau, heißt es. Und hinter jedem erfolgreichen Autor? Na, was wohl? Eine Muse! Okay, hinter einer erfolgreichen Autorin auch, aber ich inspiriere nun einmal lieber Männer und das auf die harte Tour. Sex, blood and crime, wenn Sie verstehen, was ich meine. Männer lassen sich viel besser beeinflussen, wenn nicht sogar manipulieren. Sie greifen dankbar jede Idee auf. Normalerweise.

Allerdings was ist in unserem Gewerbe schon noch normal? Wo nicht mehr der Genius oder die schriftstellerische Finesse über Wohl und Wehe entscheiden, sondern die Anzahl der Klicks nach einem möglichst bescheuerten Auftritt auf YouTube. Nun, ich möchte trotzdem nicht klagen. Ich agiere ja recht erfolgreich, wie ich in aller Bescheidenheit sagen darf. Mehrere Bestseller-Autoren sind aus meiner Schule hervorgegangen, einer von ihnen hat es vor drei Jahren sogar auf die Shortlist des Deutschen Buchpreises geschafft. Dass er die renommierte Auszeichnung letztlich doch nicht gewonnen hat, liegt einzig und allein an der mutlosen Jury, die sich nicht getraut hat, endlich einmal einen richtigen Thriller zu prämieren. Das Genre erschien ihnen wohl zu banal und der Plot zu brutal. Nun, unsere Zeit wird kommen. Da bin ich ganz sicher.

Mit der Absage kann ich leben. Nicht aber damit, was sie meinem enttäuschten Star-Autor angetan hat. Der hatte sich wohl so große Hoffnungen gemacht, dass er hinterher in eine tiefe Sinnkrise fiel. Und nun will er etwas Bleibendes schreiben. Einen großen Roman, vielleicht eine Familiensaga. Zur Übung hat er sich zunächst mit Essays und Short Storys versucht. Statt eines großen Wurfs hat er seither freilich nichts als Mist abgesondert. Der natürlich trotzdem gedruckt wird. Da muss nur sein Name auf dem Cover stehen und die Bücher gehen weg wie warme Semmeln. Eine Lizenz zum Gelddrucken für die Verlage – und für ihn.

Natürlich habe ich versucht, weiter Einfluss auf sein literarisches Werk zu nehmen. Wenn schon Kurzform, dann soll er wenigstens geniale Kurzkrimis produzieren. Ich bin ihm also wochenlang immer wieder im Traum erschienen, habe ihn so lange gepiesackt, bis er schweißgebadet aufgewacht ist. Früher sind daraus die schönsten Horrorstorys entstanden. Er hat sich auch tatsächlich Notizen gemacht, meine Figuren und Ideen verwendet, aber dann hat er die Handlung an den entscheidenden Stellen verändert. Zunächst ganz subtil zwischen den Zeilen, der aufmerksame Leser hat trotzdem gemerkt, dass der Plot beileibe kein Psychothriller mehr war. Hilflos musste ich zusehen, wie er hier die Spannung rausgenommen, dort die Schlusspointe in ihr Gegenteil verkehrt hat. Kurz gesagt: Er hat mich, seine Muse, einfach nach und nach kalt abserviert. Aber jetzt ist Schluss mit lustig. Der Typ hat wohl nicht kapiert, dass ein Künstler zwar von seiner Muse verlassen werden kann, dass er sie aber keinesfalls selbst verlassen darf. Das rächt sich.

Andererseits ist er nun einmal mein bestes Pferd im Stall. Er hat wirklich Talent und Potenzial. Deshalb werde ich ihm noch eine Chance geben. Meine Eingebung für seine nächste Story ist – ohne zu übertreiben – einfach bestechend. Plot, Figuren, Spannungsbogen – alles serviere ich ihm auf dem Silbertablett. Mal sehen, was er daraus macht. Wie gesagt: Eine Muse verlässt man nicht. Und wenn doch, wird es ein böses Ende haben.

Der Arbeitstitel, den er gewählt hat, ist recht vielversprechend: »Ein Ende mit Schrecken.«

Ein Ende mit Schrecken

»Ich bin ein schlechter Mensch.« Diese Erkenntnis überfiel mich vor einigen Wochen, als ich die Spülmaschine ausräumte. Wahrscheinlich lag es an dem blitzsauberen Geschirr, dass die dunklen Flecken auf meiner Seele urplötzlich schärfer zu Tage traten. Jedwede Haushaltstätigkeiten, vor allem solche, die mit stupiden Wiederholungen verbunden sind, setzen bei mir regelmäßig komplexe Prozesse in Gang. Kitchen Philosophie vom Feinsten. Jedenfalls wurde mir nun urplötzlich bewusst: »Ich bin und bleibe ein schlechter Mensch!« Es gibt zahlreiche Freunde, Bekannte und Kollegen, die diesem Urteil widersprechen werden, manche von ihnen werden sogar nachdrücklich behaupten, das genaue Gegenteil sei der Fall. Aber ich weiß es nun einmal besser. Meine Lebensmaxime lautet: Der Zweck heiligt die Mittel. Und alles dient nur einem Zweck: meinem. Um es mit dem Ex-Fußballstar Krasimir Balakov zu sagen: »Was heißt a bissle? I will älles!«

Entsprechend steil verlief meine Berufslaufbahn. Nicht etwa, weil ich in meinem Bereich – ich bin Lektorin in einem großen Verlag und betreue mehrere Bestseller-Autoren – so qualifiziert bin, sondern weil es mir *immer* gelingt, im richtigen Moment die richtigen Fäden zu ziehen. Ich halte einfach Augen und Ohren offen, behalte Geheimnisse so lange für mich, bis die Zeit reif ist. Hier eine kleine Intrige, dort ein falsches Wort am rechten Ort und schon falle ich wieder ein Stufe nach oben oder bekomme den gewünschten Job. Und immer, ich betone *immer*, ist es mir irgendwie gelungen, meine Aktivitäten – seien sie noch so egoistisch und selbstsüchtig – in einem positiven Licht zu präsentieren.

Da war beispielsweise der Kollege, der vor mir meine Stelle hatte. Der telefoniert nach Büroschluss gerne auf 0180er-Nummern. Erst brachte ich ihn mit diesem Wissen in Misskredit, dann machte ich ihn freundlich darauf aufmerksam, dass ihn anscheinend die Verlagsleitung auf dem Kieker hatte. Mit einer Kündigung kam er seinem Rauswurf zuvor. Danach war er derart angeschlagen, dass er zum Arzt musste und dabei wurde bei ihm ganz zufällig eine seltene Krankheit entdeckt. Rechtzeitig. Ich habe ihm also quasi das Leben gerettet. Er wird mir zeitlebens dankbar sein.

Auch in Liebesdingen weiß ich meine Bedürfnisse rigoros durchzusetzen. Als ich einer Kollegin fies den Mann ausgespannt habe, dachte ich erst, dass ich den Bogen überspannt hätte. Doch schon wenige Wochen danach tröstete sich die derart schnöd Verlassene mit einem ihrer jungen aufstrebenden Autoren und – was soll ich sagen – die war so was von happy, dass sie sich bei mir überschwänglich bedankte, weil ich ihr den – O-Ton – »Langweiler« ausgespannt hätte. Das mit dem Langweiler hatte ich zu dem Zeitpunkt längst selbst erkannt und folglich gab ich ihm den Laufpass.

Lange sollte ich nicht allein bleiben, denn unser Verlag nahm Bill Winterberg, einen umworbenen neuen Bestseller-Autor, unter Vertrag, der es sogar auf die Shortlist des Deutschen Buchpreises geschafft hatte. Bei uns würde er Kurzgeschichten veröffentlichen – und ich durfte sie lektorieren. Bill ist gut aussehend, charmant und was das Beste ist: Er verliebte sich heftig in mich, ganz ohne dass ich zu unlauteren Mitteln greifen musste.

Nun sind wir schon zwei Jahre zusammen, wohnen in Stuttgart in einer schönen Penthouse-Wohnung im angesagten Lehenviertel und eigentlich könnte alles wunderbar sein. Und gerade jetzt, wo ich im Begriff bin, wenn nicht ein guter, so doch ein zufriedener Mensch zu werden, will mich Bill verlassen. Er hat zwar noch keine diesbezüglichen Andeutungen gemacht, aber ich weiß Bescheid. Er hat eine Geliebte. Seine neue Agentin, diese Schlange, hat sich an ihn herangemacht. Offensichtlich mit Erfolg, wie der Privatdetektiv, den ich beauftragt habe, herausgefunden hat. Die beiden waren so dreist, dass sie es sogar bei uns zuhause trieben! Jeden Donnerstag, wenn ich nach Feierabend zum Pilates gehe. Kaum bin ich weg, kommt die schöne Clodia (sie nennt sich doch tatsächlich Clodia, so wie Lagerfeld einst seine Schiffer) mit der Zahnradbahn angefahren.

Diesem Treiben werde ich ein Ende bereiten und wenn es das Letzte ist, was ich tun werde. Ich bezahlte den Detektiv und nahm die Beschattung selbst auf. Mehrere Wochen habe ich die beiden ausspioniert und mir möglichst perfide Abreibungspläne überlegt – und ein ums andere Mal verworfen. Schließlich habe ich es mit einem Thriller-Bestseller-Autor zu tun und da soll es nicht an Originalität mangeln. Meine Wut wurde derweil größer und größer. Obwohl mir Bill nichts anmerkt, kochte ich innerlich. Irgendwann wollte ich keine filigrane Vergeltung mehr, irgendwann gierte ich nur noch nach blutiger Rache.

Auch diese Einsicht kam mir beim Spülmaschine-Ausräumen. Da ich ohnehin ein schlechter Mensch war, würde ich jetzt endlich dazu stehen und diese impertinente Person aus dem Weg schaffen. Ich habe bereits eine Idee, wie ich Claudia loswerden würde. Um Bill zu ärgern, nenne ich Clodia, wenn er mal wieder von seiner ach so tollen Agentin erzählt, immer Claudia. Hört sich so schön bieder an. Jedenfalls fährt Claudia zu ihren Schäferstündchen regelmäßig mit der Strampe. Auf dem Rückweg, kurz bevor ich um 20 Uhr vom Pilates komme, steigt sie am Marienplatz in die Zacke ein, die um diese Zeit sehr gut frequentiert ist. Gott weiß warum, beim Warten auf dem Bahnsteig stellt sie sich immer ganz nach vorn. Ganz schön gefährlich, wo die Zacke doch in letzter Zeit mehrere Unfälle hatte. Ein falscher Schritt und wusch, weg wäre die schöne Clodia. Diese Vorstellung wurde für mich zur fixen Idee. Genauso sollte es passieren. Endlich war es so weit. Statt zum Pilates zu gehen, legte ich mich an der Haltestelle auf die Lauer. Pünktlich mit der Bahn um 18 Uhr kam sie an. Aufgetakelt bis zum Gehtnichtmehr verschwand sie in Richtung unserer Wohnung. Nun blieben mir zwei Stunden, um noch einmal mein Gewissen zu befragen. Ich brauchte keine zwei Sekunden. Die restliche Zeit verbrachte ich in größter Vorfreude im nahe gelegenen Café List. Ich bestellte mir zuerst zur Feier des Tages ein Glas Crémant. Sollte ich insgeheim Gewissensbisse verspürt haben, so spülte ich sie mit dieser wunderbaren Flüssigkeit in wenigen Schlucken hinunter. Nach einer Dreiviertelstunde und einem weiteren Glas Crémant stieg ich vorsichtshalber auf Cappuccino um. Schließlich musste ich einen kühlen Kopf bewahren.

Aber ein Stück Kuchen konnte nicht schaden. Auf der Karte entdeckte ich eine »Weiße Trüffeltarte mit Himbeerkern«. Himbeeren waren meine Lieblingsfrüchte. Und ausgerechnet Himbeeren waren es gewesen, die mich auf die Schliche von Bills Untreue brachten. Als ich an einem Abend vom Pilates nach Hause kam, freute ich mich auf die Schale Himbeeren, die ich nach der Arbeit in den Kühlschrank gestellt hatte. Doch die Früchte waren weg. Nur ein paar traurige Reste lagen in dem Schälchen. Dabei hasst Bill Himbeeren. Er kann es nicht leiden, wenn ihm die kleinen Kerne zwischen den Zähnen stecken bleiben.

Ich habe ihn also zur Rede gestellt. Bill stotterte verzweifelt, suchte offensichtlich nach einer Ausrede und behauptete dann, er hätte sich einen »Smoothie« gemacht. Mit meinen Himbeeren! Einen Smoothie! Smoothies passen in etwa so zu Bill Winterberg wie Englisch zu Günther Oettinger. Für wie blöd hielt der mich eigentlich? Als er den Smoothie erwähnt hat, ist mir sofort die Besprechung bei seiner neuen Agentin eingefallen. Die schien eine wahre Gesundheitsfanatikerin zu sein. Statt einer kräftigen Tasse Kaffee hat sie uns eine ganze Palette Smoothies kredenzt. Mein Misstrauen war geweckt. Daraufhin habe ich den Privatdetektiv beauftragt. Der Rest ist Geschichte. Deshalb saß ich jetzt hier und bestellte mir diese verführerische Trüffeltarte mit Himbeeren. Kalorien konnte ich später wieder zählen. Eine Entscheidung, die ich nicht bereuen sollte. Der Kuchen war einfach köstlich und die unter einer weißen Schokoladencreme versteckten Früchte ein Traum.

Nach eineinhalb Stunden brach ich auf. Im Blumenladen nebenan kaufte ich einen riesigen Strauß Sommerblumen, den ich mir zur Tarnung vors Gesicht halten konnte. Dann lief ich zur Haltestelle und nahm in dem verglasten Wartehäuschen Platz.

Nach zehn Minuten kam das Miststück. Doch was war das? Sie war nicht allein. Bill begleitete sie. Wollte er etwa mit ihr fahren oder sie an der Straßenbahn noch einmal zärtlich verabschieden? Vor lauter Schreck riss ich den Blumenstrauß hoch und hielt ihn mir krampfhaft vors Gesicht. Meine Sorge war gänzlich unbegründet. Die beiden Turteltäubchen stellten sich händchenhaltend so nah vor mich hin, dass ich sie beinahe berühren konnte. Aber sie bemerkten mich nicht.

Was sollte ich jetzt tun? Sollte Claudia nicht zur Bahnsteigkante gehen, könnte ich mein Vorhaben ohnehin vergessen. Und wenn er mit ihr ging? Im selben Moment liefen die beiden los, schlängelten sich händchenhaltend zwischen den Wartenden durch und stellten sich ganz vorn an die Kante.

Blitzschnell traf ich eine Entscheidung. Claudia musste weg und wenn Bill zum Kollateralschaden wurde – tant pis, schade drum. Schließlich gibt es auch noch andere gut aussehende Autoren. Ich drängelte mich nach vorn und kam hinter dem ehebrecherischen Pärchen zu stehen. Im Augenwinkel sah ich bereits, wie rechts von uns die Zacke laut quietschend und scheppernd den kleinen Hang heruntergerumpelt kam. Das Geräusch war ganz anders als sonst. Leider fiel mir das erst auf, als es zu spät war. Als die Bahn fast an der Haltestelle angelangt war, gab ich Claudia von hinten einen kräftigen Schubs.

Bedauerlicherweise wurde nichts aus meinem schlechten Vorsatz. Im selben Moment, als ich die blöde Kuh vor die Straßenbahn schubste, ist diese »wegen eines technischen Defekts«, wie es später im Polizeibericht heißen würde, entgleist. Der Triebwagen stürzte um und einige Augenzeugen würden später Stein und Bein schwören, dass ich die junge Frau, von der ja niemand wusste, dass ich sie nur zu gut kannte, in selbstloser Manier vor dem sicheren Tod bewahrt hatte, indem ich ihr einen kräftigen Stoß verpasste. Nun lag das Luder mit zerschundenen Knien, aber sonst unversehrt im Gleisbett. Geschmückt mit einem wunderschönen Sommerstrauß. Das war der letzte Anblick, der mir selbst vergönnt war, bevor ich unter der entgleisten Zacke das Bewusstsein und wenig später das Leben verlor.

Mit mir wurde ein rundes Dutzend anderer Menschen, die an der Haltestelle gewartet hatten, von der Unglücksbahn erfasst.

Alle Personen, darunter auch Bill, wurden leicht bis mittelschwer verletzt – bis auf eine.

»Sie war ein guter Mensch«, stand in meiner Todesanzeige. Aber glauben Sie mir, ich weiß es besser.

In den lokalen Nachrichten erschien daraufhin folgende Polizeimeldung:

Dritter Unfall der Zacke – diesmal mit tödlichen Folgen. 37-jährige Stuttgarterin stirbt im Gleisbett. Stuttgart. Die Zahnradbahn ist am Donnerstagabend an der Haltestelle Marienplatz entgleist und hat eine junge Frau in den Tod gerissen. Mehrere weitere Personen, darunter der bekannte Schriftsteller Bill Winterberg, wurden leicht verletzt.

Der tragische Unfall ist bereits der dritte in kurzer Folge mit der Zahnradbahn, die von den Stuttgartern liebevoll »Zacke« genannt wird. Erst am Mittwoch davor war die Zacke auf der Strecke entlang der Alten Weinsteige mit einem Auto kollidiert. Dabei war der Fahrradanhänger aus dem Gleis gesprungen. Und kurz zuvor hatte es einen ähnlichen Unfall auf der Straße Auf dem Haigst gegeben. Beide Unfälle waren glimpflich und ohne Verletzte ausgegangen.

Das ist diesmal anders. Bei der getöteten 37-jährigen jungen Frau handelt es sich um die Lektorin und Lebensgefährtin von Bill Winterberg. Der Bestseller-Autor zeigte sich tief erschüttert.

Wenige Tage nach dem tödlichen Unfall bahnt sich eine dramatische Wendung an:

Starautor unter Mordverdacht. War der Sturz ins Gleisbett kein Unfall? Stuttgart. Der Unfall, der sich am Donnerstagabend auf dem Marienplatz an der Haltestelle der Zahnradbahn ereignet hat, stellt sich nun gänzlich anders dar. Demnach könnte der bedauernswerte Tod der jungen Lektorin Laura S. kein Unfall, sondern ein perfider Mord gewesen sein. Wie wir aus gut un-

terrichteten Kreisen erfahren haben, steht der Bestseller-Autor Bill Winterberg im Verdacht, seine 37-jährige Lebensgefährtin am 16. Juni vor die Zahnradbahn (»Zacke«) gestoßen zu haben. Der Autor und seine Agentin, Claudia M., mit der er ein Verhältnis haben soll, waren bei dem Unfall durch die aus den Schienen gesprungene Bahn ebenfalls leicht verletzt worden. Gestützt wird dieser Sachverhalt durch die Zeugenaussagen und die Aufnahmen mehrerer Überwachungskameras, die in der Nähe installiert sind.

Ein halbes Jahr später berichteten die Medien erneut über den Fall:

Bestseller-Autor muss für 10 Jahre in Haft. Stuttgart. Der Bestseller-Autor Bill Winterberg wurde gestern nach mehrwöchiger Verhandlung vom Stuttgarter Landgericht zu einer Haftstrafe in Höhe von 10 Jahren verurteilt. Das Schwurgericht unter Vorsitz von Richter Eberhard Mersburger sah es als erwiesen an, dass der 46-Jährige seine Lebensgefährtin am 16. Juni dieses Jahres vor die einfahrende Zahnradbahn gestoßen hat, um sie umzubringen. Winterberg nahm das Urteil nahezu reglos an. Er schüttelte lediglich den Kopf und flüsterte immer wieder fassungslos: »Meine Muse, meine Muse, warum hast du mich verlassen?«

Weiße Trüffeltarte mit Himbeerkern

Eine Springform (ca. 25 Zentimeter Durchmesser) mit Backpapier am Boden auslegen und Papier festspannen.

Mürbeteig:
100 g Butter, 70 g Puderzucker, 2 EL gemahlene Mandeln, 1 Prise Salz, 1 Ei und 200 g Mehl zu einem Teig verarbeiten, auswellen und mit einem Rand von etwa 3-4 cm in die Form füllen. Dann für ca. eine Stunde in den Gefrierschrank stellen. Nach der Stunde aus dem Gefrierschrank nehmen und bei ca. 180 Grad 22 Minuten blindbacken. Danach den Boden abkühlen lassen.

Füllung:
400 g Himbeeren, 50 g Zucker, etwas Zitronensaft, 1 Prise Salz und 2 EL Speisestärke. Die Speisestärke mit Salz, Zucker, Zitronensaft und ca. 100 ml Wasser verrühren. Die Himbeeren in einem Topf langsam zum Kochen bringen und die Mischung unterrühren. Kurz aufkochen, dann auf den Mürbeteigboden geben und abkühlen lassen.

Weiße Trüffelcreme:
200 g Crème Fraîche, 100 g Butter und 400 g weiße Schokolade. Die Schokolade raspeln und in einer Schüssel beiseitestellen. Die Crème Fraîche mit der Butter in einem kleinen Topf aufkochen und dann über die Schokolade gießen. Verrühren, bis eine gleichmäßige Creme entstanden ist. Die Creme über die Himbeerfüllung gießen und die Tarte dann für mindestens 2 Stunden in den Kühlschrank stellen.

Zum Verzieren frische Himbeeren oder weiße Schokoladenspäne verwenden.

Für das Trüffel-Himbeer-Tarte-Rezept danken wir dem Café List in Stuttgart.

GABI SCHMID

In cervisia veritas (Im Bier liegt die Wahrheit)

Korntal-Münchingen

»Seewald Lambic – Werre Pale Ale – Hoba-π-Nat. Was braust du denn noch alles für Sorten zusammen? Wer soll das kaufen? Und ganz andere Frage ... wer will diese komischen Biersorten trinken? Schon mal was von Zielgruppe gehört, Romy?« Clarissa taxiert mich, die Hände in die Hüften gestemmt, die Schultern hochgezogen.

Trotz meines Diploms zur Brauerei-Ingenieurin mit Zusatzausbildung als Bier-Sommelière verunsichert mich Clarissas Fragerei. Wir stehen in meiner Brauhalle und den Duft der Maische, die ich am Vorabend angesetzt habe, kann ich überhaupt nicht genießen. Ich suche nach Erklärungen und rette mich schließlich in Ausflüchte: »Man muss auch mal was riskieren.«

»Riskieren? Ach ja? Mit diesem Pale-Ale-wie-auch-immer-Bier riskierst du höchstens, dass die Brauerei in vier Wochen dichtmachen muss.«

»Craft-Biere sind die Zukunft. Und jetzt hör auf zu nörgeln. Ich muss weitermachen. Wolltest du eigentlich im Gewölbekeller nicht alles vorbereiten?«

»Ich warte auf Hannes. Er wollte mir beim Ausladen helfen.« Clarissa tritt näher.

»Er ist schon da.« Ich deute über meine Schulter. »Er bringt die Biere, die heute Abend verkostet werden, zur Zapfanlage.« Allein könnte ich die Fassgebinde nie schleppen. Gott sei Dank ist Hannes immer zur Stelle, wenn ich ihn brauche.

»Ach ja? Schon hier? Wann ist er denn gekommen?« Clarissa beugt sich zu mir und flüstert: »Biste noch immer heimlich in ihn verschossen oder hat dich deine Abwesenheit in Illinois geheilt?«

Ich spüre, wie mir das Blut in die Wangen schießt, daher wende mich ab und kontrolliere die Temperatur im Braukessel. Die Hoffnung, Hannes könnte mal erkennen, dass auch ich eine Frau bin, habe ich nie aufgegeben.

Clarissa streicht mir über den Rücken. »Und welches Bier braust du hier zusammen?«

»Ganz neue Rezeptur ... hat besondere Zutaten«, erkläre ich mit kratziger Stimme. »Wir sollten jetzt aber wirklich weitermachen.« Ich leere die heiße Maische in den Läuterbottich und beobachte, wie die schäumende Brühe in den Braukessel fließt. Wieder steigt der typisch würzige Geruch auf.

Clarissa schnuppert. »Ich drücke dir die Daumen für deine Craft-Biere. Obwohl ... dein Vater war ja eher fürs traditionelle Bierbrauen.«

Es ist Hopfen und Malz verloren, Clarissa lässt einfach nicht locker. Ich werfe meiner besten Freundin einen genervten Blick zu. »Und ... was hat's gebracht? Nichts. Die Brauerei ist pleite und ich muss sehen, wie ich klarkomme. Ich bin die Erste in dieser Gegend, die etwas anderes ausprobiert. Und ich vertraue darauf, dass die Craft-Biere gut ankommen.« *Außerdem stirbt die Hoffnung zuletzt!*

»Da gehört auch ganz schön viel Glück dazu. Ich würde mich sehr für dich freuen, wenn das klappt.« Clarissa streicht beschwichtigend über meine Schulter.

Doch ihre Skepsis bringt das Fass fast zum Überlaufen. Mein Nervengerüst ist momentan nicht sehr belastbar. Zuerst der mysteriöse Tod meines Vaters, der mich zwang, Illinois gegen Korntal-Münchingen zu tauschen und der mich zur Erbin dieser maroden Brauerei gemacht hat. Ähnlich rätselhaft wie das Verschwinden meiner Mutter vor zwanzig Jahren, die von einem Ostsee-Segeltörn nie zurückkam. Die Suche nach ihr wurde irgendwann eingestellt und ihre Leiche ist nie gefunden worden. Zwei Todesfälle – zwei Rätsel.

Viele Jahre hat mein Vater um meine Mutter getrauert und nur seine Arbeit hat ihm Halt gegeben. Dennoch glaube ich nicht, dass mein Vater nun Hand an sich gelegt hat – nicht jetzt!

Sein Tod hat eine schmerzhafte Lücke gerissen. Ein Blick in die Bilanz hat mir weitere schmerzliche Momente beschert sowie die Erkenntnis: Die Brauerei war blitz-blank-pleite. Und was noch schlimmer ist, die Versicherung zahlt nicht, solange ein Selbstmord meines Vaters nicht ausgeschlossen werden kann. Aber ich werde die Brauerei retten und im Familienbesitz halten. *Heute Abend gilt es!*

Ich habe ausgewählte Gastronomen aus der Umgebung zu einem Biertasting eingeladen und müsste mich dringend auf meine Aufgabe als Bier-Sommelière vorbereiten, doch zuvor sollte ich den Hopfen zur Maische geben und noch mal alles aufkochen, damit das Bier seinen typisch-herben Geschmack bekommt.

Während ich die grünen Hopfen-Pellets in die Brühe gebe, streift mein Blick Clarissa, die mich nicht aus den Augen lässt – ihr Blick wirkt merkwürdig leer. Überhaupt gefällt sie mir nicht. Nichts an ihr erinnert an die lebensfrohe junge Frau, die ich kannte, bevor ich nach Illinois gegangen bin. Seit meiner Rückkehr erlebe ich zu meinem Entsetzen eine schmale, tieftraurige und zurückgezogenen Clarissa, die mir nicht sagen will, warum sie sich so verändert hat. Meine Vermutung ist, dass der mir unbekannte Erzeuger ihres zweijährigen Sohnes etwas damit zu tun hat. Doch sie vertraut sich mir nicht an, also schweige ich und warte darauf, dass der Tag kommen wird, an dem sie sich öffnet. Wir hören Schritte, dann biegt Hannes um die Ecke.

»Hey Clarissa. Schön, dass du da bist. Ist Jannis bei deiner Mutter?« Er tauscht mit Clarissa eine herzliche Umarmung und ich fühle den bekannten Stich in meiner Brust.

Clarissa nickt und Hannes dreht sich zu mir. »Romy, ich habe auch gleich die Bierkisten im Shop aufgefüllt. Da war einiges leergeräumt. Läuft gut, oder?«

Was täte ich nur ohne Hannes? Nachdem ich alle Mitarbeiter entlassen musste, hilft er mir, wo und wann er kann. Dankbar lächele ich ihn an. »Ja, der Verkaufsandrang im Shop hat gezeigt, dass die Rechnung aufgeht. Wenn die Tastings jetzt auch angenommen werden … Das muss gut werden heute Abend.«

Clarissa stemmt wieder die Hände in die Hüften und schmunzelt. »Schwäbischer Wurstsalat und Craft-Bier, die Mischung macht's, meinst du?«

»Romy hat recht. Craft-Biere sind hier bei uns wenig bekannt und ihre … ach was sag ich denn, probier nachher einfach selbst eines oder zwei.« Hannes' Augen leuchten begeistert.

»Das lasse ich mir sicherlich nicht entgehen, aber erst die Arbeit, dann das Vergnügen. Der Salat muss in die Kühlung.«

Ich folge Clarissa aus der Brauhalle und überlege, wie ich an sie rankommen könnte. *Ob ich Hannes mal fragen soll, vielleicht weiß er ja mehr?* Clarissa öffnet den Kofferraum ihres Kombis und sofort strömt mir der Duft frisch gebackener Holzofenbrote entgegen.

»Das riecht ja herrlich!« Hannes nimmt ihr eine große Schüssel ab, mir drückt sie eine kleinere in die Hände. Dann greift sie nach zwei Brotkörben und folgt Hannes. Ich betrete als Letzte den Gewölbekeller, den ich zum Taproom umgestaltet habe.

»Ich kann immer noch nicht glauben, wie hell und einladend dieser Keller nach der Renovierung wirkt.« Clarissa bleibt stehen und schaut sich um, obwohl sie nicht zum ersten Mal hier ist.

Ich stelle die Schüssel ab. »Der Raum hat eine ganz andere Wirkung. Es hat sich gelohnt, die Wand entfernen zu lassen. Jetzt sehen die Gäste die Braukessel, werden vielleicht neugierig und … Schwupp, sitzt man an der Theke und kommt miteinander ins Gespräch.«

Voller Stolz streiche ich über die dunkelbraune, mit herrlicher Maserung durchzogene Theke mit der neuen Zapfanlage. Das Holz fühlt sich so samtig an, wie es aussieht. Mein Blick erfasst drei längliche Tische, an denen je zehn Gäste Platz finden. Doch jetzt ist keine Zeit zu verweilen. Mehrmals laufen wir hin und her und schließlich ist alles vorbereitet und eingeräumt.

»Gibt es noch etwas zu tun?«, fragt Hannes, nachdem wir alles vorbereitet haben.

Ich schaue mich um und schüttle den Kopf. »Danke, das war's fürs Erste. Es reicht, wenn du eine halbe Stunde vor Eintreffen der Gäste wieder da bist.«

Nachdem Hannes gegangen und Clarissa wieder in der Küche verschwunden ist, schließe ich die Fassgebinde, die Hannes hergekarrt hat, an die Zapfanlage an. Die anderen zu verkostenden Biere werden in Flaschen ausgeschenkt und lagern in den Kühlschränken hinter der Theke.

Nach wenigen Minuten bin ich fertig. Ich reibe mir die Hände und sehe mich zufrieden um. Die sechs Biersorten, die ich im Tasting ausschenken will, sind vorbereitet und das siebte Bier – das ganz besondere Bier – werde ich eh erst zu später Stunde ausschenken, für den einen ganz besonderen Gast.

Clarissa kommt wieder aus der Küche. »Ich bin auch fertig. Das Brot kann ich erst nachher aufschneiden. Wurstsalat und Kräuterbutter sind in der Kühlung und müssen später umgefüllt werden.« Sie lässt den Blick schweifen, dann nickt sie zufrieden. »Es sieht alles großartig aus. Wenn deine Biere so schmecken wie mein Wurstsalat ...«

»Eingebildet bist du ja gar nicht«, falle ich ihr lachend ins Wort.

Clarissa lacht ebenfalls. Ich freue mich über ihre Unbeschwertheit. Dann schaut sie mich plötzlich kritisch an. »Du ziehst dich aber schon noch um?«

Ich grinse, denn ich weiß, dass ich in meiner uralten Lieblingsjeans, den gelben Gummistiefeln und der abgetragenen Jacke wenig präsentabel aussehe.

»Ich muss erst die Brauhalle putzen. Ähnlich wie in deiner Küche besteht die Hälfte meines Arbeitstages aus Putzen.« Ich mustere Clarissa ebenfalls grinsend.

Als sie meinen Blick bemerkt und fragend guckt, erkläre ich: »Du siehst auch jetzt schon besser aus als ich nach einer Runderneuerung. Also lass uns fertigmachen.« Ich schaue auf die Uhr. »Falls du noch Zeit hast, könntest du schon Besteck und Teller ...«

»Ich weiß, wie ich meinen Job machen muss«, unterbricht mich Clarissa und schüttelt den Kopf. »Geh du mal schön putzen und dann unter die Dusche.«

»Danke, Clarissa.« Ich streiche über ihre Schulter. Es war schwierig gewesen, Clarissa zu überzeugen, das Catering für meine künftigen Veranstaltungen zu übernehmen. Sie ist Monate im Voraus ausgebucht und wenn es nach mir geht, bin ich das auch bald.

»Gern geschehen und du kannst sicher sein, dass es sich für mich auszahlen wird, wenn dein Laden erst brummt.«

Ich ziehe eine Grimasse und verdünnisiere mich.

*

»Nach dem Werre Pale Ale, das Sie gerade genießen durften, stelle ich Ihnen unser Seewald Lambic vor.« Ich trete mit meinem Glas in der Hand in die Mitte des Raumes und betrachte zufrieden die dreißig Gäste, die mir aufmerksam zuhören. Den einen besonderen Gast, der mit säuerlicher Miene am Tresen Platz genommen hat, versuche ich zu ignorieren. Um ihn kümmere ich mich später. Schon als kleines Mädchen habe ich einen Bogen um Alfred Budmann gemacht, der in der Brauerei ein und aus ging und meinem Vater diktierte, wie und welche Biere er zu brauen hatte. Alfred Budmann muss etwas mit seinem Tod zu tun haben. Und das werde ich heute beweisen.

»Zutaten sind auch hier die heimische Gerste, Beeren, die aus dem Umland kommen und natürlich nicht zu vergessen: Malz, Hopfen und Hefe.«

Ich betrachte den Schaum in dem zur Hälfte gefüllten Sensorikpokal. So nennt man die Biergläser, die man zur Verkostung benutzt. »Sie sehen einen wenig verdichteten Schaum, der durch die Beeren eine rötliche Färbung hat.«

Ein Blick in die Runde zeigt mir, dass alle Gäste den Inhalt des Glases einer Musterung unterziehen.

»Auch die Bierfarbe zeigt einen rötlichen Schimmer und eine feine Trübung. Wenn Sie daran riechen, nehmen Sie einen fruchtig-frischen Duft wahr.«

Die Gläser wandern in Richtung Nase und ich sehe zu, wie meine Gäste erst schnuppern, dann miteinander tuscheln.

»Jetzt nehmen Sie einen kleinen Schluck ...« Ich mache es vor und lasse mein Seewald Lambic genießerisch durch die Kehle rinnen. »Was schmecken Sie?« Ich wende mich meinen Gästen zu.

»Es prickelt auf der Zunge.« – »Spritziger Geschmack.« – »Sehr fruchtig.« – »Man schmeckt tatsächlich die Beeren heraus«, sind nur einige der Kommentare, die mir zugerufen werden.

Ich nicke zufrieden. »Es handelt sich um einen sogenannten moussierenden Antrunk auf der Zunge. Das Bier erzeugt ein weiches Mundgefühl mit Fruchtnote und leichter Säure. Im Abgang zeigt sich das Bier mit einer feinen Adstringenz ... Man schmeckt es bis zum Schluss.«

Das Biertasting läuft besser als gedacht. Die Leute sind begeistert und nur der Griesgram Budmann wirft ab und zu einen unpassenden Kommentar ein, den ich aufgreife und in die richtige Bahn lenke.

Ich gebe den Gästen Zeit, sich mit dem Seewald Lambic zu beschäftigen, und beantworte die Fragen, die mir gestellt werden. Nach einer weiteren Verkostung meines Rührberg Stouts bitte ich die Gäste zum schwäbischen Buffet und meine Mannschaft reicht ihnen das Bier ihrer Wahl.

*

Gegen 23 Uhr machen sich die letzten Gäste auf den Heimweg, nur Budmann sitzt immer noch am Tresen. Ich bin zufrieden mit dem Verlauf des Abends und um einige Erfahrungen und dutzende Bestellungen reicher. Fast alle Gastwirte werden meine Craft-Biere zum Testen auf ihre Karte setzen. So kann es weitergehen.

»Clarissa, Hannes, lasst alles stehen, jetzt gönnen wir uns erst mal selbst ein Gläschen Bier.« Ich stelle mich hinter die nigelnagelneue Zapfanlage und bediene den einen Zapfhahn, der bisher nicht zum Einsatz gekommen ist. Mein ganzer Stolz, das ganz besondere Bier, das ich niemals vorher ausgeschenkt habe.

»Also, ich weiß ja nicht, irgendwie schmecken mir deine Biere nicht. Mir fehlt es an der Würze.« Budmann hebt sein Bierglas und schwenkt es.

Er sollte es eigentlich besser wissen, Biere schwenkt man nicht – ich wende mich angewidert ab. Angewidert auch deshalb, weil Budmann mich mit seiner ungepflegten Erscheinung, unrasiert, mit den langen strähnigen Haaren, der schmuddeligen Kleidung und dem säuerlichen Duft, anekelt.

»Craft-Biere sind im Kommen. Du wirst staunen, was sich hier in den nächsten Monaten verändern wird.« Ich zapfe ihm ein Glas von meinem Hoba-π-Nat und stelle es vor ihn hin. »Versuch dieses Craft-Bier, das hat eine ganz spezielle Note. Mal sehen, ob du es herausschmeckst.«

Er grunzt, stopft sich eine weitere Gabel Wurstsalat in den Mund und spült alles mit dem Hoba-π-Nat hinunter. So wird er niemals das besonders feine Aroma schmecken, aber das kommt mir eigentlich sehr gelegen.

Ich zapfe zwei weitere Biere und stelle sie vor Clarissa und Hannes ab, dann eines für mich. Beide heben die Gläser an und betrachten erst den Schaum, die Farbe und nippen daran, genau so, wie sie es gelernt haben.

»Schmeckt nach …«

Mit einem Husten unterbreche ich Hannes und er hebt irritiert den Kopf und fragt: »Ist salzig im Abgang?«

Ich nicke und beobachte aus dem Augenwinkel, wie mein ungebetener Gast sich den Hemdkragen lockert. Schnell lenke ich Hannes und Clarissa ab: »Was meint ihr, ob der Klöckner vom Sternelokal doch eine Bestellung abgibt? Geschmeckt hat es ihm, das hat man gemerkt, aber irgendwie ziert er sich noch.«

»Ich denke schon. Er hat genau beobachtet, wer alles bestellt hat. Mein Catering hat es ihm auch angetan.« Clarissa wirkt zufrieden.

»Romy ... Ro-my«, röchelt Budmann. »Hast du mir was ins Bier getan?«

Ich drehe mich zu ihm. »Ja, ein tödlich wirkendes Gift.«

Hannes springt vom Hocker, ich ignoriere ihn, schaue gelangweilt auf meine Uhr und wende mich wieder an Budmann. »Du hast genau sechs Minuten, in denen du gestehen kannst, was du meinem Vater angetan hast. Danach ist es zu spät. Also überlege nicht zu lange.« Ich hebe die Hand und schwenke eine Ampulle.

»Romy!« Hannes greift nach meiner Hand und will mir die Ampulle entreißen. »Was hast du getan?«, zischt er mir zu.

Ich beuge mich nach vorn. »Nichts, Herr Kriminalhauptkommissar, warte einfach ab. Vertrau mir«, schiebe ich flüsternd nach, nachdem er den Griff an meiner Hand nicht lockert.

Er schnaubt, lässt zögernd meine Hand los und starrt mich ebenso sprachlos an wie Clarissa.

Ich wende mich wieder an Budmann. »Fünfeinviertel Minuten. Also, was hast du meinem Vater angetan?«

Budmann ist inzwischen krebsrot angelaufen und röchelt mehr, als dass er Luft bekommt. Er sagt ein Wort, japst dann und legt den Kopf auf den Tresen.

»Ich höre dich so schlecht. Trink noch einen Schluck.« Ich schiebe das Glas näher, er hebt den Kopf, greift danach und blöd wie er ist, leert er es in einem Zug.

»Ich habe ... deinem ... Vater nichts angetan ...« Wie ich mir erhofft habe, fängt er an zu reden – mehr schlecht als recht. Wir müssen uns die Sätze aus den einzelnen Wortfetzen zusammenbasteln. Nach kurzer Zeit ergibt sich dann folgendes Bild: Budmann, der jahrelang vergeblich versucht hat, die Brauerei zu übernehmen, hat meinem Vater sämtliche Liefer-Verträge gekündigt, nachdem dieser sich geweigert hatte, ihm die Brauerei zu verkaufen. Mein Vater, der auf diese Verträge angewiesen gewesen war, war daraufhin in die Krise gerutscht.

»Glaub ... mir ... dein Vater ... es tut mir alles leid ... mein bester Freund.« Budmann reibt sich verzweifelt über das Gesicht.

»Drei Minuten!«, sage ich emotionslos und warte, ob noch was nachkommt. Denn *das*, was er schildert, ist nicht *das*, was ich mir erhofft habe.

»Gut ... ich gebe es zu ...« Budmann erzählt stockend von einem Segeltörn von vor über zwanzig Jahren. Hannes stellt sein Handy auf Tonaufnahme und protokolliert damit alles. Ob er es verwenden kann, weiß ich nicht, aber das ist mir auch egal – nicht egal ist mir allerdings, was Budmann da erzählt: Er hatte ein Verhältnis mit meiner Mutter, das diese beenden wollte. Budmann war ihr an die Ostsee gefolgt, wo es zu einem Streit kam, infolgedessen sie über Bord ging. Er hat alles so hingedreht, dass es aussah, als wäre meine Mutter, wie so häufig allein beim Segeln, dieses Mal eben nicht zurückgekommen.

»Romy ... bitte gib ... mir das Gegengift«, ringt er nach Worten und ich gehe um den Tresen herum und greife in seine Jackentasche.

Nichts – Mist! Mir wird eiskalt, mein Puls hämmert bis zum Hals. Hektisch wühle ich in seiner anderen Tasche. *Er wird doch nicht!* Mir wird schlecht, aber da ... endlich ertaste ich den Gegenstand, den ich suche. Vor Erleichterung schießen mir die Tränen in die Augen. *Gott sei Dank!*

Ich reiche ihm sein Spray. »Hier! Nimm dein Asthma-Spray. Du hast nur eine allergische Reaktion. Dem Bier sind Erdnüsse zugesetzt.« Ich atme mehrmals ein, mein Puls beruhigt sich allmählich und ich sehe zu, wie Hannes aufsteht und – wieder ganz Kriminaler – vor Budmann tritt, der verzweifelt mit seinem Spray hantiert. Budmanns Atmung normalisiert sich erstaunlich schnell.

»Herr Budmann, ich nehme Sie hiermit fest unter dem Verdacht der Tötung von ...« Ich höre kaum zu, wie Hannes Budmann über seine Rechte aufklärt und ihm klarmacht, was ihn zu erwarten hat. Die Erkenntnis trifft mich wie ein Keulenschlag: Meine Mutter wurde Opfer eines Verbrechens, mein Vater aber nicht.

Ich sehe Hannes zu, der zu seinem Handy greift und einen Streifenwagen anfordert. Nachdem Budmann eine halbe Stunde später abgeführt worden ist, lasse ich mich kraftlos auf einen Hocker vor dem Tresen sinken.

»Hast du eine Macke? Ich habe fast einen Herzinfarkt bekommen.« Hannes ist wütend, dennoch streicht er über meinen Oberarm und ich fühle das wohlbekannte Kribbeln.

»Das war ganz schön riskant«, legt Clarissa nach.

Ich senke den Kopf. Hätte Budmann tatsächlich sein Spray vergessen, hätte ich ganz schön alt ausgesehen.

»Auf den Schreck brauche ich jetzt erst mal was zu trinken.« Hannes umrundet den Tresen, nimmt sich ein frisches Glas und zapft sich ein Hoba-π-Nat. Dabei sieht er mich nachdenklich an.

»Romy, es gibt keinen einzigen Hinweis, dass dein Vater nicht allein auf der Brücke war. Warum bist du also der Meinung, dass er keinen Selbstmord begangen hat?« Hannes beobachtet, wie das Bier ins Glas rinnt.

»Mein Vater hat mich zwei Tage vor seinem Tod angerufen und mich gefragt, wann ich endlich nach Hause komme. Er müsse mir dringend die neue Frau in seinem Leben vorstellen. Sie gebe seinem Leben wieder Sinn und er wolle nun offiziell mit ihr leben, was immer das heißen sollte. Er wirkte so glück...« Neben mir rutscht Clarissa vom Hocker und kauert wie ein Häufchen Elend auf dem Fußboden. Die Tränen laufen ihr wie Sturzbäche über die Wangen.

»Clarissa?« Ich knie mich neben sie auf den Boden. »Was ist denn?«

»Ich ... wir hatten einen entsetzlichen Streit. Dein Vater und ich ...«, murmelt sie so leise, dass ich Mühe habe, sie zu verstehen. »Seit Jahren bitte ich ihn darum, dass er zu mir und Jannis steht, aber er ...« Sie bricht ab und wird von einem Weinkrampf geschüttelt.

Ich lasse mich auf meinen Hosenboden sinken und versuche zu verstehen. »Du ... du warst die neue Frau in seinem Leben? Aber ... wie lange schon?«

Clarissa schluchzt. »Seit fünf Jahren. Es ... ist einfach ... so passiert. Wir nahmen es erst gar nicht so ernst, doch irgendwie ist immer mehr draus geworden, dann wurde ich schwanger. Jannis kam auf die Welt und dein Vater hatte solche Bedenken wegen des Altersunterschieds und was die Leute sagen würden ...«

»Hast du ihn umgebracht?«, frage ich und bereue sofort, da Clarissa wie ein waidwundes Tier aufjault: »Nein! Es war ein Unfall. Ein entsetzlicher Unfall. Glaub mir bitte!«

Hannes und ich warten schweigend ab. Es dauert eine Weile, bis sich Clarissa ein wenig gefasst hat. »Er passte mich nachts nach einem Catering auf der Brücke über die Autobahn ab. Er ahnte wohl, dass ich über den Feldweg von Korntal nach Münchingen fahren würde. Ich hatte mich eine Woche zuvor von ihm getrennt, weil wir uns nur noch gestritten haben. Er warf mir etwas durchs Fenster zu. Ich brüllte ihn an und warf es zurück ... er wollte es fangen ...« Clarissa bricht ab und es dauert geraume Zeit, bis sie in der Lage ist, weiterzureden. »Er verlor ... das Gleichgewicht ... und stürzte über das Brückengeländer in die Tiefe. Ich rannte zur Brüstung, da kam der LKW ...« Clarissa schlägt die Hände vors Gesicht. Ich rutsche zu ihr und nehme sie in den Arm. Sie wimmert vor sich hin.

»Hast *du* den Notruf getätigt?« Hannes kommt zu uns und streicht Clarissa tröstend über die Schultern. Gemeinsam reden wir beruhigend auf sie ein. Schließlich ist sie in der Lage, Hannes' Frage zu beantworten: »Der LKW ist einfach weitergefahren. Ich war erst wie erstarrt. Dann bin ich auf die Autobahn gefahren und habe an der Notrufsäule den Anruf abgesetzt. Was ich danach gemacht habe, weiß ich nicht mehr. Ich erinnere mich erst wieder, dass ich zu Hause am Küchentisch saß und Jannis aufgewacht ist.« Clarissa sucht Hannes' Blick. »Bin ich jetzt auch verhaftet?«

Hannes schüttelt den Kopf. »Es gibt keinen Grund dazu. Allerdings musst du deine Zeugenaussage zu Protokoll geben.« Hannes zögert kurz. »Wir haben neben der Leiche ein Geschenk gefunden, in dem sich ein Hausschlüssel befand. Keiner wusste, was es damit auf sich hat.«

Clarissa bricht wieder zusammen und ich habe die nächsten Stunden damit zu tun, meine beste Freundin zu trösten und die

Wahrheit zu begreifen. Wie gut, dass Hannes nicht von meiner Seite weicht. Gemeinsam bugsieren wir sie ins Haus. Schließlich schläft sie auf dem Sofa im Wohnzimmer ein.

Wie sie so daliegt, mit verquollenen Augen und Tränenspuren auf den Wangen, lässt auch bei mir die Selbstbeherrschung nach und endlich ergießen sich auch bei mir die Tränen, die bisher nicht fließen wollten. An das geplante Aufräumen ist nicht mehr zu denken, denn Hannes meint aus heiterem Himmel, das Leben sei zu kurz, um länger Zeit zu vergeuden.

So erfahre ich ganz nebenbei am eigenen Leib, dass mein Hoba-π-Nat wohl auch eine aphrodisierende Wirkung hat.

Original schwäbischer Wurstsalat

Für 4 Personen

Zutaten:
2 Zwiebeln
350 g Fleischwurst
350 g luftgetrocknete Schwarzwurst
5 Essiggurken
60 ml (3 EL) Alb-Bier- oder Apfelessig
50 ml (2 EL) Gurkenwasser
1 EL Senf
70 ml (3 1/2 EL) Öl
1-2 EL Zucker
Salz und weißer Pfeffer aus der Mühle

Zubereitung:
Der schwäbische Wurstsalat wird als einziger Wurstsalat traditionell mit 2 Wurstsorten zubereitet, der Fleischwurst und der Schwarzwurst. Dazu schmeckt Bier, Wein und frisches Bauernbrot.
1. Die Zwiebeln enthäuten und in dünne Ringe schneiden. Beide Wurstsorten ggf. enthäuten und in Streifen schneiden. Die Gurken in dünne Scheiben schneiden.
2. In einer hohen Schüssel Essig, Gurkenwasser und den Senf mit einem Schneebesen vermischen. Das Öl gleichmäßig unter das Dressing mixen. Mit Zucker, Salz und Pfeffer abschmecken.
3. Die geschnittene Wurst in der Schüssel mit dem Dressing vermengen und ca. 3 Stunden durchziehen lassen. Am besten 2 Stunden im Kühlschrank und die letzte Stunde bei Zimmertemperatur.
Zubereitungszeit: 15 Minuten.

Bierbrot

Zutaten für 3 Brote à 750 g:
700 g Weizenmehl Type 1050
300 g Roggenmehl Type 1150
20 g Hefe
25 g Salz
150 g Kartoffelflocken
20 g Natursauerteig getrocknet
500 ml Bier
400 ml Wasser

Zubereitung:

Alle Zutaten in der Knetmaschine zu einem Teig kneten. Den Teig zwei Stunden gehen lassen. Nun in drei gleichgroße Stücke teilen und zu länglichen Broten formen.
Die Brote nochmals für ca. 10 Minuten ruhen lassen und umgedreht in den Ofen schießen. (Das heißt beim Brotbacken tatsächlich so und ist hier in der Krimigeschichte dann ein gutes Schlusswort.)

Schießen Sie also das Brot ein und genießen Sie es später noch warm. Guten Appetit!

ANGELIKA WESNER

Verhängnisvoller Besuch

Weilerstoffel

Die Leiche lag auf den kalten Fliesen in der Diele. Ihr Kopf war weit über den Nacken nach hinten gestreckt, der Körper unnatürlich verdreht. Braune Augen glotzten ins Leere. Martha ging in die Hocke, um die Tote zu betrachten. Ein Ausdruck namenlosen Entsetzens hatte sich in das graue Gesicht eingemeißelt. Am Hals klaffte eine tiefe Wunde. Das bedauernswerte Wesen hatte bis zu seinem letzten Atemzug Qualen erlitten.

Marthas Mitleid hielt sich in Grenzen. Letztlich hatte das dumme Ding seine Ermordung provoziert. Rotzfrech hatte es sich in fremdes Territorium gewagt, und – was anzunehmen war – Verbotenes vernascht. Wer begehrte, was ihm nicht gehörte, musste mit Vergeltung rechnen. So etwas tat man nicht.

»Das hast du davon«, murmelte sie der Toten zu. Langsam richtete sie sich auf. Beim Anblick des blutigen Leichnams konnte sie den aufkommenden Würgereiz kaum unterdrücken. Sie lehnte sich an den Garderobenschrank, schloss drei, vier Sekunden lang die Augen und atmete tief durch. Ein Mord! In ihrem Haus! Sie brauchte Zeit, um sich mit dieser Tatsache abzufinden. Angestrengt dachte sie nach. Die Leiche musste schnellstens verschwinden. Doch Martha gruselte die Vorstellung, die langsam erstarrenden Gliedmaßen des Opfers anfassen zu müssen. Möglicherweise hing der Kopf nur noch an ein paar Fasern am Rumpf? Die Fleischwunde am Hals war tief ... Sie würde die Tote in einen Plastiksack wickeln, um sich nicht mit ihrem Blut zu besudeln.

Wie rasch konnte sich doch das Blatt im Leben wenden! Martha betrachtete das lange Messer in ihrer Hand. An der Klinge klebten faserige, rötliche Überreste. Sie war von den Ereignissen überrannt worden und jetzt hatte sie ein Riesenproblem. Zu allem Übel läutete es in diesem Moment an der Haustüre.

»Heidebimbam«, brummte sie genervt und öffnete. Vor ihr stand eine gepflegte Dame mittleren Alters. Sie hielt einen üppigen Blumenstrauß im Arm. Als sie Marthas Messer erblickte, wich sie erschrocken zurück. Gleichzeitig entfuhr ihr ein erstickter Schrei. Zitternd deutete sie auf die Tote.

»Was ist das?«, wisperte sie.

»Siehst du das nicht selber?«, antwortete Martha ruppig. Sie ärgerte sich über ihre Nachbarin, die im denkbar ungünstigsten Moment aufgekreuzt war. Zeugen wie diese Tratschtante waren das Letzte, was sie gebrauchen konnte. Mit einem knappen Dank riss sie den Blumenstrauß an sich. Sie wollte schnellstmöglich die Haustüre schließen, damit die Nachbarin nicht auf die Idee kam, eintreten zu wollen. Doch Hildegard ließ sich nicht abwimmeln.

»Wie konnte das passieren?«, piepste sie, noch immer schreckensstarr.

»Das spielt keine Rolle. Ich muss die Leiche wegschaffen, bevor Klaus mit dem Hund nach Hause kommt. Kannst du mir helfen?« Bedauernd schüttelte Hildegard den Kopf. »Es tut mir leid, mein Mann wartet im Auto«, stammelte sie. »Ich wollte dir nur rasch den Strauß vorbeibringen, um den du mich gebeten hattest.« Ihr Gesicht wirkte versteinert. Mühsam riss sie ihren Blick von der Leiche. Auf dem Absatz machte sie kehrt und eilte durch den Vorgarten davon.

»Warte«, rief Martha hinterher. »Du musst mir versprechen, dass du niemandem davon erzählst.«

Hildegard blieb auf halbem Weg stehen und drehte sich um. Ihre Mimik hatte sich in pure Abscheu verwandelt. Sie presste die Lippen zusammen, zuckte die Schultern und hastete kopfschüttelnd zum Wagen, in dem ihr Gatte hinter dem Steuer saß.

»Ich wette darauf, dass die ihrem Kriminalpolizisten a.D. gleich brühwarm berichten wird, was geschehen ist«, dachte Martha. Hans-Heinrichs Interesse an Mord und Totschlag war auch im Ruhestand ungebrochen. Die beiden würden sich das

Maul verreißen über Martha, die in der Nachbarschaft für ihre schwäbische Reinlichkeit und Tugend bekannt war.

Genervt betrachtete sie das bedauernswerte Opfer auf den Fliesen. Diese Bluttat brachte ihren ganzen Tagesplan durcheinander. Fürs Erste fühlte sie sich unfähig, konkret zu handeln. Sie musste überlegen, das schauderhafte Ereignis sacken lassen. In der Spüle stapelten sich verklebte Schüsseln, Teller und leere Schmandbecher. Sie wusch das Geschirr ab und warf die ausgespülten Plastikbecher in den Wertstoffeimer. Die Handgriffe vermittelten ihr ein Gefühl von Normalität, das tat gut. Es half ihr zu vergessen, was in der Diele geschehen war. Zumindest für den Moment.

Nachdem sie sich ein wenig beruhigt hatte, sah sie sich um. Auf der Anrichte stand der saftige Rhabarberkuchen nach dem Rezept von Tante Luzia aus Weilerstoffel. Martha lief das Wasser im Mund zusammen. Gleichzeitig runzelte sie ärgerlich die Stirn. Alles war bestens vorbereitet für die Kaffeetafel – wäre da nicht diese Tote in der Diele. Ihr Anblick würde Klaus den Appetit verderben.

An der Spüle drehte sie den Hahn auf und ließ heißes Wasser über das Messer fließen. Sie nahm einen Schwamm und schrubbte die Klinge sauber. Gedankenverloren sah sie den Schaumbläschen des Spülmittels hinterher, die gurgelnd im Ablauf verschwanden und mit dem Abwasser die Reste mit sich rissen, die an der Klinge geklebt hatten. Sie sann über Klaus nach. Seit Wochen verheimlichte er ihr etwas, daran gab es keinen Zweifel. Grimmig zog sie ihre Lippen ein. Über ihrer Nase bildete sich eine steile Falte. Sie griff nach der Flasche mit Scheuermilch, um das Spülbecken gründlich zu reinigen. In jüngster Zeit hatte sich ihr Gatte merkwürdig benommen. Abends nach der Arbeit beschäftigte er sich oft mit seinem Smartphone. Saß da mit verklärtem Lächeln und tippte auf dem Ding herum. Hakte Martha nach, was er Wichtiges zu schreiben habe, gab er ausweichende Antworten.

Am vergangenen Sonntag war sie Zeugin eines Telefongespräches geworden. Sie war früher als gedacht von der Kirche gekommen. Im Wohnzimmer stand Klaus mit dem Rücken zu ihr. Er hatte das Handy am Ohr und bemerkte sie nicht.

»Ja, das wäre wunderbar«, säuselte er mit einer seltsam weichen Stimme ins Telefon. Er lauschte und gab plötzlich ein genussvolles »hmmmm« von sich. Martha schüttelte überrascht den Kopf. Seit 23 Jahren war sie mit diesem Mann verheiratet. Klaus hasste Telefongespräche. Er verfiel nie in einen Plauderton, schon gar nicht in einen, der sich anhörte, als flirtete er. Beim nächsten Satz verschlug es ihr den Atem.

»Ach du, ich freu mich, wenn wir uns endlich wiedersehen«, flötete er. »Ja, Schätzle, so machen wir es. Bis dann!«

Hatte Klaus einen Kuss in das Mobiltelefon gehaucht? Das schlug dem Fass den Boden aus! Martha spürte eine bodenlose Wut in sich. Mit einem vernehmlichen Räuspern trat sie an ihren Mann heran. Der zuckte zusammen und drehte sich um.

»Oh, du ... du bist schon wieder da?«, stammelte er.

»Wie du siehst.« Sie kniff die Augen zu schmalen Schlitzen zusammen. »Wer war das?«

»Was ... ach so!« Nachlässig winkte er ab. »Ist nicht wichtig.« Damit schien die Sache für ihn erledigt zu sein. Er ging an seiner Frau vorbei hinaus auf die Terrasse. Dort setzte er sich seelenruhig in einen der Gartenstühle, schlug die Beine übereinander und widmete sich der Sonntagszeitung. Aber Martha ließ sich nicht abspeisen. Zornentbrannt stapfte sie ihm hinterher und riss ihm die Zeitung aus der Hand.

»Mit wem hast du gesprochen?«

Klaus war irritiert. Selten erlebte er Martha so wütend. »Ich verstehe nicht, was du meinst.« Seine Stimme klang zittrig.

»Lügner!«, kreischte Martha zurück. »Wer ist diese Frau? Und warum nennst du sie Schätzle?«

»Es ist nicht, wie du denkst«, beteuerte Klaus. Fieberhaft schien er nach einer Erklärung zu suchen. Dann fiel sie ihm ein. »Schätzle heißt die neue Kollegin, die ich zurzeit einlerne. Sie hatte eine geschäftliche Frage.«

Martha schnaubte. »Am Sonntag?« Diese Ausrede war lächerlich. Sie war darüber derartig aufgebracht gewesen, dass sie ihren Gatten drei Tage lang mit eiskalter Ignoranz gestraft hatte.

Seine zaghaften Schlichtungsversuche waren im Sand verlaufen. Erst als er am Donnerstag vorschlug, die Kollegin zum Sonntagskaffee einzuladen, brach Martha ihr Schweigen. Wenn sie es genau bedachte, erschien ihr die Einladung als ein guter Plan. Sie wollte sehen, wie ihr Mann mit dieser Person umging, sie ansah, mit ihr sprach. Vor allem sollte Frau Schätzle *sie* kennenlernen! Die Erinnerung an die Ereignisse der vergangenen Tage zeichnete ein bitteres Lächeln auf ihre Lippen, während sie das Messer abtrocknete und in die Schublade räumte. Wenn Klaus eine Affäre hatte, sollte damit jetzt Schluss sein.

Sie holte das Kaffeegeschirr aus dem Küchenschrank und stellte es auf ein Tablett. Zur Feier des Tages wählte sie das edle Porzellan, welches Klaus ihr zum 20. Hochzeitstag geschenkt hatte. Mit geübtem Griff öffnete sie die am Rücken verknoteten Bänder ihrer Küchenschürze und hängte diese an einen Haken hinter der Küchentüre. Darunter kam ihr neues Sommerkleid zum Vorschein. Sie hatte es extra für den heutigen Tag in ihrer Lieblingsboutique in Süßen gekauft. Heute wollte sie umwerfend schön sein. Für Klaus.

Mit dem Servierbrett in den Händen verließ sie die Küche. An der Türe stutzte sie einen Augenblick, als ihr bewusst wurde, dass sie die Schürze zu früh abgelegt hatte. Sollte sie ihr hübsches Kleid vorsichtshalber nicht besser ausziehen? Das Drecksgeschäft, das ihr bevorstand, war in Gummistiefeln und einer uralten Jeans besser zu erledigen. Sie würde die Leiche begraben müssen, hinten im Garten, beim Fliederbusch. Ein tiefes Loch musste sie schaufeln, damit keine Tiere sie wieder herausscharren konnten. Während sie darüber nachdachte, deckte Martha den Kaffeetisch auf der Terrasse und drapierte Hildegards Blumenstrauß in einer Vase.

Anschließend ging sie in den Keller und tauschte das Kleid gegen Gartenklamotten. Sie konnte die abscheuliche Aufgabe nicht mehr länger aufschieben. Entschieden eilte sie in die Diele und beugte sich über die Tote. Plötzlich nahm sie hinter sich eine Bewegung wahr. Sie erstarrte, drehte sich langsam um. Keine zwei

Schritte von ihr entfernt erblickte sie den düsteren Kerl. Sein Haar war pechschwarz und hing in zerzausten Zotteln herab. In den grünen Augen, die sie durchdringend musterten, lag pure Mordlust. Seine Körperhaltung verriet höchste Anspannung. Er schien abzuwägen, ob er Martha mit einem Schlag überwältigen solle. Schon duckte er sich, als wollte er zum Sprung ansetzen.

»Mörder«, hauchte Martha. Die überraschende Ansprache verdutzte den Eindringling. Er gab einen seltsamen Laut von sich und richtete sich auf. Dabei bleckte er die Zähne. Eine rosafarbene Zunge fuhr über den schwarzen Bart. Martha hielt seinem lauernden Blick stand. Langsam kam der Kerl auf sie zu. Er strich geschmeidig um ihre Waden und miaute vorwurfsvoll.

»Nein, Emilio, ich mache keine Dose für dich auf. Nicht bevor du die Maus weggeräumt hast!« Sie deutete auf die Tote. Die Pupillen des Katers weiteten sich. Er stieß ein blutdürstiges Knurren aus, packte seine Beute und verschwand mit einem Satz durch die Katzenklappe ins Freie. Martha atmete auf. Warum musste Emilio ihr ständig solche »Geschenke« bringen? Sie war erleichtert, dass er das Problem mit der Leiche erledigt hatte. Ob tot oder lebendig, sie hatte eine entsetzliche Angst vor Mäusen und wagte es nur im äußersten Notfall, sich ihnen zu nähern.

Mit einem feuchten Küchentuch wischte Martha die letzten Blutspuren in der Diele weg. Vor der Türe hörte sie Stimmen. Klaus kam nach Hause. Er war in Begleitung einer groß gewachsenen, jungen Dame. Schlank war sie, mit langen, hellbraunen Haaren. Ein ausgesprochen attraktives Mädel, höchstens 20 Jahre alt.

»Aber ...«, Martha fehlten sie Worte, »du bist doch in Australien?«

»Jetzt nicht mehr, Mama«, antwortete die Tochter lachend.

»Unser Schätzle ist von Perth nach London geflogen und heute Vormittag in Stuttgart gelandet«, ergänzte Klaus und schmunzelte. Zerknirscht dachte Martha an die Szene, die sie ihrem Mann gemacht hatte. Er schien ihre Gedanken zu lesen.

»Beinahe wäre die Überraschung geplatzt, als du mich beim Telefonieren erwischt hast. Zum Glück fiel mir die Notlüge von der neuen Kollegin ein.« Mit tadelndem Blick sah er seine Frau an. »Hätte ich geahnt, dass du dir daraus eine Affäre zusammenreimst ...«

Wie rasch konnte sich das Blatt wenden! An diesem Nachmittag schmeckte Martha der Rhabarberkuchen, den sie mit dem langen Küchenmesser akkurat in zwölf Stücke zerteilt hatte, besser als je zuvor. Auch Kater Emilio bekam ein Fitzelchen ab, das er mit seiner rauen Zunge von ihrer Fingerspitze schleckte.

Rhabarberkuchen

Zutaten:
Mürbeteig:
200 g Butter
200 g Zucker
3 Eigelb
4 EL Milch
1 TL Backpulver
400 g Mehl

Belag:
2 Becher Schmand
2 EL Puddingpulver Vanille
150 g Zucker
2 Eigelb

Weitere Zutaten:
1.000 g Rhabarber (oder Stachelbeeren)
4 EL Mutschelmehl
3 EL Zucker
200 g Marzipan
4 Eiweiß, 200 g Zucker

Zubereitung:
Alle Zutaten für den Mürbeteig mit den Händen verkneten und auf ein Backblech legen. Die Ingredienzien für den Belag zu einer Masse verrühren und über den Teig streichen. Den Rhabarber (oder die Stachelbeeren) mit dem Mutschelmehl und 3 EL Zucker vermengen und auf die Schmandmasse geben. Eine halbe Stunde bei 175 Grad backen. Danach aus dem Ofen nehmen und mit dem geraspelten Marzipan bestreuen. Eiweiß steif schlagen und 200 g Zucker einrieseln lassen. Über den Kuchen geben und bei 150 Grad nochmals eine halbe Stunde backen. Ein herrlich erfrischender Sommerkuchen!

MAREIKE FRÖHLICH

Rauschenbecks Mauser

Dettingen unter Teck

Veränderung, das war Friedhelms neues Mantra. Schließlich musste jeder Mann in einem gewissen Alter eine Veränderung durchleben, sonst war das Leben vorbei. Das hatte Friedhelm schließlich oft genug in seinem Umfeld erlebt. Hand ans Herz gepresst, Augen verdreht und aus die Maus. Meist nahmen die Notärzte nicht einmal mehr die Mühen der Anreise auf sich, sondern schickten gleich den Leichenwagen.

Was war das auch für ein Leben? Der Alltagstrott hatte den Mann in den besten Jahren fest im Griff. Routine ohne Abwechslung. Ohne Salz oder Zucker, ohne Glückseligkeit. Beinah hätte dieses Schicksal auch Friedhelm ereilt, doch die Kündigung eines Angestellten seines Restaurants hatte alles verändert. Plötzlich war die Stelle des Sous Chefs freigeworden. Natürlich hatte das noch nichts verändert – das kam erst durch Valerie, die sich für die Stelle beworben und direkt im Anschluss Friedhelms Leben mächtig auf den Kopf gestellt hatte. Mit ihr fühlte er sich jung und tatendurstig. Mit ihr würde er im Sonnenuntergang über jeden Acker hoppeln. Mit seinem *französischen* Häschen.

Der Tatendrang wurde nicht nur mit *Gehoppel* gestillt, sondern vor allem in der Küche des Rauschenbecks. Auch die brauchte eine Veränderung. Gutbürgerlich konnte schließlich jeder. Und er, Friedhelm von Rauschenbeck, war zu Höherem berufen. Die Leute hier in diesem Kaff, vor den Toren der Großstadt, würden sich umschauen. Schluss mit gehobenem gutbürgerlichem Einheitsbrei, auf den Elsbeth, seine Noch-Ehefrau, immer bestand. *Cuisine française* hieß das magische Wort.

Von überallher würden sie kommen, Hunderte von Kilometern auf sich nehmen, um seine Küche genießen zu dürfen. Das war das neue Lebensgefühl. Das war es, was die Leute wollten. Und Friedhelm würde es ihnen geben – mit Valerie an seiner Seite.

Sicher, Elsbeth sah das anders. Aber Elsbeth ... das war auch ein Punkt, der verändert werden musste. Er konnte immer noch nicht nachvollziehen, warum er damals gemeinsam mit ihr – seiner zukünftigen Ex-Ehefrau – das Rauschenbecks eröffnet hatte. Sie konnte nichts. Rein gar nichts. Würde sie in der Küche agieren, dann würden die Gäste von heute auf morgen ausbleiben oder mit Vergiftung in der Notaufnahme landen.

An Gift hatte er natürlich als Erstes gedacht. Aber das war zu einfach. Also zu einfach nachzuvollziehen. Die Polizeibeamten würden sofort den Ehemann einkassieren. Das hatte auch Valerie gesagt. Geschickteres Vorgehen war gefragt.

Jedoch mussten sie sich zuerst um das Rauschenbecks kümmern, um dessen kulinarische Verjüngung. Friedhelm hatte den Azubi beauftragt, alles einzukaufen und vorzubereiten. Den anderen Angestellten hatte er fünf Tage freigegeben, damit er gemeinsam mit seinem *Häschen* die zukünftigen Gerichte in Ruhe probekochen konnte.

Einen Unfall in der Küche ... natürlich hatte er einen solchen in Betracht gezogen. Eine undichte Gasleitung, in einer Ecke ganz zufällig eine brennende Kerze und ... Schluss, Ende, aus! Aber wie hätte er Elsbeth in die Küche locken sollen? Wo sie sich doch einen Scheiß um die Arbeit scherte! Zudem hätte er erklären müssen, warum er selbst nicht zugegen war, während seine zukünftige Ex-Frau von der Explosion in Fetzen gerissen wurde. Darüber hinaus würde sein geliebtes Rauschenbecks in Schutt und Asche liegen. Natürlich würde die Versicherung für den Schaden aufkommen und damit die optische Verjüngung des Restaurant bezahlen, aber wenn er an den riesigen Haufen Papierkram dachte, wurde ihm schlecht.

Friedhelm schaute auf die Uhr. Valerie war zu spät. Er lächelte. Das kannte er schon.

»Es ist so viel reizvoller, wenn man es etwas hinauszögert. Das steigert die Lust«, hatte sie gesagt. Mit französischem Akzent versteht sich. Und ja – das konnte er bestätigen, auch wenn es manchmal wirklich schmerzhaft für seine Lenden war. Aber war nicht gerade das der Reiz am jungen Gemüse? Friedhelm hatte also in den letzten Wochen und Monaten gelernt auszuharren und den Schmerz zu genießen. Ja, er konnte warten. Anders als bei Elsbeth. Da handelte es sich um wahre Pein. Der Schmerz ihrer Anwesenheit ... ihrer ganzen Existenz ... war nicht mehr auszuhalten.

Friedhelm ging in den Kühlraum, holte Suppengrün, Gemüsezwiebeln, Kräuter und Orangenmarmelade. Er würde alles vorbereiten und wenn seine Valerie kam, konnten sie kochen, essen und ... hach. Sein *Häschen* hatte so viel zu bieten. Witz, Intelligenz und einen Körper ... *mon dieu*. Da wurde Mann einfach schwach.

An Elsbeths Schwäche hatte er ebenfalls appelliert und ihr Geld angeboten. Der sicherste Weg. Welche Frau konnte dazu schon Nein sagen?

Doch, das verstand Friedhelm bis heute nicht, Elsbeth hatte nur gelacht. Dazu hatte sie ihm einen Kuss auf die Wange gehaucht und geflüstert: »Falsch gedacht, mein Liebster, so einfach wirst du mich nicht los.«

»Aber du hast noch nie etwas für das Rauschenbecks getan. Er wäre nur fair ...«

»Fair?« Ein hysterisches Kichern hatte ihre Kehle verlassen.

»Du hast keinen Finger krumm gemacht in den letzten 30 Jahren, nicht einen Löffel in die Hand genommen.«

Das sah Elsbeth natürlich ganz anders. Sport habe sie gemacht. Mit einem Personal Trainer. Raoul. 28 Jahre alt. Knackig, dynamisch. Sie habe gelitten, um für die Gäste gut auszusehen.

»Nein, nein«, hatte sie gesäuselt. »So viel Geld hast du gar nicht. Du wirst ausbluten.«

Friedhelm prüfte das Messer, das der Azubi bereits auf das Brettchen gelegt hatte. Nicht scharf genug. Wie oft sollte er es eigentlich noch sagen? Messer mussten scharf sein. Richtig scharf. Papier zerschneiden können.

Ausbluten … daran hatte Friedhelm selbstredend auch schon gedacht. Die Aussage für die Polizei hatte er sich vorausschauend zurechtgelegt. Da wollte seine Frau einmal in der Küche helfen, hatte das schärfste Messer zur Hand genommen und … ja … einfach so … gestolpert. Direkt ins Messer gefallen und er, Friedhelm habe die Blutung trotz unerschrockenem Einsatz nicht stoppen können. Aber die Wahrscheinlichkeit, dass sie ihre Hauptschlagader tatsächlich traf, wenn er sie schubste, war einfach zu gering. Und nachtranchieren … immer dieser Mist mit der DNA, und ein Ganzkörperanzug war viel zu auffällig.

Friedhelm schaute auf die Uhr. Ein derart intensives Hinauszögern war selbst für Valerie eigenartig. Er ging in den Gastraum. Neben dem Telefon lag sein Handy. Keine SMS, keine WhatsApp. Friedhelm rief sie an, jedoch meldete sich nur die zarte Stimme ihrer Mailbox.

»Isch warte, *mein Häschen*. Isch halte es kaum noch aus, deine Hasenzähnchen auf meiner Haut zu spüren«, hauchte er ins Telefon.

Anschließend ging er zurück in den Kühlraum. Er würde in der Zwischenzeit das Fleisch in Stücke schneiden, bis Valerie kam. Das Fleisch. Friedhelm verdrehte die Augen, als er das Stück am Haken betrachtete.

»Dieser Nichtskönner!« Was hatte er für einen Versager eingestellt? Rindfleisch, hatte Friedhelm gesagt. Aus der Schulter. Das hier war zu hundert Prozent kein Rindfleisch.

»Warte nur ab, Bürschchen«, zischte Friedhelm.

Bereits bei der Einstellung hatte er ein schlechtes Gefühl gehabt, aber Elsbeth hatte darauf bestanden, dem armen Kerl eine Chance zu geben. Gerade solche Mitarbeiter könne man sich so erziehen, wie man sie brauchte. Solche Mitarbeiter stellten keine Bedingungen und keine Fragen. Allerdings hätte er das Bürschchen fragen sollen, ob er Veganer sei. Mit denen war in einer Fleischküche nämlich nichts anzufangen. Von wegen formen und heranzüchten.

»Zuhören können die Veganer auch nicht!«

Friedhelm nahm das Fleisch vom Haken. Was blieb ihm anderes übrig. Er musste nehmen, was da war. Wenngleich ihm allein die Farbe sagte, dass dieser Fleischbrocken nicht gut abgehangen war.

Na ja, um ehrlich zu sein, der Azubi hatte schon gute Dienste bewiesen. Er hatte die Pilze besorgt. Bedingungslos und ohne Fragen zu stellen. Elsbeth liebte Pilze. Sie würde nie ein Gericht mit Pilzen verschmähen. Heute würde er mit Valerie kochen und sie danach als Dessert vernaschen. Und morgen war Elsbeth dran. Selbstredend ohne das anschließende Vernaschen. Übermäßig abgehangen. Das passte auch auf die Alte.

Seine Noch-Ehefrau hatte er für den morgigen Abend ins Restaurant eingeladen. Er wolle ihr seine französische Küche präsentieren. Wenn sie ihr nicht schmecke, dann dürfe sie das sagen, und es werde alles beim gutbürgerlichen Alten bleiben. Das Coq au vin mit vielen Pilzen jedoch – danach würde sie sicherlich nichts mehr gegen die französische Küche einzuwenden haben. Genauso wenig gegen die Trennung. Und auch nichts gegen Valeries Einzug in die Villa.

Friedhelm trug das Fleisch aus dem Kühlraum in die Küche und legte es auf das Schneidbrett. Dann drehte er sich im Kreis und nahm die Jungfräulichkeit seiner Küche in sich auf. Er liebte diesen Moment, den Übergang von absoluter Sauberkeit, vom Glanz und Frischegeruch in das Chaos der Kreativität. Den Wechsel von steril zu bunt. Von kalt zu warm. Der Azubi hatte sich tatsächlich Mühe gegeben. Die Küche roch nach Zitronenputzmittel und alles glänzte. Vielleicht würde er ihn nicht sofort feuern. Das konnte er nicht. Das Bürschchen hatte schließlich die Pilze besorgt, an denen seine Noch-Gattin dahinscheiden würde. Friedhelm wollte den Moment genießen, wenn die Polizei kam, um diesen Trottel festzunehmen.

Aber der Reihe nach. Zuerst das Ragoût provençal, dann das Coq au vin.

Friedhelm machte sich daran, die Sehnen sorgfältig zu entfernen und das Fleisch in zwei Zentimeter große Stücke zu zerteilen.

Er liebte den Geruch von angebratenem Fleisch und das Zischen, wenn er den Rotwein angoss.

Während die Zutaten köchelten, ging Friedhelm erneut in die Gaststube. Kein Anruf von Valerie auf seinem Handy, keine SMS, kein Anruf auf dem Festnetz. Nichts. Er rief zum zweiten Mal bei ihr an, aber wieder meldete sich nur die Mailbox.

Was, wenn ihr etwas passiert war? Ein Autounfall?

Das Ragoût musste sowieso ruhen und durchziehen. Eigentlich hatten sie sich während dieser Zeit anderen fleischlichen Dingen widmen wollen. Ganz ungestört. Wann konnte man sich in der Küche schon einmal gehen lassen?

»Oh, mein Häschen.« Friedhelm merkte, dass seine Stimme leicht zitterte. Er musste sie suchen. Gleich. Nur kurz das Fleisch versorgen.

Zurück in der Küche, hob er den Deckel, sog den Geruch des Ragoûts in sich ein. Fast perfekt. Nun noch Salz, Pfeffer und die Orangenmarmelade.

Er kostete und ... Valerie hatte recht gehabt. Ein Höhepunkt für die Geschmacksnerven. Doch der Glücksmoment hielt nur kurz, denn die Sorge um sein französisches Häschen war größer als die Empfindsamkeit seines Gaumens.

Friedhelm stellte den Bräter mit dem Ragoût in den Kühlraum und räumte den Rest schnell und fahrig auf. Hätte das einer seiner Mitarbeiter getan, Friedhelm wäre ihm sofort mit einer Abmahnung gekommen. Aber er war kein Mitarbeiter, sondern der *grand patron.*

Er schüttelte den Kopf. Warum machte er sich überhaupt Gedanken darüber? Lichter löschen, abschließen, fertig. Er würde schließlich wiederkommen.

Mit seinem Porsche Cayenne raste Friedhelm zu Valeries Wohnung. Ihr Auto stand nicht vor dem Haus und in der Wohnung brannten keine Lichter. Auch auf sein Klingeln reagierte sie nicht. Ihn ließ der Gedanke nicht los, dass sie hilflos in ihrer Wohnung lag. Vielleicht hatte sie einen Schwächeanfall gehabt, oder wer weiß, was sonst.

Immerhin der Nachbar öffnete ihm. Valerie sei gestern weggefahren und seines Wissens nicht zurückgekommen.

Nicht wiedergekommen? Wäre sie zu ihrer Verwandtschaft in
die Provence gefahren, dann hätte sie Bescheid gesagt. Nein, sie
waren verabredet gewesen. Valerie hatte noch nie eine Verabre-
dung verpasst. Schließlich konnte sie ihm genauso wenig widerstehen. Aber – na ja, Pünktlichkeit war nicht ihre Stärke. Doch
wessen Stärke aus dem Lande, welches das Laisser-faire erfunden
hatte, war das schon?

Friedhelm fuhr in das Café, in dem sie sich so gerne trafen. Da
es inzwischen Abend war, schloss die Mitarbeiterin gerade ab.
Valerie habe sie nicht gesehen. Die letzten Tage nicht.

Seine nächste Station war ihre Lieblingsbar. Fehlanzeige.

Warum er anschließend zu seiner Villa fuhr, konnte er selbst
nicht sagen. Dunkel und verlassen lag sie am Ende der Straße.
Friedhelm war fast erleichtert, dass Elsbeth allem Anschein nach
nicht zu Hause war. Wahrscheinlich war sie im Fitness-Studio
und schwitzte mit Raoul im Gleichklang.

Friedhelm saß in seinem Auto und wusste nicht, was er tun
sollte. Wahrscheinlich war alles nur ein Missverständnis. Hoffentlich.

»Sie hat sich in der Uhrzeit geirrt!« Das musste es sein. Vermutlich war sie längst im Rauschenbecks und fragte sich, wo er bliebe.
Wahrscheinlich war sie mit der Zubereitung der restlichen Gerichte schon fertig. Er war viel zu lange fort gewesen. Also startete er
den Motor und fuhr mit quietschenden Reifen los.

Im Rauschenbecks brannte Licht. »Was bin ich doch für ein
Idiot!« Friedhelm lachte erleichtert auf, und seine Stimmung ver-
besserte sich schlagartig. Vergessen war die Sorge.

»*Mein Häschen*«, rief Friedhelm, als er die Tür öffnete. »*Isch
bin ier*!«

Doch in der Küche wartete nicht Valerie. Sondern Elsbeth.
Mit einer Gabel in der Hand stand sie vor dem Ofen.

»Ach, Fridi, da bist du ja endlich. Ich dachte schon, ich hätte
dich verpasst.« Sie versenkte die Gabel im Bräter, der im Ofen

stand. Sie musste ihn aus der Kühlkammer geholt haben. Sie musste …

»Ich habe es einfach nicht länger ausgehalten«, sagte sie, als hätte sie seine Gedanken gelesen. »Deine neue französische Küche – ich musste einfach von deinem Ragoût kosten.«

Sie hob die Gabel, schob sich ein Stück Fleisch in den Mund, schloss die Augen und kaute genüsslich. Sie gab sogar wohlige Geräusche von sich. Friedhelm konnte nichts anderes tun, als sie anzustarren. Er hatte Elsbeth nicht zugetraut, dass sie den Ofen allein zum Laufen bringen konnte.

»Oh, mein Lieber, das ist wirklich außergewöhnlich«, säuselte sie. »Zart und dennoch hat es diese Frische. Eine jugendliche Frische würde ich es nennen.«

Liebend gern würde Friedhelm ihr das Maul mit den Pilzen stopfen. Aber er tat es nicht. Er stand völlig starr da. Schockgefrostet sozusagen.

Elsbeth versenkte die Gabel erneut im Bräter und fischte ein weiteres Stück Fleisch heraus.

»Ganz fertig ist es noch nicht. Wenn du dem Fleisch noch eine halbe Stunde gibst, dann zerfällt es auf der Zunge. Du weißt ja, wenn man die Lust hinauszögert, wird sie größer.«

Elsbeth kam mit dem Stück Fleisch auf der Gabel auf ihn zu, stellte sich ganz dicht vor ihn, sodass sich ihre Körper berührten, und nötigte ihn, den Mund zu öffnen. Wenigstens in diesem einen und einzigen Punkt waren sie sich einig: Das Ragoût war perfekt. Die leichte Note des Rotweins, die Kräuter und der Hauch von Orange harmonierten vorzüglich mit dem Fleisch.

»Ach, übrigens, mein Lieber, Valerie lässt sich entschuldigen«, bemerkte Elsbeth. »Die Pilze, also die Champignons à la grecque, haben ihr geschmeckt, obwohl sie sich zuerst geweigert hat, sie zu essen – schon seltsam … sie hat sie doch selbst zubereitet – leider ging es ihr danach nicht gut. Von deinem Ragoût wäre sie begeistert gewesen, hätte sie die Gelegenheit gehabt, es zu probieren. Na ja, irgendwie hat sie ja auch etwas vom Ragoût provençal, oder sollte ich es *Häschen*-Ragout nennen?«

Sie lächelte und ging an Friedhelm vorbei. »Du hattest dein Häschen ja von Anfang an zum Fressen gern, n'est-ce pas?« An der Tür blieb sie stehen und drehte sich zu ihm um. »Ach, ich bin übrigens einverstanden mit der französischen Küche. Wir alle brauchen schließlich ab und zu eine Veränderung.«

Dann verschwand sie und ließ Friedhelm mit dem Geschmack von Rotwein, Kräutern, einem Hauch von Orange und ... von *Häschen* ... zurück.

Ragoût provençal

Zutaten:

1,5 kg Rindfleisch, aus der Schulter
1 Gemüsezwiebel
1 Bund Suppengrün
1 Bio-Orange
7 EL Pflanzenöl
Salz
1 Flasche trockener Rotwein (750 ml)
500 ml Rinderfond
1 Knoblauchzehe
1 Bouquet garni (Thymian, Petersilie, Lorbeer)
3 getrocknete Tomaten
Schwarzer Pfeffer
1 EL Orangenmarmelade
2 TL Speisestärke

Zubereitung:

Fleisch sorgfältig von Häuten und Sehnen befreien und in 2 cm große Stücke schneiden.

Zwiebeln würfeln. Suppengrün putzen und würfeln. Orange waschen, abtrocknen, zwei Streifen Schale dünn abschälen. Orange halbieren und auspressen.

4 EL Öl in einem schweren Schmortopf erhitzen, Fleisch darin portionsweise anbraten, mit Salz würzen und herausnehmen. Restliches Öl in den Topf geben, Zwiebeln und Suppengrün darin hellbraun anbraten. Topf vom Herd nehmen.

700 ml Wein, Fond, Orangensaft und -schale, Knoblauch, Bouquet garni und getrocknete Tomaten zugeben. Fleisch zurück in den Topf geben. Abdecken, kühlstellen und über Nacht marinieren.

Am nächsten Tag den Backofen auf 160 Grad (Gas 1-2, Umluft 150 Grad) vorheizen. Schmortopf auf die unterste Schiene stellen.

Das Ragoût im Backofen circa 4 Stunden schmoren (den Deckel nicht ganz auflegen, damit etwas Flüssigkeit verdampfen kann). Wenn das Fleisch schön zart ist, aber noch nicht zerfällt, Bräter aus dem Backofen nehmen. Fleisch mit der Zange (oder der Fleischgabel) herausnehmen. Flüssigkeiten und Gemüse in ein Sieb gießen. Flüssigkeit auffangen. Gemüse nicht durchdrücken, sondern gut abtropfen lassen. Schmorfond auf 500 ml einkochen lassen, mit Salz und Pfeffer würzen, mit Marmelade und restlichem Rotwein abschmecken. Stärke mit wenig kaltem Wasser glattrühren und die kochende Sauce damit leicht binden. Fleisch wieder dazugeben und darin erwärmen. Als Beilage passt wunderbar Panisse – ein Kirchererbsenfladen.

Maribel Añibarro

Das Streben nach Freiheit

Stuttgart

Einen Tag nach meinem achten Geburtstag wurde mein Vater ermordet. Wegen eines Rezepts.

Heute, 28 Jahre später, sitze ich in einer Lesung in einem kleinen Theater in der Stuttgarter Innenstadt und der Countdown für meine Befreiung läuft.

Noch 89 Minuten.

Mit meinem Blick auf den Timer meines Smartphones geheftet, weiß ich, dass mit jeder digital heruntergezählten Sekunde mein ersehnter Frieden, meine Freiheit näher rückt.

Klebrige Staubpartikel, getränkt mit dem süßlichen Duft nach Theaterschminke, lassen sich unsichtbar in den Fasern meiner Kleidung nieder. Sie werden auch nach der Erschütterung auf mir haften bleiben und später – zu Hause – die einzigen Zeugen meines Handelns sein.

Vor Kurzem noch war mein Leben eine Aneinanderreihung von passiven Entscheidungen gewesen: Als einziges Kind – und noch dazu eine Tochter – wurde ich von meiner Mutter getrieben, für die Schule zu lernen, also lernte ich. Ich sollte etwas studieren, das das Ansehen meiner Mutter in der Nachbarschaft von einer armen Alleinerziehenden auf den Gipfel der Erfolgreichen katapultieren sollte. Also studierte ich Physik. Nachdem auch die Nachbarskinder ihre Diplome ablegten, schraubte meine Mutter die Ziele für mich weiter hoch. Also promovierte ich in Quantenphysik. Als die Gesichter der Nachbarn mehr und mehr gelangweilt dreinblickten, wenn meine Mutter ihnen einige auswendig gelernte Brocken über das Thema meiner Arbeit hinwarf, schickte sie mich in die nächste Runde. Ich habilitierte. Mit der Erkenntnis, dass mehr nicht möglich war, wollte sie sich nicht abfinden. Ich sollte ins Fernsehen.

»Da gibt es doch diesen Arzt«, sagte sie, »der Quizsendungen moderiert und Kabarett macht. Das wäre genau das Richtige für dich. Du wolltest doch schon immer auf der Bühne stehen.«

Es war nicht so, dass ich »nein, das will ich nicht« hätte sagen können. Oder »ja, das wollte ich tatsächlich schon immer«, denn ich wusste nicht, was ich wollte. Mehr noch, ich hatte noch nicht einmal gewusst, dass ich nicht wusste, was ich will.

Es war, als wäre etwas in mir wach geworden, das zuvor betäubt in einer Zelle weggesperrt gewesen war. Das befreite Monster war die Frage: Was will ich?

Das Monster machte mir furchtbare Angst. Ich machte mich darauf gefasst, dass die Antwort nichts mit meinem bisherigen Leben zu tun haben könnte, ja, dass die Antwort sogar diametral meinem Leben entgegenstehen könnte. Was dann? Das Monster ließ sich jedenfalls nicht mehr einsperren und nistete sich unwiderruflich in meiner Wahrnehmung und meinem Denken ein.

Noch 73 Minuten.

Ich bin mir nicht sicher, ob ich von Glück, Zufall, Bestimmung, Schicksal oder einer längst überfälligen Begebenheit sprechen soll, wenn ich daran denke, wie ich vor sechs Wochen das Plakat mit der Ankündigung für die heutige Lesung im Schaufenster entdeckte. Sicher bin ich mir nur, dass ich ohne das entfesselte Monster daran vorbeigelaufen wäre.

Aber so sah ich es, blieb mit einem Ruck stehen und las:

Laura Wilms, der neue Stern am Kochbuchhimmel, liest aus ihrem Buch »Für 80 Soufflés um die Welt«. Sie wird einige der internationalen Ursprünge der Rezepte verlesen und die Entstehungsgeschichte des preisgekrönten Soufflé Grenouille lüften.

Soufflé Grenouille! Der Schock, das Rezept, das meinem Vater – einem der angesehensten Sterneköche in Baden-Württemberg – gehörte, für das er gestorben war, in den Händen einer anderen wiederzuentdecken, traf mich mit der Wucht einer Tsunamiwelle. Ich wurde von ihr gnadenlos erfasst, herumgewirbelt und zermalmt, bis sie mich im Reich meiner verloren geglaubten Erinnerungen wieder ausspuckte.

In diesen hatte mein Vater mir zu meinem achten Geburtstag ein Soufflé gebacken, das er auf einem Tablett balancierend in das Esszimmer trug. Von klein auf mit der Palette der Aromen von Lebensmitteln vertraut, identifizierte ich die freche Frische der Limette, die überging in eine fruchtig blumige Note, kombiniert mit erdigem Kokos und der Süße von nussig malzigem Karamell. Aber da war noch etwas anderes. Etwas, das ich nicht benennen konnte, dessen Wirkung ich jedoch physisch spürte. Das andere umhüllte mich, packte mich, steuerte mich. Es trieb mich in die Arme meiner Eltern, durchströmte mich mit Dankbarkeit und Frieden und trieb mir Glückstränen in die Augen.

Ich hörte meinen Vater über meinen Kopf hinweg zu meiner Mutter sagen: »Dieses Rezept wird die Rettung für das Restaurant sein, du wirst schon sehen.«

Später am Tag erzählte mir mein Vater, dass er das Soufflé nach dem Protagonisten Jean-Baptiste Grenouille aus dem Roman *Das Parfüm* benannt hatte, weil die Wirkung auf die Menschen eine so außergewöhnliche war. Dabei war es lediglich die Kombination der Zutaten, die zu diesen Glücksempfindungen führten.

Die Idee für das Rezept war ihm zwei Wochen zuvor im Krankenhaus gekommen. Er lag dort für einige Tage nach einem Autounfall, bei dem er selbst zum Glück nur einige Schnittverletzungen davongetragen hatte, während die Unfallverursacherin gestorben war.

Am Tag nach meinem Geburtstag fand man den zerschmetterten Körper meines Vaters unter einer Brücke. Das Rezept, war seitdem verschollen.

Wie diese Laura Wilms daran gekommen war, wusste ich nicht. Sie war ungefähr in meinem Alter, konnte also nicht direkt am Tod meines Vaters beteiligt gewesen sein. Aber das war mir nicht wichtig. Sie war diejenige, auf die ich mich jetzt konzentrierte, denn durch sie würde ich meine Freiheit erlangen. Allein das zählte.

Noch 59 Minuten.

Selbstgefällig blättert die Autorin auf der Bühne in ihrem Leseexemplar um und blickt lächelnd ins Publikum. Erzählerisch befindet sie sich gerade in Russland. Von dort – so hatte sie angekündigt – will sie die europäischen Länder und deren Soufflé-Rezepte durchwandern, mit der Endstation in Frankreich.

Das Wort Endstation würde dabei eine ungeahnte Bedeutung einnehmen, dafür würde ich sorgen. Denn meine Mutter und ich standen nach dem Tod meines Vaters vor einem Schutthaufen. Die Schulden, die mein Vater hinterlassen hatte, drückten meiner Mutter einen Kampf auf, den auch ich mit auszufechten hatte. Und einmal belauschte ich ein Telefongespräch, das meine Mutter mit einer Freundin führte. Sie sprach darin von Mord und dass das Rezept gestohlen worden sei.

Noch 52 Minuten.

Die Autorin klappt ihr Buch zu und kündigt eine 20-minütige Pause an, in der sie die gekauften Kochbuch-Exemplare gerne signieren wird. Ich lasse mich mit der Menschenmenge treiben. Mit meinem mitgebrachten Exemplar unter dem Arm stelle ich mich an der Schlange an, die mich zur Autorin hinführt.

Als ich an der Reihe bin, merke ich, wie ausgetrocknet mein Mund plötzlich ist. Meine Zunge klebt unbrauchbar wie ein schwerer Klumpen am Gaumen. Meine Lippen verweigern jeden Befehl, sich voneinander zu trennen. Kein Wort bringe ich heraus.

Erwartungsvoll lächelnd sieht sie mich mit gezücktem Stift an, während sie die erste Seite des Buches routiniert aufschlägt. Mit großer Mühe sage ich dann doch meine drei vorbereiteten Wörter auf: »Für Simon Georgewitsch.«

Die Reaktion ist frappant und eindeutig. Sie zuckt zurück, ihr Lächeln fällt in sich zusammen wie die Gliedmaßen einer losgelassenen Marionette, klappernd fällt ihr der Stift aus der Hand, sie starrt mich an.

Hab ich dich, denke ich mir und lächle sie, mit zurückgewonnener Hoheit über meine Mimik, an. Ich sehe ihr ihre Angst an. Sie überlegt, wie sie reagieren soll. Wird sie mich fragen, wer ich bin? Wird sie weglaufen? Das Weite suchen?

Aber nein, sie nimmt den Stift wieder auf und schreibt den Namen meines Vaters fehlerlos in das Buch, ohne mich auch nur ein weiteres Mal anzusehen.

Noch 31 Minuten.

Mit einzementierter Sicherheit, das Richtige zu tun, setze ich mich nach der Pause wieder auf meinen Randplatz in der hintersten Reihe. Ich stelle mich auf das Hochgefühl meiner baldigen Freiheit ein, weil ich weiß, dass es bis zur Vollstreckung nicht mehr lange dauern wird.

Nur etwas stimmt nicht. Wie klebriger Sirup sickert eine morbide Trauer in meine Gemütsverfassung hinein und hinterlässt eine quälende Leere des Verlustes. Ich spüre dieser Leere nach, will ihr auf den Grund gehen. Da höre ich, wie das Monster, das imaginär auf meiner Schulter sitzt, fragt: *Der Platz dort oben auf der Bühne, hättest du ihn gern? Wäre dein Vater nicht getötet worden, hättest du das Restaurant an seiner Seite übernommen? Würde dir das Spaß machen, kochen und Neues kreieren?*

Das Monster hält inne. Stattdessen dringt das Gift der Autorin wieder in mein Bewusstsein.

Sie sagt: »Kurz nach meinem neunten Geburtstag wurde meine Mutter getötet.«

Ein Raunen geht durch den Raum, in dem mein Aufschrei untergeht. Nur meine unmittelbare Nachbarin sieht mich mit irritiertem Gesichtsausdruck von der Seite an.

»Schuld«, fährt die Autorin fort, »war ein angetrunkener Autofahrer, der mit ein paar Kratzern davongekommen ist.«

Ich will aufstehen, protestieren »Das stimmt nicht!« schreien. Aber die Vernunft drückt mich fest auf meinen Stuhl. Keine Aufmerksamkeit erregen. Nur keine Aufmerksamkeit erregen, flüstert diese mir ins Ohr. Also halte ich still, halte mich an meinem Smartphone fest.

Noch 26 Minuten.

Soll sie doch Lügen erzählen, vielleicht glaubt sie sogar selbst daran. Vielleicht ist ihr das erzählt worden, um das Bild der Mutter nicht zu demontieren. Das letzte Wort wird die Null auf meinem Timer im Smartphone haben.

Sie spricht weiter und ich weiß jetzt, dass jedes gelogene Wort aus ihrem fehlgeleiteten Wissen an mich gerichtet ist.

»Ich habe dieses Kochbuch meiner Mutter gewidmet. Denn sie hat in mir die Liebe zum Kochen geweckt und sie hat den Kristallisationskeim zu diesem Buch kreiert. Nämlich das Soufflé Grenouille.«

Mein Daumen liegt feucht auf der Touch-ID Taste meines Smartphones. Meine eigens programmierte App öffnet sich und ich sehe der dahinrinnenden Zeit zu. Ich gestehe, mit dieser Reaktion, dieser Laura Wilms, hatte ich nicht gerechnet. Sie nutzt die Bühne, um zu einem Gegenangriff auszuholen. Und die Welt ihrer Lügen scheint für sie ihre Realität dazustellen. Sie glaubt, was sie sagt. Genauso, wie ich weiß, was ich weiß. Und im gleichen Maße, wie ich überlege, diesem Elend schneller als geplant ein Ende zu setzen, ist auch meine Neugierde geweckt worden. Eine zwar mit Ekel durchsetzte Neugierde, die mein Herz empört und rasend schlagen lässt, aber eben auch eine siegreiche Neugierde.

Noch 21 Minuten.

»Sie haben sich vielleicht schon gefragt, weshalb dieses Rezept Soufflé Grenouille heißt. Nun, meine Mutter hat es nach dem Protagonisten Jean-Baptiste Grenouille aus dem Roman *Das Parfüm* benannt.«

Ihre weiteren Worte rauschen an mir vorbei. Zu dringlich, zu machtvoll stellt sich mir die Frage: Woher weiß sie das? Mein Vater hatte dies auf seinem handgeschriebenen Rezept nicht vermerkt, dessen war ich mir sicher. Mein Verstand erwägt nacheinander verschiedenste Erklärungsansätze, filtert die meisten jedoch als zu unwahrscheinlich, zu abstrus, zu weit hergeholt wieder aus. Übrig bleibt nur eine Erklärung: Mein Vater und die Mutter der Autorin mussten sich gekannt haben.

Und es gibt nur einen Menschen, der diesen Zweifel an meinem bisherigen Wissen bestätigen oder widerlegen kann: Meine Mutter.

Wieder aktiviere ich das Display meines Smartphones, drücke den Timer weg, öffne WhatsApp und schreibe: *Wichtig! Wenn du diese Nachricht liest, dann antworte mir sofort. Kannten sich Vater und die Autofahrerin, die bei dem Unfall gestorben ist?*

Während ich auf das Handy starre, gelangen wieder einige Brocken der Erzählung der Autorin in mein Bewusstsein. Sie berichtet, wie ihre Mutter in Frankreich war, wie sie dort im Land umherreiste –

Da, zwei graue Häkchen zeigen am Ende meiner Nachricht an, dass meine Mutter sie empfangen, aber nicht gelesen hat. Ich öffne den Timer.

Noch 15 Minuten.

Zwei blaue Häkchen, sie hat die Nachricht gelesen. Das ist ganz meine Mutter, voll auf WhatsApp eingestellt und viel zu neugierig, als dass eine Nachricht Schimmel ansetzen könnte. Die App zeigt mir an, dass meine Mutter gerade schreibt. Kurz darauf poppt eine weiße Sprechblase unter meiner auf: *Was soll das? Verstehe deine Frage nicht. Hab auch keine Zeit.*

Oh doch, die Zeit wirst du dir jetzt nehmen müssen. Denn wenn jemand keine Zeit hat, dann ich. Mit zittrigen Fingern schreibe ich zurück: *Es ist sehr sehr wichtig!!!!! Kannten sie sich, ja oder nein?*

Wieder das gleiche Spiel. Erst ein graues Häkchen, dann zwei, dann sind sie blau, sie schreibt, eine Sprechblase geht auf: *Nein!*

Ich bin noch dabei das *Nein* meiner Mutter zu verdauen, da sagt die Autorin etwas, das mein bisheriges Wissen wie ein durchgeschütteltes Kaleidoskop durcheinanderbringt.

»Nach dem Autounfall war das Rezept nicht mehr aufzufinden. Wir wissen, dass meine Mutter es bei sich hatte, als sie in ihrem Auto rücksichtslos eingequetscht wurde. Wir vermuten deshalb, dass der Unfallverursacher es an sich genommen hat. Zeugen haben ausgesagt, dass er die Beifahrertür geöffnet hatte, um nach meiner Mutter zu sehen. Kurz darauf machte er den Umstehenden ein Zeichen, dass nichts mehr zu machen war.« Sie macht eine dramatische Pause und mir ist, als hielte das ganze Publikum einschließlich mir die Luft an. »Und beim Aussteigen hatte er ein Heft in der Hand, das der Beschreibung nach das Notizbuch meiner Mutter war.«

Noch 11 Minuten.

Während die Autorin die Zutaten für das Soufflé vorliest, hacke ich eine weitere Nachricht in die App: *Woher hat Vater das Rezept? Ich muss es wissen. Sofort!*

Welches Rezept? Schreibt meine Mutter zurück.

Ich stöhne auf. Meine Nachbarin dreht sich jetzt demonstrativ zu mir um. Ich weiß, dass ihr meine Interaktionen mit meinem Smartphone schon eine ganze Weile auf die Nerven gehen. Aber das ist mir egal. Ich ignoriere ihr nachgelagertes Schnauben und tippe die nächste Nachricht ein:

Soufflé Grenouille! Dieses eine Wort musste reichen.

Die Häkchen springen in Sekundenschnelle auf blau um, aber meine Mutter schreibt nicht. Ich sehe sie vor mir, wie sie das Display ihres Handys anstarrt, verwirrt und in Erinnerungen hineingeschubst, um die sie normalerweise einen großen Bogen macht.

Endlich, sie schreibt.

Kind, ich verstehe nicht, was das soll?

Oh nein, mit der Kind-Masche würde sie mir diesmal nicht davonkommen.

Noch 7 Minuten.

Ich tippe eine weitere Nachricht ein: *Ich sitze in einer Lesung. Autorin behauptet, das Rezept ist von IHRER Mutter!*

Die Antwort meiner Mutter lässt auf sich warten, obwohl die App die ganz Zeit anzeigt, dass sie am Schreiben ist. Dann endlich: *Ich finde, wir sollten über dieses Thema nicht so miteinander kommunizieren. Komm morgen Abend vorbei und wir sprechen über alles. Ich muss jetzt los. LG*

Noch 4 Minuten.

Ich könnte schreien vor Wut. Doch bevor ich meiner Mutter zurückschreiben kann, wird meine ganze Aufmerksamkeit wieder von der Autorin auf der Bühne in Anspruch genommen, die eine Frage aus dem Publikum beantwortet:

»Wir vermuten, dass der Unfallverursacher deshalb das Notizbuch mit Rezepten an sich genommen hat, da er ein bekannter Sternekoch war und wohl der Versuchung nicht widerstehen konnte, das Buch unrechtmäßig an sich zu nehmen. Allerdings hat er nichts davon gehabt. Zwei Wochen später hat er sich das Leben genommen. Er ist von einer Brücke gesprungen.«

Meine Finger fliegen über die Tasten: *Hat Vater Selbstmord begangen? Die Antwort ist wichtig, sofort!!!!!*

Noch 1 Minute und 36 Sekunden.

Eine weitere Frage wird aus dem Publikum gestellt: Wie sie dann letztlich an das Rezept gekommen sei?

»Vor zwei Jahren«, antwortet die Autorin, während ich meinen Blick nicht mehr von meinem Display wenden kann, »habe ich eine Abschrift zwischen alten Unterlagen meiner Mutter gefunden. Das war der Anstoß für das Kochbuch, in dem es ausschließlich um Soufflés geht.«

Noch 45 Sekunden.

Meine Mutter hat meine letzte Nachricht gelesen, warum antwortet sie nicht? Also schreibe ich noch eine Nachricht: *Selbstmord, ja oder nein?!!!*
Endlich, die App zeigt an, dass sie schreibt. Nun mach schon!

Noch 23 Sekunden.

Meine Hände zittern wie verrückt, sodass ich mein Handy fest umschließe, damit es mir nicht aus der Hand gleitet. Dabei drücke ich aus Versehen die Seitentaste des Smartphones. Das Handy schaltet auf Standby. Trotzdem kann ich die eingegangene Nachricht meiner Mutter lesen. Sie starrt mich auf dem schwarzen Bildschirm an: *Ja.*
Ich lege meinen Daumen auf die Touch-ID Taste, aber nichts passiert. Mein Finger schwimmt so sehr in seinen eigenen Säften, dass der Sensor die feinen Rillen meines Fingerabdrucks nicht mehr erfassen kann. Wie viele Sekunden habe ich noch? Ich drücke den Knopf, um meine PIN per Hand einzugeben. Verdammt, wie war meine PIN? Endlich, der Sensor erkennt meinen Daumen.

Noch 1 Sekunde.

Die Vibration ist gewaltig. Meiner Nachbarin reißt diesmal endgültig der Geduldsfaden. Sie zischt: »Jetzt reicht's, stecken Sie endlich das Ding weg! Das hier ist eine Lesung und kein Kindergarten!«

Ich stehe auf und verlasse den Zuschauerraum. Das vibrierende Handy noch immer in der Hand. Auf dem Display ist ein Feuerwerk zu sehen, mit dem die Explosion simuliert wird. Zum Schluss leuchtet ein Spruch auf: Ich bin frei!

Mein Psychologe hatte mir geraten, mich aus den Krallen meiner Vergangenheit mit einem Ritual zu befreien. Er hatte es das Lösen der Fesseln genannt. Nun, das war meine Art, mich von meinen Fesseln zu befreien.

Auf dem Weg zum Ausgang werfe ich das signierte Kochbuch in den Mülleimer, lösche die selbst programmierte Detonations-App und beschließe, das Monster zu meinem besten Freund zu machen.

Limetten-Kokos-Soufflé

Für 4 Portionen

Zutaten:
Schale einer halben Limette
3 Eigelb
230 ml Kokosmilch
1 EL Mehl
1 EL Speisestärke
80 g Butter
3 Eiweiß
50 g Zucker
Puderzucker

Zubereitung:
Die Limette reiben und die Eigelbe schaumig schlagen.
Kokosmilch, Mehl, Speisestärke und Butter in einen Topf geben und unter Rühren so lange erhitzen, bis die Masse andickt. Den Topf vom Herd nehmen. Erst die Limettenschale und dann das schaumige Eigelb unterrühren. Die Masse bei geringer Hitze kurz aufkochen und dann vollständig abkühlen lassen.
Eiweiß und Zucker steif schlagen und vorsichtig unter die abgekühlte Masse heben.
Förmchen mit Butter einfetten und mit Zucker bestreuen. Die Masse mit einem Löffel einfüllen. Bei 180 Grad 20 Minuten backen.
Vor dem Servieren mit Puderzucker bestäuben.

SARAH KEMPFLE

Das Urteil

Stuttgart

Der Gerichtssaal ist bis auf den letzten Platz belegt. Ein Räuspern hier. Ein Rascheln dort. Sonst könnte man eine Stecknadel fallen hören. Jeder weiß, was als nächstes kommt. Sina Schön steht auf und geht nach vorn, in Richtung Zeugenstand.

Sie macht ihrem Namen alle Ehre.

Bei unserer ersten Begegnung, vor ein paar Wochen, hatte sie weniger schön ausgesehen. Eher bleich und eingefallen. Ein Arm am Tropf, die Augen glasig. Ihr Gesicht hatte sich kaum von den weißen Krankenhauslaken abgehoben.

Mein Blick bleibt an einer anderen Person hängen. Die Frau des Angeklagten sitzt auf der anderen Seite des Ganges, nur wenige Schritte von mir entfernt. Die Augen starr zu Boden gerichtet. Auch sie hat sich in den letzten Wochen verändert. Sie wirkt noch immer wie ein kleines Mädchen. Aber dünner, fast schon hager.

Als ich damals vor ihrer Tür stand, um mit ihrem Mann zu sprechen, ahnte sie vermutlich nicht, welche Wendung ihr Leben nehmen würde.

»Sie wollen meinen Mann sprechen?«, fragte sie.

Ich nickte nur.

»Wieso?«

Ich teilte ihr mit, dass ich das gerne mit ihm persönlich besprechen würde und sie dribbelte in ihren filigranen Stilettos zur Seite, um mich einzulassen. Ihre ganze Haltung drückte Abwehr aus. Meine Schritte hallten laut beim Betreten der beeindruckenden Eingangshalle. Der marmorne Boden glänzte kalt.

»Er ist in seinem Büro«, sagte sie so leise, dass ich sie kaum verstehen konnte.

Ich rührte mich nicht und sie schien zu verstehen.

»Ich gehe ihn holen.«

Sie klackerte davon und gab mir Gelegenheit, mich umzusehen. Offensichtlich hatten die beiden keine Geldsorgen. Allein der Flur ihres Hauses musste größer sein als meine Zweizimmerwohnung. Mit Bestimmtheit ließ sich das allerdings nicht sagen.

Was sich hingegen sagen ließ, war, dass ihnen alles Geld der Welt in dieser Angelegenheit nichts nutzen würde.

Der Herr des Hauses kam die Treppe herunter. Betont lässig. Er wirkte wie ein Mann, der gelernt hatte, dass sich mit den richtigen Scheinen fast alles regeln ließ. Ich stellte mich vor und zeigte ihm meinen Dienstausweis. Sein Pokerface war beeindruckend.

Er gab mir ein Zeichen und ich folgte ihm ins Wohnzimmer. Dort griff er nach einer Karaffe und ließ goldbraune Flüssigkeit in ein Kristallglas plätschern. Selbst aus der Entfernung konnte ich den Alkohol riechen. Er hielt mir das Glas hin. Ich schüttelte den Kopf.

Mit einem Schulterzucken tat er es ab, nahm einen kräftigen Schluck und machte sich auf dem Sofa breit.

Als ich in dem ausladenden Sessel ihm gegenüber Platz nahm, huschte ein anzügliches Grinsen über sein Gesicht. Meine Jeans fühlten sich plötzlich zu eng an. Ich stützte mich mit den Ellbogen auf den Knien ab und bemühte mich um autoritäre Ausstrahlung.

»Also?«, sagte er.

»Sie kennen Sina Schön?«, fragte ich.

Er zuckte nicht mit der Wimper.

»Nein.«

Hinter mir ertönte wieder dieses Klackern. Seine Frau erschien im Türrahmen.

»Alles in Ordnung, Schatz«, rief er, »geh doch ein bisschen einkaufen.« Es klang, als spräche er mit einem kleinen Kind, das ihm lästig war.

»Geh doch ein bisschen spielen, solange die Erwachsenen sprechen«, hallte es durch meinen Kopf.

Sie lächelte unsicher, blieb aber stehen.

Er stellte das Glas auf dem Tisch ab und ahmte meine Haltung nach. Unsere Blicke trafen sich.

»Wo waren Sie gestern Abend, zwischen sieben und zehn?«

»Mit meiner Frau beim Essen.«

Ich drehte mich zu ihr um.

Sie nickte brav.

Innerlich freute ich mich darauf, die Katze aus dem Sack zu lassen. Ich war gespannt, ob sie dann auch noch bereit sein würde, für ihn zu lügen.

»Gestern wurde eine Frau mit starken Vergiftungssymptomen ins Marienhospital eingeliefert.«

Er lehnte sich zurück und verschränkte die Arme vor der Brust. »Was hat das mit mir zu tun?«

»Nun, das Opfer behauptet, dass sie eine Liebesbeziehung mit Ihnen unterhält und Sie, Herr Messner, ihr gestern eine Schachtel Pralinen vorbeigebracht hätten.«

Messner starrte mich reglos an. Ich konnte mich selbst atmen hören.

Er löste sich erst wieder aus seiner Starre, als ein schrilles Heulen den Raum erfüllte. Ich zuckte zusammen, glaubte, etwas hätte den Alarm ausgelöst.

Aber es war nur seine Frau. Sie war am Türrahmen entlang zu Boden gerutscht und hatte die Arme um ihre Knie geschlungen.

Jetzt war der Moment gekommen. Ich stand auf, ging vor ihr in die Hocke und legte ihr eine Hand auf die Schulter. »Waren Sie gestern mit Ihrem Mann essen?«

Ihr Körper wurde von heftigen Schluchzern geschüttelt. Ich konnte dabei zusehen, wie die Wimperntusche sich in ihren Tränen löste und dunkle Pfützen unter den Augen bildeten.

»Frau Messner.« Ihre Schulter fühlte sich knochig an. Alles an ihr wirkte so zerbrechlich.

»Ich weiß, wie Sie sich fühlen müssen«, behauptete ich, »aber bitte beantworten Sie meine Frage.«

Sie zwinkerte, sah mich tränenblind an.

»Waren Sie gestern mit Ihrem Mann essen?«

Sie nickte. Es reichte mir nicht.

»Frau Messner?«

»Ja!«, schrie sie verzweifelt, »ja, ich war gestern mit ihm essen. Er würde mich nie betrügen. Das muss ein Missverständnis sein.« Sie sah zu ihrem Mann hinüber, der reglos auf dem Sofa saß und ins Leere starrte.

»Jürgen, sag ihr, dass es ein Missverständnis ist.«

Kurz darauf führten wir Jürgen ab und seine Frau erlitt einen Nervenzusammenbruch. Sie zitterte am ganzen Leib und war durch nichts zu beruhigen. Ich war sicher, sie verwahrte ein paar Valium im Schrank. Hatten diese reichen Leute doch immer. Wir riefen trotzdem einen Arzt.

Natürlich konsultierte Messner einen Topanwalt. Als er im maßgeschneiderten Anzug aus seinem Mercedes stieg, stellte sich bei mir maßgeschneiderte Abneigung ein. Wie zu erwarten, riet er seinem Klienten zu schweigen. Die Vernehmung gestaltete sich entsprechend zäh.

Bis es plötzlich an der Tür klopfte und ich herausgebeten wurde.

»Der Rechtsverdreher wird ihm auch nicht helfen können«, flüsterte mein Kollege triumphierend. Er bedeutete mir, ihm zu folgen.

»Wir haben Aufnahmen einer Überwachungskamera. Messner und seine Frau waren gestern bei einem Italiener in der Calwer Straße, in Stuttgart.«

Verärgert verschränkte ich die Arme vor der Brust.

»Und was soll uns das …«

Mein Kollege hob den Zeigefinger und brachte mich zum Schweigen. »Pass auf!«

Der Techniker ließ das Band laufen und wir konnten beobachten, wie Messner und seine Frau gegen 19 Uhr das Restaurant betraten. Keine Viertelstunde später kam Messner wieder heraus. Allein.

Er zündete sich eine Zigarette an und entschwand dem Auge der Überwachungskamera.

»Erwischt.« Wir grinsten uns an.

»Kommt er wieder?«, fragte ich.

Der Techniker spulte gehorsam vor und stoppte dann auf ein Zeichen. Ich kniff die Augen zusammen und starrte auf die Ziffernfolge am unteren Bildrand.

»Eine halbe Stunde später.«

Mein Kollege kam meiner nächsten Frage zuvor.

»Wir haben das geprüft. Er hatte genug Zeit, zu seiner Geliebten zu laufen und die Pralinen abzuliefern.«

Ich schlug ihm auf die Schulter.

»Gute Arbeit.«

Als ich zu Vernehmungsraum 3 zurückkehrte, stand ein Pappbecher mit Kaffee vor Messner. Er unterhielt sich leise mit seinem Anwalt.

»Sie waren gestern mit Ihrer Frau essen, richtig?«, fragte ich erneut.

Die beiden warfen sich einen Blick zu und sein Anwalt nickte.

»Ja. Wie oft denn noch?«, brummte Messner entnervt.

»Den ganzen Abend?«

Er nickte.

»Herr Messner, ich rate Ihnen dringend, Ihre Aussage zu überdenken.«

Er verschränkte die Arme vor der Brust. »Da gibt's nichts zu überdenken.«

Also erzählte ich den beiden von dem Videobeweis. Und Messner knickte endlich ein. Angestrengt versuchte er uns glaubhaft zu machen, dass seine Frau ihre Laktosetabletten daheim vergessen habe und er losgegangen sei, um welche zu kaufen. Doch irgendwann schien er einzusehen, wie fadenscheinig seine Ausreden waren, und er verfiel in Schweigen.

Jetzt sitze ich hier im Gericht und beobachte seine schöne Geliebte, die nervös mit ihren Fingernägeln klappert. Es kommt mir surreal vor, dass nach wochenlanger Arbeit heute alles entschieden wird. Es war nicht mein erster Fall. Aber es war der erste Fall unter meiner Leitung.

»Wir hatten einen Streit«, berichtet Sina Schön gerade und tupft sich mit einem Taschentuch die Stupsnase ab. Was diese strahlende, junge Frau an Messner gefunden hat, ist mir ein Rätsel. Ich habe mich mit ihr unterhalten. Sie ist klug, hat echte Perspektiven. Mit etwas Fleiß und Geduld kann sie das unabhängige Leben haben, nach dem sie zu streben scheint. Auch ohne sein Geld.

»Worum ging es in dem Streit?«, fragt ihre Anwältin behutsam.

»Ich wollte, dass er sich von seiner Frau trennt und wir heiraten.«

Der Klassiker.

Obwohl ich dieses Detail längst kenne, kann ich nicht umhin, erneut den Kopf zu schütteln.

»Und er wollte das nicht?«

»Doch, schon. Nur nicht sofort. Er meinte, er müsse vorher noch ein paar Dinge regeln.«

Messners Frau fängt erneut an zu schluchzen. Irgendjemand hält sie im Arm und streicht ihr über den Kopf.

»Ich habe es ihm nicht geglaubt«, fährt Sina Schön fort, »ich war mir sicher, dass er mich nur hinhalten wollte. Also habe ich damit gedroht, alles seiner Frau zu erzählen, wenn er es nicht tut.«

Die Anwältin nickt und rückt etwas näher an den Zeugenstand heran.

»Ich weiß, es ist schwer für Sie, aber bitte erzählen Sie noch einmal, was dann passiert ist.«

Sina Schön seufzt. Ihre Hände zittern.

»Er brachte mir eine Pralinenschachtel vorbei und entschuldigte sich bei mir. Er versprach mir, sich von seiner Frau zu trennen und mit mir ein neues Leben anzufangen. Er bestand darauf, dass ich die Schachtel öffne und eine Praline probiere.«

Die Anwältin sieht zum Angeklagten herüber. Ich folge ihrem Blick. Messner sitzt auf der anderen Seite des Ganges und hat die Hände zu Fäusten geballt. Sein Kopf ist hochrot angelaufen. Es würde mich nicht wundern, wenn er gleich eine Rauchwolke zur Nase ausstieße. Sein Anwalt redet eindringlich auf ihn ein.

»Konnten Sie an der Praline irgendeine Manipulation feststellen?«, fährt die Anwältin fort.

Die Zeugin lacht zynisch. »Das war die beste Praline, die ich je gegessen habe. Sie hatte einen flüssigen Kaffee-Karamell-Kern. Jürgen weiß, wie sehr ich Karamell liebe.«

Die Anwältin nickt und lässt, vermutlich um dem Gesagten Bedeutung zu verleihen, eine kleine Pause einfließen, bevor sie fortfährt.

»Können Sie beschreiben, wie es Ihnen nach dem Verzehr der Praline erging?«

»Er musste gleich wieder los, sagte etwas von einem wichtigen Geschäftstermin. Ungefähr eine halbe Stunde später fing ich plötzlich stark zu schwitzen an. Mir wurde schwindelig und ich musste mich setzen. Kurz darauf wurde es mir schrecklich übel. Ich musste mich übergeben. Mehrmals. Ich schaffte es gerade noch, den Notruf zu wählen, dann wurde mir schwarz vor Augen.«

Jeder kann sehen, wie sehr die Erinnerung an die Geschehnisse sie mitnimmt. Sie atmet schwer.

»Eine letzte Frage.«

Die junge Frau nickt tapfer.

»Was ist Jürgen Messner von Beruf?«

Messners Anwalt steht abrupt auf, erhebt Einspruch. Sagt, es sei irrelevant. Der Beruf sei klar und müsse nicht von der Zeugin definiert oder bestimmt werden.

Doch der Richter winkt ab.

Sina Schön blickt verunsichert zwischen ihrer Anwältin und dem Richter hin und her.

»Beantworten Sie die Frage«, brummt der Richter in seinen Bart.

»Jürgen ist Chef eines europaweit agierenden Pharmakonzerns.«

Die Anwältin nickt. Ein verschmitztes Lächeln umspielt ihren Mund. »Keine weiteren Fragen.«

Als ich zwei Wochen später durch den Regen laufe, fühle ich mich noch immer seltsam leicht bei der Erinnerung an den Prozess. Der Angeklagte hat seine gerechte Strafe erhalten. Schuldig des versuchten Mordes. Er wird für lange Zeit hinter schwedischen Gardinen verschwinden.

Es erfüllt mich mit Genugtuung, dass Sina Schöns Anwältin, die bestimmt nicht halb so viel verdient wie Messners Anwalt, es den mächtigen Herren gezeigt hat. Wie es scheint, regiert Geld eben doch nicht immer die Welt.

Messner hat gekämpft, das muss man ihm lassen. Und er hat eine ordentliche Show hingelegt. Wie ein Irrer hat er herumgeschrien, dass Sina Schön ihm etwas anhängen wolle. Dass sie lüge wie gedruckt. Aber keiner hat ihm zugehört. Die Sache war klar.

Am Ende ist er weinend im Gerichtssaal zusammengebrochen.

Ich springe über eine Pfütze und biege in eine schmale Gasse ein. Kleine, erlesene Restaurants schmiegen sich hier aneinander. Sie sehen einladend aus und doch ist keines davon etwas für mich. Obwohl ich nicht schlecht verdiene, liegen sie oberhalb meiner Preisklasse. Ich lasse meinen Blick über die Gesichter der Menschen schweifen, die hinter den Scheiben sitzen. Manche reden angeregt, andere lachen. Wieder andere halten sich an den Händen, die Gesichter schweigend einander zugewandt. Mir ist, als sähe ich Szenen eines Stummfilms.

Ich wende den Blick ab, will die Straße überqueren, doch aus dem Augenwinkel erhasche ich etwas, das mich stutzig macht. Ich bleibe stehen, drehe mich um und schaue in das Fenster eines französischen Bistros. Zwei Frauen sitzen sich gegenüber und prosten sich zu. Auf dem Tisch thront eine Flasche Champagner. Ein Körbchen goldgelber Baguettes steht neben einer Platte mit Trauben und Käse. Die Frauen wirken glücklich. Sie wirken vertraut. Und sie kommen mir verdammt bekannt vor.

Ich gehe näher ran und das Blut gefriert mir in den Adern. Sie sehen verändert aus. Deshalb habe ich sie nicht gleich erkannt. Sina Schön hat ihre hellblonde Matte gekürzt und ist auf einen wärmeren Blondton umgestiegen. Meine Friseurin würde sagen: »Honigblonde Highlights.«

Sie lächelt die Frau an, die ihr gegenübersitzt.

Frau Messner, die nicht mehr aussieht wie Frau Messner. Nicht mehr so hilflos, so naiv.

Sie nippt an ihrem Glas und in ihren Augen liegt dieselbe Lässigkeit, die einst ihr Mann zur Schau getragen hat. Sie hebt den Kopf, unsere Blicke begegnen sich. Für eine Sekunde passiert gar nichts. Dann lächelt sie und erhebt das Glas. Auf mich.

Kaffee-Karamell-Pralinen

Zutaten:
200 g Kuvertüre (nach Wahl)
50 g Kuvertüre, zartbitter (zum Verschließen)
4 cl starker Espresso
200 g Zucker
100 ml Wasser
2 EL Butter
1 Schuss Sahne
1 Schuss Vanilleextrakt
40 Schokoladenhohlkörper

Zubereitung:
Zucker unter Rühren in einem Topf erhitzen. Sobald daraus flüssiges Karamell geworden ist, das Wasser hinzufügen. Nun so lange rühren, bis sich die entstandenen Klumpen wieder lösen. Butter, Vanille-Extrakt und die Sahne unterziehen und die Masse abkühlen lassen.
Die Kuvertüre in einem Wasserbad flüssig werden lassen und den Espresso hinzufügen. Etwas abkühlen lassen und die Masse mit einer Gebäckpresse in die Hohlkörper spritzen. Hohlkörper nur zur Hälfte befüllen!
Anschließend das dickflüssige Karamell als zweite Schicht darauf spritzen. Die Zartbitterkuvertüre zum Verschließen der Hohlkörper im Wasserbad schmelzen lassen und die Hohlkörper damit verschließen.

DOROTHEA BÖHME

Die schöne Helena

Stuttgart

Hinterher sagten die Leute, sie hätten es immer schon gewusst. In Wirklichkeit war das nur Geschwätz, sie wollten sich wichtigmachen. Eine Tatsache aber steht fest: Wenn Männer sich verlieben, dann geben sie ihren Verstand an der Garderobe ab. Und vergessen, ihn wieder auszulösen.

So war es auch mit Janik. Dachte an nichts anderes mehr als an sein Herz und, seien wir ehrlich, seinen Schwanz.

Schuld an allem war der Fatzke, der neuerdings mit der schönen Helena ausging. Das passte Janik überhaupt nicht. Schließlich war die schöne Helena bis vor zwei Wochen seine Freundin gewesen. Das erzählte er auch Locke und Marleen am üblichen Treffpunkt. Der übliche Treffpunkt war eine Bank, unten im Grünen vor den beiden Wohntürmen Romeo und Julia.

»Den Fatzke vergisst sie wieder«, sagte Janik und schob die Hände in die Hosentaschen. »Sie will mich nur wütend machen.«

Locke kniff die Augen zusammen.

»Was?« Janik kickte einen Stein gegen die Pavillonwand. »Wir gehören zusammen, Helena und ich. Das weiß jeder.« Er zog die Schultern hoch und ging vor der Bank auf und ab. Janik musste gehen. Unterwegs sein, etwas tun.

Locke war das genaue Gegenteil, Locke bewegte sich nur, wenn es unbedingt sein musste. Jetzt saß er mit ausgestreckten Beinen auf der Bank, den Rücken an die Pavillonwand gelehnt, und fischte eine zerdrückte Zigarette aus der Jackentasche. Locke drehte in den Mathestunden vor. Da lernte er Prozentrechnen, sagte er. Wie viel Prozent Tabak, wie viel Prozent Gras.

»Vielleicht hat sie die Schnauze voll von dir«, sinnierte er und steckte sich die Zigarette an.

Janik blieb stehen.

»Du warst nicht gerade ein Vorzeige-Freund«, fuhr Locke fort. »Wie oft hast du sie betrogen? Dreimal?«

»Viereinhalbmal.« Marleen zuckte mit den Schultern. Sie wusste das deshalb so genau, weil sie diejenige gewesen war, mit der Janik geschlafen hatte. Viermal. Einmal hatte sie ihm einen geblasen.

»Halt die Klappe«, fuhr Janik sie an. Er begann wieder auf und ab zu tigern.

Locke wechselte das Thema.

»Lass uns lieber einen trinken gehen«, schlug er vor. Er nahm noch einen tiefen Zug von seiner Zigarette, dann stand er auf und klopfte Janik auf die Schulter.

»Alkohol macht alles besser.« Er grinste breit.

Marleen verzog den Mund.

»Bis zum Abschluss ist sie wieder bei mir«, sagte Janik entschieden. Damit war die Diskussion beendet.

Doch die schöne Helena kam nicht wieder, eine Woche vor dem Abschluss war sie immer noch mit dem Fatzke zusammen. Sie trug sogar einen Herzchen-Anhänger an einer Kette.

»Wenn ich den mal allein erwische!« Janik schob den Unterkiefer vor und presste die Lippen aufeinander.

Locke verdrehte die Augen. »Das wird Helena sicher freuen.«

»Frauen mögen starke Männer«, konterte Janik und ließ seine Muskeln an den Oberarmen spielen.

Marleen schüttelte den Kopf. »Wieso ist dir das so wichtig? Vorher hast du dich auch nicht um sie geschert.«

Wahrscheinlich war das das Schlüsselwort: Vorher. Vorher stand Helena auf Janik. Vorher war sie nicht unerreichbar. Das Blaue-Blume-Syndrom, könnte man sagen. Nicht, dass Janik im Deutschunterricht aufgepasst hätte. Das war alles Bullshit.

»Soll ich allein auf die Abschlussfeier, oder was?«, fragte er und trat gegen die Sitzfläche der Parkbank.

»Weil Helena auch das einzige Mädchen auf der ganzen Welt ist!« Marleen raffte ihren Rucksack zusammen und stand auf. »Ich hab dein Gejammer satt. Ich hau ab.«

»Was soll das denn jetzt?«, fragte Janik, während er ihr nachsah.

Locke seufzte. »Weißt du, Janik. Manchmal bist du wirklich saublöd.« Bevor Janik wütend werden konnte, klopfte Locke auf den freien Platz auf der Bank neben sich und zog eine alte Blechdose aus seiner zerfledderten Umhängetasche. »Lass uns mal die Weiber für einen Moment vergessen.« Er zwinkerte Janik zu. »Special Brownies«, sagte er, als er die Dose öffnete. »Nach Mutters Originalrezept mit Zucchini. Nur halt nicht ganz so original.«

»Ich frag Helena morgen einfach, ob sie mit mir zur Abschlussparty geht«, sagte Janik. »Die geht nicht mit dem Fatzke. Die wartet doch auf mich.«

Die schöne Helena wartete nicht auf ihn. Als Janik sie fragte, zeigte sie ihm den Vogel.

»Fünf Tage noch«, sagte Janik. Wütend lief er auf dem leicht bräunlichen Grünstrich vor der Bank auf und ab. Er ballte die Hände zu Fäusten und ließ wieder locker. Zu viel überschüssige Energie.

»Was hat der Fatzke, was ich nicht habe?«, fragte er.

»Treue?«, schlug Locke vor.

Janik hörte gar nicht hin. Marleen grinste.

»Kohle«, sagte er und kickte einen Stein weg. »Deshalb ist sie mit ihm zusammen.«

»Das glaubst du doch nicht im Ernst.« Marleen tippte sich an die Stirn.

»Wer sieht besser aus?«, fragte Janik und beantwortete die Frage gleich selbst: »Ich. Das kann's also nicht sein. Intelligenz? Der Fatzke lernt Automechaniker! Bleibt Geld.«

»Du bist doch total bescheuert.« Marleen sah wieder so aus, als wollte sie ihre Sachen packen.

»Wir brauchen einen Plan.«

»Wir?« Locke zog die Augenbrauen hoch.

»Wo kriege ich in fünf Tagen Geld her?«

»Was soll das denn werden? Ein Wettkampf zwischen dir und dem Fatzke?« Irritiert klopfte Locke mit seinem Feuerzeug auf sein Knie.

»Und Helena ist der Pokal, den ihr euch ins Regal stellt?«, fügte Marleen hinzu.

»Ach, halt die Klappe.« Janiks Aggression war spürbar. »Ich brauch Geld, okay? Schnell. Und viel.«

Locke schüttelte den Kopf.

»Zeitungen austragen, McDonald's, Babysitten, der Müller vom Kiosk an der Ecke sucht 'ne Aushilfe«, zählte Marleen auf.

»Quatsch nicht.« Janik schnorrte sich von Locke eine Selbstgedrehte und ließ sich auf die Bank fallen. Sein Knie wippte auf und ab. »Es muss was Cooles sein. Was Großes. Es geht um Helena, Mann. Die schöne Helena!«

»Die Frau, um die die Welt einen Krieg beginnt«, sagte Locke. Das hatten sie mal in Geschichte durchgenommen, Mythen und Sagen der Antike. Hatte ihm besser gefallen als Mathe.

»Sie hat dir ja nicht mal einen geblasen«, murmelte Marleen. Sie wickelte ein Kaugummi aus und steckte es sich in den Mund.

»Ich krieg sie zurück.« Janik presste die Lippen aufeinander.

»Ich muss nach Hause. Matheklausur«, sagte Marleen.

»Du schnallst es einfach nicht, oder?«, fragte Locke.

Das tat Janik tatsächlich nicht. Er schnallte weder Marleens Verhalten noch das der schönen Helena, die sich wirklich und wahrhaftig in den Fatzke verliebt hatte. Das merkte jeder auf den ersten Blick. Für Janik war es jedoch zu einem Wettbewerb geworden.

»Er hat mir meine Frau gestohlen«, sagte er und brütete den idiotischsten Plan aus, den man sich vorstellen konnte.

»Der Minimarkt an der Ecke. Der von den Italienern«, erklärte Janik, »der von den Italienern.«

»Ich fass es nicht.« Nicht einmal Locke, der sonst immer Verständnis für Janiks abstruse Vorschläge zeigte, konnte erklären, was in Janik vorging und wie um alles in der Welt er auf diese Idee gekommen war.

»Du hattest mal gesagt, dein Dealer könnte auch an andere Dinge rankommen.« Janik sah Locke auffordernd an.

»Andere Dinge als Gras, ja«, sagte Locke. »Damit meinte ich Pilze, LSD und Koks. Keine Waffen.«

»Bist du eigentlich komplett übergeschnappt?« Marleen klang ganz ruhig. Nur die roten Flecken auf ihren Wangen verrieten sie.

»Ihr habt keine Ahnung! Fragst du den Kerl jetzt oder nicht?«

Locke zuckte mit den Schultern. Dann nickte er. So lief es immer ab. Wenn Janik etwas wollte, bekam er es. Egal, wie blöd Locke es fand. Und die Idee mit dem Überfall fand Locke wirklich saublöd.

»Wenn das rauskommt, wanderst du in den Knast«, versuchte er Janik umzustimmen. »Die machen keine Scherze. Eine Waffe? Da ist sofort Schluss mit lustig.«

Janik lockerte die Muskeln in seinen Schultern und stellte sich breitbeinig hin. Er hielt die Fäuste in die Luft und tat, als würde er boxen.

»Dann bin ich 'n bad boy. Da stehen die drauf. Helena. Marleen sicher auch.« Er grinste anzüglich.

»Du bist ein Arschloch«, sagte Marleen.

Das Problem an der Sache war, dass Janik kein Krimineller war. Ein Arschloch, ja, da hatte Marleen recht. Und klar hatte er hier und da mal was mitgehen lassen. Am Samstagabend mal ne Schlägerei. Zu viel Energie, die musste raus. Und wenn jemand bei seinem Bewegungsdrang im Weg stand, dann gab es hin und wieder eine geplatzte Lippe oder ein blaues Auge. Deshalb hatte Janik das Sagen und nicht Locke. Aber wie man einen Laden überfällt, davon hatte Janik keine Ahnung.

»Ich wollte 'ne richtige Knarre, Mann. Keine Gaspistole«, meckerte er, als Locke ihm die von seinem Dealer organisierte Waffe rüberschob.

»Kannst du das erkennen, dass die nicht echt ist?«, fragte Locke. »Der Typ im Minimarkt sicher nicht.«

»Okay.« Janik musste zugeben, dass Lockes Argument Sinn machte. Er nahm die Pistole und streckte sie vor sich aus. »Hände hoch, das ist ein Überfall!«, rief er.

Marleen zuckte zusammen.

»Geile Sache.« Janik lachte.

Es ging nicht mehr um Helena selbst – war es das überhaupt jemals? – nicht mal mehr darum, dem Fatzke eine reinzuwürgen. Es ging darum zu gewinnen. Und Janik gewann immer.

Nur dieses Mal nicht.

Das Problem war nämlich, dass Janik manchmal einfach nicht richtig nachdachte. Er hörte »Blowjob« und vergaß, dass er eine Freundin hatte. Er hörte »Gaspistole« und vergaß, dass auch diese Waffen tödlich sein können.

Janik hatte keine Erfahrung mit Überfällen.

»Das ist ein Überfall«, schrie er, eine alte Skimaske über dem Gesicht. Er warf dem Verkäufer die Sporttasche hin. »Geld da rein, aber schnell!«

Der Verkäufer dachte nicht daran. Ob er ein Held sein wollte, ob er erkannt hatte, dass Janik keine Ahnung hatte, er weigerte sich jedenfalls.

Aber Janik hatte Muskeln. Janik war stark, er ging ins Fitness-Studio. Und samstagsabends hatte er hin und wieder eine Schlägerei mit den Türstehern vom Kala. Da ließ er sich nicht von so einem Minimarkt-Verkäufer einschüchtern, der zudem noch einen halben Kopf kleiner war. Janik wollte Helena, vielleicht sogar Marleen beeindrucken. Er war ein Raubtier und der Verkäufer seine Beute. Janik sprang über die Theke, er schlug zu, wieder und wieder, und als der andere doch einen Treffer landete, streckte er ihm die Waffe ins Gesicht. Er entsicherte, es war doch nur eine Gaspistole, und drückte ab.

Das Entsetzen lag immer noch auf Janiks Gesicht, als die Handschellen klickten.

»Das wollte ich nicht«, sagte er. »Das habe ich nicht gewollt.«

»Ich habe es immer schon gewusst«, sagten die Leute.

Die schöne Helena sagte gar nichts. Sie ging mit dem Fatzke zur Abschlussparty.

»Dieser Idiot«, sagte Marleen, ganz leise. »Warum hat er nicht einfach mich gefragt?«

Zucchini-Brownies (ohne Haschisch)

Zutaten:
100 g Zucchini
80 g Butter
50 g Zartbitterschokolade
100 g Mehl
1 TL Backpulver
1 EL echter Kakao
2 Eier
100 g Zucker
1 Päckchen Vanillezucker
50 g Nüsse (Walnüsse, Cashewkerne, Mandeln, je nach Belieben)
Schokoladentropfen, ebenfalls nach Belieben

Zubereitung:
Die Zucchini ist in den fertigen Brownies nicht spürbar (man sieht und schmeckt sie nicht), sie sorgt aber dafür, dass die Brownies saftig werden.
Zunächst den Backofen vorheizen (am besten Umluft 150 Grad). Eine Backform, Brownieform oder hohe Auflaufform mit Backpapier auslegen oder gut einfetten.
Zucchini waschen und raspeln. Die Butter mit der Schokolade schmelzen und zum Auskühlen etwas zur Seite stellen. Mehl, Backpulver und Kakao gut miteinander vermischen. In einer weiteren Schüssel Eier, Vanillezucker und Zucker einige Minuten rühren, bis die Masse schaumig ist.
Das Mehlgemisch hinzugeben und unterrühren. Die Butter-Schokoladen-Masse ebenfalls. Dann die Zucchini und die Nüsse, je nach Belieben die Schokotropfen unter den Teig heben.
Den Teig in die Backform geben und 30 bis 40 Minuten auf mittlerer Schiene backen.

PETRA NAUNDORF

Alternative Rechtsnachhilfe

Stuttgart / Kleinwalsertal

Ich ließ mich von den samstäglichen Menschenmassen durch die Stuttgarter Innenstadt schwemmen, nahm die wärmenden Sonnenstrahlen dieses Frühlingstages und die bunten Auslagen in den Schaufenstern gar nicht richtig wahr, sah keine Gesichter, hörte kaum die nach Eis quengelnden Kinder, die an den Händen ihrer Mütter durch das Gewühl gezerrt wurden. Immer wieder tauchten die gleichen Bilder vor meinem inneren Auge auf, lief der gleiche Film in meinem Kopf:

Wie ich auf meinem Fahrrad wie besessen auf dem schmalen Weg an der Breitach entlanggerast war. Ich musste mich unter überhängenden Felsen hindurchducken, glaubte, das Schrammen des Gesteins an meiner Schulter bereits zu fühlen. Ich hörte Martin knapp hinter mir auf seinem Hightech-Rad keuchen. Nur die Strahlen unserer Helmlampen zuckten durch die Dunkelheit. Da war sie wieder, meine Angst. Er versuchte, mich abzudrängen, touchierte mich, ich schlingerte. Doch plötzlich brach Martys Rad aus. Sein Vorderrad knallte gegen die Wegbegrenzung und er stieg im hohen Bogen über den Lenker ab, flog geradezu über das Metallgeländer und stürzte in die felsige Schlucht. Ich war mir sicher, trotz des Tosens des Flusses einen dumpfen Aufschlag gehört zu haben, bremste sofort scharf ab, sprang vom Rad, lehnte es an die aufragenden Felsen zu meiner Linken und hastete zur Unglücksstelle. Ich eierte wie in Holzpantinen über den knirschenden Kies. Als ich mich über das Geländer beugte und in die schwarze Tiefe starrte, entdeckte ich schnell das Licht seiner Helmlampe und sah die diffusen Umrisse seines Körpers zuckend immer weiter bergab rutschen. Kurz tanzte der Lichtpunkt noch in den schwarzen Wellen, bevor er verschwand. Ich starrte weiter auf die Fluten und wusste, ich sollte Entsetzen oder so etwas wie Mitleid empfinden, aber da war nichts. Da war etwas anderes. Das Gefühl des Triumphes schoss unvermittelt wie heißes Öl in meine Adern. Ich hatte ihn besiegt. Endgültig. Ein befreites Lachen kollerte aus meiner Kehle.

Fröstelnd lehnte ich am Geländer, während ich auf die anderen wartete. Es dämmerte. Am Wegrand sah ich Eiskristalle in den Grasbüscheln glitzern. Ich hatte meine Ellenbogenschoner abgestreift und nestelte unter meine Softshelljacke, griff nach einer der Trinkflaschen, die ich an einem elastischen Gürtel um meine Taille trug. Marty hatte sich vor der Challenge noch über mich lustig gemacht, hatte über »Angelas Sprengstoffgürtel« gelacht und hämisch auf die Beulen um meine Leibesmitte gezeigt. Mit den Zähnen öffnete ich den Verschluss des Fläschchens und saugte einen kräftigen Schluck Wasser heraus. Was für eine Wohltat. Mein Blick fiel auf Martins Trailbike mit dem auffälligen GPS am Lenker, das mitten auf dem Weg lag.

Inzwischen hatten die ersten Teammitglieder aufgeschlossen, Leon, Lotte, Andreas. Ich zwang mich, betroffen auszusehen. Mit zitterndem Finger zeigte ich auf den Fluss, stammelte »Martin …!«, begann, über das Geländer zu klettern. Leon und Lotte folgten mir ohne Zögern. Vorsichtig rutschten wir auf dem Hosenboden den steilen Hang hinunter, wichen besonders scharfkantigen Felsen aus, sofern wir sie im ersten Morgengrauen erkennen konnten, immer begleitet vom Wellenkonzert der Breitach. Zur Schneeschmelze verwandelte sich der beschauliche Fluss jedes Jahr in einen tosenden Strom. Ich sah, wie Lotte irgendetwas aus einem der Krüppelbäume klaubte, die hier vereinzelt am Hang wuchsen, und meinte etwas Rotes, vielleicht wie einen Handschuh zu erkennen, da fing sie schon an zu schreien. Voll Ekel schleuderte sie das Ding unkoordiniert von sich, in meine Richtung.

»Martins Hand«, hörte ich sie heulen, »die steckt noch drin!«

Breitbeinig gegen einen Busch abgestützt stand ich am Hang, strich meine Jacke glatt, brüllte gegen das Wasser an und winkte Lotte und Leon zu, wieder hochzuklettern. Hier konnten wir nichts ausrichten. Wir kraxelten die Böschung hoch, zurück auf den Weg. Andreas nahm uns in Empfang, half der schluchzenden Lotte über das Geländer.

»Was ist passiert?«, fragte er mich und zeigte auf Martins Rad, das noch immer auf dem Weg lag.

»Martin und ich haben uns ein Wettrennen geliefert wie jedes Jahr, dann war er plötzlich weg. Ich habe sofort angehalten, da lag sein Rad auf dem Weg und von ihm keine Spur. Ich entdeckte ihn unten am Fluss in dem Moment, als ihn das Wasser wegriss. Er ist wohl gegen die Absperrung geknallt und unglücklich abgestiegen … übers Geländer …«, meine Stimme brach, ich schniefte.

»Wir müssen die Rettung rufen«, sagte Andreas knapp und zückte sein Smartphone.

Die österreichische Polizei war ziemlich schnell da und auch einige deutsche Uniformierte konnte ich ausmachen, schließlich waren wir im Grenzgebiet. Ein paar Beamte in Zivil befragten bereits die Teammitglieder, die hinzugerufene Bergwacht streifte am Ufer entlang und ein blau-rotes Schlauchboot raftete den Fluss hinunter, um Martin zu suchen.

Ich saß unweit meines Fahrrads an die Felswand gelehnt und starrte nach oben. Inzwischen stahlen sich die ersten Strahlen der Morgensonne über die Bergkuppen. Der Himmel war makellos blau. Es würde wohl ein schöner Frühlingstag werden.

Mein Kollege Stefan setzte sich zu mir auf den Kiesweg und legte seinen Arm um mich. Er redete beruhigend auf mich ein. Ich ließ ihn gewähren, seine Nähe war angenehm, obwohl sein Trikot schweißnass war. Ich weiß nicht, ob ich weinte. Unauffällig sah ich mich um, beobachtete die Reaktionen der anderen, ob jemand etwas gesehen haben konnte. Aber niemand verhielt sich auffällig oder schien mich besonders zu beachten.

Andreas rannte in einigem Abstand wild gestikulierend vor den frisch eingetroffenen Mitarbeitern der Spurensicherung her. Er wirkte lächerlich mit den klobigen, schwarzen Schienbeinprotektoren an seinen spindeldürren O-Beinen, die aus den kurzen, neongrünen Downhill-Shorts ragten. Lotte hatte sich an Leons Brust geworfen und weinte. Er hatte seine Arme um sie geschlungen, an seiner linken Hand baumelte ihr Helm, mit der rechten streichelte er ihren Rücken. Er küsste ihr kurzes, blondes Haar, schien etwas in ihr Ohr zu flüstern. Sah nach Liebespaar aus. Hatte ich etwas verpasst?

»Was?«, ich drehte mich erschrocken um, als Stefan sanft meine Schulter drückte und mich aus meinen Gedanken riss.

»Hast du gesehen, wie's passiert ist?«, wiederholte er seine Frage.

»Nicht wirklich«, sagte ich knapp. Erst jetzt bemerkte ich den jungen Zivilpolizisten, der neben ihm stand und eifrig Notizen in ein Tablet tippte. Er sah auf und ich blickte in strahlend blaue Augen. Was für ein Sahneschnittchen. Vielleicht ein bisschen jung, aber – wow!

»Kommissar Alberer, Kriminalpolizei Polizeidirektion Vorarlberg«, stellte er sich höflich vor, »die Kollegen der Polizeiinspektion Kleinwalsertal haben uns hinzugezogen, weil es sich hier um einen ungeklärten Todesfall eines nicht-österreichischen Bürgers auf österreichischem Territorium handelt. Die deutschen Kollegen suchen flussabwärts bereits nach dem Vermissten. Wahrscheinlich wird er auf deutschem Gebiet angeschwemmt werden«, er räusperte sich, »seine Überlebenschancen sind unglücklicherweise nicht sehr groß. Die Felsen, die Wassertemperatur«, bedauernd schüttelte er den Kopf.

»Kriminalpolizei? Aber es war doch ein Unfall!«, rief ich.

»Das mag sein, doch bis wir das abschließend geklärt haben, wäre es sehr nett, wenn Sie mir ein paar Fragen beantworten könnten.«

Er sprach Schriftdeutsch, jedoch mit der typisch weichen Walser Färbung.

»Eine ungewöhnliche Uhrzeit für eine Radtour«, fuhr er fort, »und schweres Gelände. Besonders in der Dunkelheit ist das gefährlich. Nicht nur für Sie.«

»Chefidee«, sagte ich knapp und zeigte auf Andreas. »Letztes Jahr waren wir in den Dolomiten Snowboarden. Natürlich auch im Dunkeln. No risk, no fun.«

»Geli, also Frau Angela Wendel hier, und Marty, also der verunglückte Kollege Martin Martinez, sind die Cracks in unserem Team«, schaltete sich Stefan ein, »also, voll die Sportskanonen, meine ich. Echt, in allen Disziplinen! Letztes Jahr hat Marty gewonnen und Angela war ganz knapp Zweite. Dieses Jahr war Geli vorne, aber Marty war ihr dicht auf den Fersen.«

Kurz überlegte ich.

»Martin hat versucht, mich zu überholen, und plötzlich war er weg.«

Ich zuckte mit den Schultern und blickte dem Beamten in die schönen Augen. »Er hat nicht geschrien oder so. Ich sah mich nach ihm um und da lag nur noch sein Rad auf dem Weg.«

Nun kullerten doch Tränen über meine Wangen. Der junge Polizist nickte verständnisvoll. Stefan kramte in seiner Radlerhose nach einem Papiertaschentuch.

»Ich bin sofort ans Geländer und sah, wie er vom Fluss weggerissen wurde. Ich konnte nichts für ihn tun«, schniefte ich.

Der Kommissar tackerte eifrig auf sein Tablet ein, »Sie sind also Kollegen?«

Ich zog den Reißverschluss meiner Softshelljacke auf, reckte die Brust, zeigte auf den Schriftzug meines T-Shirts, sodass er auf meine wohlgeformten Brüste starren musste: *Mesters, Shark und Partner*. Ich machte eine große Geste, die alle mit einschloss.

»Wir sind alle Kollegen. Das hier ist unser alljährlicher Firmenausflug.«

»Mehr das alljährliche Wettrennen«, korrigierte Stefan.

»Haben Sie das beobachtet?«, fragte der Beamte. Ich fing Stefans fragenden Blick auf, »Die Verfolgungsjagd der beiden, haben Sie die gesehen?«

»Ja«, sagte Stefan, »vor der letzten Biegung habe ich die beiden kurz gesehen, aber als das mit Marty passierte, waren sie außer Sicht.«

Der hübsche Polizist nickte und notierte.

»Waren Sie auch sonst Konkurrenten? Ich meine, im Büro?«

Sein Blick ruhte wieder auf mir. Mir brach der Schweiß aus. Er sah aber auch unverschämt gut aus.

»Klar«, sagte ich, »wir sind Wirtschaftsanwälte, wir sind alle Konkurrenten – *und* Kollegen«, ergänzte ich, als ich sein Stirnrunzeln sah. Ein erneutes »Aha«, erneutes Tippen. Nun hielt er seinen Blick für meinen Geschmack wirklich zu lange gesenkt. Schade, ich mochte das Blau seiner Augen.

»Allerdings«, meldete sich Stefan erneut zu Wort, »Marty war nach dem letztjährigen Gewinn die Vollpartnerschaft angeboten worden.«

Der strahlende Blick hob sich abrupt wieder. Das hatte was von einem Scheinwerfer, ging es mir durch den Kopf.

»War das eine Beförderung? Hatte er dadurch Vorteile? Gab es Neider? War jemand negativ betroffen?«, er taxierte Stefan, der nach Worten rang und mir einen hilfesuchenden Blick zuwarf.

»Ja, ja, sicher und ja«, kam ich Stefan zu Hilfe.

»Wer ...?«

Ich ließ den Kommissar nicht ausreden.

»Ich!«, sagte ich schnell. »Er hat mir den Job vor der Nase weggeschnappt. Ihm wurde die Partnerschaft angeboten, obwohl ich deutlich größere Deals an Land gezogen hatte. Mein Mandatsvolumen, meine gewonnen Prozesse und damit letztlich der Gewinn für die Kanzlei waren über ein Drittel höher als seine Leistungen. Geneidet haben ihm den Job im Übrigen alle Kollegen und Kolleginnen, die schon länger dabei sind als er. Also alle Associates, die auf eine Vollpartnerschaft hofften. War ich neidisch? Nein.«

»Das ist jetzt schwer vorstellbar«, sagte der Polizist und sah mir wieder in die Augen. Warm prickelte es meinen Rücken hinunter. *»Deine blauen Augen machen mich so sentimental ...«*, tönte der 80er-Song plötzlich in meinem Hirn. Reiß dich zusammen, dachte ich, das hier war eine polizeiliche Vernehmung und kein erstes Date.

»Ich war wütend, nicht neidisch«, sagte ich. Eine Augenbraue des Hübschen schnellte in die Höhe.

»Aber ich war nicht in erster Linie wütend auf Marty, ich war wütend auf das Board, das mal wieder einen Mann vorgezogen hatte, obwohl die Leistung einer Frau objektiv deutlich besser war. Marty hatte nur das getan, was wirklich jeder und jede von uns in einer solchen Situation tun würde: Er brachte sich zur richtigen Zeit in Stellung, in die Optik der Verantwortlichen. Die Entscheidung traf letztendlich die Geschäftsleitung, allen voran Andreas Mesters«, ich zeigte auf Andi, der inzwischen mit einem Beamten in blauer Uniform diskutierte, »und der lebt ja ganz offensichtlich noch.«

Um die Mundwinkel des Polizisten zuckte es. Humor hatte er also auch. Fesches Aussehen und Humor. Eine gute Mischung.

»Wo wohnen Sie denn? Im Kleinwalsertal?«, fragte der Beamte jetzt.

»Ja, in Hirschegg, in der Schwabenhütte«, antwortete ich.

Er nickte. Jeder hier kannte den urigen Berggasthof. Besonders in der Wintersport-Saison war das Kleinwalsertal quasi eine Außenstelle des Schwabenlandes, waren es von Stuttgart mit dem Auto doch nur knapp zweieinhalb Stunden. Daher auch die schwäbischen Namen einiger Hütten und Gasthöfe.

»Sie alle reisen bitte bis zur Klärung des Sachverhalts nicht aus Österreich aus. Der Hausl der Schwabenhütte wird Sie sicher gerne noch ein paar Tage bewirten. Übrigens, eine recht ungewöhnliche Unterkunft für Angehörige Ihrer Zunft, wenn ich mir diese Bemerkung erlauben darf«, er grinste keck.

Ja, das stimmte. Normalerweise residierten wir bei unseren Aufträgen und Mandaten stets in einem der besten Häuser am Platz.

»Der Chef meint, das erdet uns«, erläuterte ich und sah zu Andreas hinüber, der jetzt auf Leon und Lotte einredete.

Der junge Kommissar nickte und sah mich lange an. Ich lächelte zurück. Funkte es da zwischen uns? Halt! Ich konnte wohl schlecht mit einem Polizisten flirten, für den ich höchstwahrscheinlich eine Verdächtige war. Aber warum eigentlich nicht? Nein, rief ich mich zur Ordnung, ich musste hier heil herauskommen. Eine Beziehung zu diesem, zugegeben, umwerfend gutaussehenden österreichischen Kommissar, und sei es auch nur ein klitzekleiner One-Night-Stand, konnte mir gefährlich werden. In mehrfacher Hinsicht. Also, Finger weg. Ich sah zu Boden und brach den Blickkontakt ab. Wirklich schade.

Nach drei Tagen durften wir schließlich abreisen, nachdem die Einsatzkräfte Martys Leiche auf deutschem Gebiet gefunden und die deutschen Behörden den Fall übernommen hatten. Ich war sehr erleichtert, als Oberstdorf endlich hinter mir lag, und gab meinem Porsche Cayenne auf der Autobahn die Sporen.

Nun trieb ich also an einem Samstag in Stuttgart auf der Königsstraße ziellos in den Massen der Einkaufswütigen und dachte an den attraktiven Polizisten mit den umwerfend blauen Augen und dem hinreißenden Walser Akzent. Und immer wieder poppten die Bilder von Martys Sturz hoch. Am Schlossplatz tauchte ich schließlich in den Untergrund, bestieg die U 6 und fuhr nach Hause. Ich musste dringend mit jemandem reden.

»Stell dir vor, dann stürzte er in die Breitach«, ich saß in meinem Lieblingssessel und blies in die Jumbotasse mit Jasmintee. Meine Mitbewohnerin Mia saß neben mir auf der Armlehne und ich blickte in ihre großen, grünen Augen. Zugegeben, sie war ein etwas oberflächliches Persönchen, aber klug. Ich glaubte, Neugier in ihrem Blick zu entdecken, vielleicht sogar echtes Interesse.

»Klar, die Polizei hat mich zuerst verdächtigt, aber ein Unfall schien ihnen dann doch wahrscheinlicher«, sagte ich.

Mia erwiderte nichts, strich sich nur eine Strähne ihres roten Haares aus dem hübschen Gesicht. Sie war eine langhaarige Schönheit und obwohl wir erst seit einem halben Jahr zusammen wohnten, war ich ihrem Charme völlig verfallen. Sie schloss die mandelförmigen Augen, öffnete leicht den wohlgeformten

Mund, ich sah die rosa Lippen und die kleinen, weißen Reißzähne, als sie herzhaft zu gähnen begann.

»Ja, ist das eine Art? Sieht so deine Anteilnahme aus?«, zeterte ich empört, während ich zusah, wie meine Katze elegant von meinem Sessel sprang.

Also doch Mama.

Meine Mutter ist keine normale Mutter. Sie ist eine Instanz. Richterin am Stuttgarter Amtsgericht. Strafsachen. Mit einer Schwäche für Kapitalverbrechen. Sie war in meiner Kindheit selten früh genug zu Hause, um uns Kinder ins Bett zu bringen, und trug ganz allgemein wenig zur Erziehung meiner Schwestern und mir bei. Das war der Job unseres Vaters gewesen, eines Realschullehrers mit halbem Lehrauftrag. Am Wochenende erzählte meine Mutter dafür gerne von den brutalsten Verbrechen und den blutigsten Morden, die ihr während der Woche untergekommen waren, und versaute uns Kindern damit regelmäßig das sonntägliche Mittagessen.

Ich klingelte an ihrem Wohnhaus. Sie residierte seit dem Tod meines Vaters in der Beletage einer schicken Jugendstilvilla an der Gänsheide.

»Ja?«, bellte es aus der Gegensprechanlage.

»Mama, ich bin's, Angela. Ich muss mit dir reden. Es ist dringend.«

Zu meiner Überraschung brummte prompt der Türsummer. Es war Samstag und ich wusste, die arbeitsfreien Wochenenden waren ihr heilig. Aufgeregt trat ich ins hohe Treppenhaus, stieg die knarrenden Stufen hinauf. Einige Minuten später saß ich auf einem unbequemen Holzstuhl an der langen Seite des großen Esstischs, mir gegenüber meine Mutter in ihrer typischen Richterpose. Sie musste ein Kissen auf ihrem Stuhl liegen haben, saß sie doch deutlich höher als ich und sah auf mich herab. Alles an ihr strahlte Würde und eine Art froher Erwartung aus. Ihre Unterarme ruhten auf der Tischplatte. Fehlten nur die obligatorischen Unterlagen vor ihr auf dem Tisch. Obwohl es bereits Mittag war, trug sie ihren roten Satinmorgenmantel, den sie eng um ihren üppigen Körper geschlungen hatte. Bei flüchtigem Hinsehen sah er aus wie eine Robe. Währenddessen zog ein durchdringender Essensduft von der offenen Küche durch den Raum und mein Magen knurrte vernehmlich. Ich hatte noch nicht einmal gefrühstückt. Tief sog ich den köstlichen Duft ein. Hühnersuppe. Ich liebte Hühnersuppe. Allerdings rechnete ich nicht damit, dass Mutter mich zum Essen einlud, und danach fragen würde ich auf keinen Fall.

»Dann schieß mal los, mein Kind, was bedrückt dich?«, ihre dunkle Stimme drang in mein Ohr, in mein Hirn und ihr Blick versenkte sich tief in meinem. Ich begann zu erzählen … berichtete von den alljährlichen Wettrennen der Kanzlei, von Martys fiesem Trick im letzten Jahr, mit dem er sich den Sieg ergaunert und anschließend auch noch die Vollpartnerschaft erschlichen hatte, von seinem »Radunfall« auf dem Weg zur Breitachklamm.

Meine Mutter war eine gute Richterin, eine verdammt gute Richterin. Unter ihrem gnadenlosen Blick knicken die härtesten Straßenkämpen ein und sogar dem berüchtigten Mafia-Paten Don Papilotti hatte sie vor Gericht ein umfangreiches Geständnis abgerungen. Aber ich war 35 und Wirtschaftsanwältin. Mein zweiter Vorname war Pokerface. Also erwog ich, meine Geschichte ein wenig zu beschönigen, wirklich nur ein ganz klein wenig. Ich holte schon Luft, da traf mich Mutters Blick. Ich taumelte. Also im übertragenen Sinne. Ich fühlte mich zusammenschrumpfen wie einen Luftballon, den man angestochen hatte, und der nun fiepend und furzend durch die Luft torkelte. Schlagartig war ich wieder fünf Jahre alt und saß hier, weil ich das große Glas Nutella ganz allein ausgefressen hatte. Eine Fünfjährige auf der Anklagebank. Also erzählte ich Mutter die Wahrheit und nichts als die Wahrheit. Wie ich dafür gesorgt hatte, dass Marty am Vorabend die hübsche Bedienung der Snow-Bar angrapschte und diese ihm vor etlichen Zeugen mit einem Elektroschocker eine verbraten hatte. Wie mich das hilflose Zappeln Martys zur Ausführung meiner Tat an der

Breitach inspiriert hatte. Trug ich doch meinen eigenen Taser immer in meiner Handtasche bei mir. Ich erzählte auch, wie ich nach Martys »Unfall« den Elektroschocker an meinem Trinkgürtel verborgen und auf der Rückfahrt nach Stuttgart an einer Raststätte entsorgt hatte. Schweren Herzens. Schließlich hatte er mich fast zehn Jahre treu begleitet und vor Ungemach bewahrt.

Angestrengt studierte ich die Holzmaserung der Tischplatte vor mir.

»Und, Angela, hattest du Spaß dabei?«, fragte meiner Mutter. Alarm! Ich schluckte.

»Ja«, winselte ich.

Mit gesenktem Kopf wartete ich darauf, dass die Welt unterging. Aber überraschenderweise tat sie das nicht.

»Großartig!«, hörte ich meine Mutter sagen und meine Kinnlade klappte herunter. Ich hatte mich ganz sicher verhört.

»Großartig, mein Kind!«, wiederholte sie begeistert, als hätte sie meine Gedanken gelesen. Sie sprang auf, tippelte in ihren roten Satinschläppchen um den Tisch, zerrte mich auf die Beine und drückte mich an ihre bebende Mutterbrust.

»Endlich!«, hauchte sie in mein Haar. »Wir dachten schon, bei dir würde das Familiengen gar nicht durchschlagen.«

Was? Und überhaupt, wer »wir«?

»Na ja«, redete meine Mutter weiter, »du weißt doch, die Familientradition! Sicher erinnerst du dich an Onkel Heinrich? Er wurde berühmt als das Ungeheuer vom Schwarzwald. Zugegeben, seine Arbeit war nicht gut, ja geradezu stümperhaft, deshalb hat ihn die Polizei ja auch geschnappt.«

Ach ja, Onkel Heinrich und Tante Hedi …

»Die Serien unserer weiblichen Verwandten wurden leider nie gebührend gewürdigt, dabei hat zum Beispiel Tante Hedi zwölf ausgewachsene Männer erlegt – mit ihren bloßen Händen!«

Ein kalter Schauer lief mir den Rücken hinunter. Tante Hedi? Die kleine Tante Hedi? Sie hatte uns Kindern immer Wiebele gebacken. Ihre Wiebele waren legendär!

»Und auf meine Serie bin ich auch ein wenig stolz.«

Ich traute meinen Ohren nicht.

»Mama, du bist Richterin!«, rief ich erschüttert.

»Na und?«, hörte ich meine Mutter sagen. »Wenn die Rechtsprechung versagt und ich irgendwelche Dreckskerle nicht einbuchten kann, muss ich auch mal zu Alternativen greifen. Alternative Rechtsnachhilfe sozusagen. Man kann ja den inneren Drang durchaus sinnvoll kanalisieren. Nicht wie Onkel Heinrich. Schließlich sind wir Frauen!«

Ich starrte sie an. War das die Frau, die mich geboren hatte, die ich glaubte in- und auswendig zu kennen?

»Erinnerst du dich zufällig an den Mädchenmörder im vorletzten Sommer?«, fuhr sie fort, »Wir waren bei Gericht sicher, dass er alle sechs Morde begangen hatte. Doch der Staatsanwalt konnte ihm nichts nachweisen, nicht zuletzt weil die Hauptbelastungszeugin unter dubiosen Umständen verschwunden war und deshalb vor Gericht nicht gegen ihn aussagen konnte. Da musste ich doch handeln!«

Ja, ich erinnerte mich dunkel. Hatte die Polizei den Angeklagten nicht kurz vor dem zu erwartenden Freispruch an einem Balken seiner Dachwohnung erhängt aufgefunden? Ich wollte gerade anmerken, dass es nicht die feine englische Art war, Selbstjustiz zu üben, da fiel mir ein, dass es bei mir so ziemlich das Gleiche war. Also hielt ich die Klappe.

»... und deine große Schwester Barbara hat ihre erste Arbeit schon in der Grundschule abgeliefert. Du erinnerst dich noch an den Vater vom dicken Hans?«

Ich riss die Augen auf. Bis zum heutigen Tage war ich fest der Überzeugung gewesen, dass der Vater des dicken Hans bei einem tragischen Arbeitsunfall an der Kreissäge ums Leben gekommen war. Hans war oft mit blauen Flecken in die Schule gekommen. Nach dem Unfall hatte das aufgehört. Meine große Schwester Barbara. Sie war heute Staatsanwältin. Ich war ehrlich schockiert. Konnte es noch schlimmer kommen?

»Die Serie von Sabine ist aber auch nicht zu verachten!«, plapperte Mutter weiter.

»Nicht auch Sabine!«, jaulte ich. Sabine war meine kleine Schwester, sie machte gerade das erste Staatsexamen. Ich war von Serienmörderinnen umgeben!

»Und nun hast auch du zur Familientradition gefunden. Sehr schön. Jetzt ist alles gut«, Mutter strahlte mich an.

»Alles gut«, wiederholte ich und grinste dabei leicht grenzdebil. Dann brachte mich ein verstörender Gedanke abrupt zurück in die Wirklichkeit. Was, wenn ...?

»Und Papa?«, fragte ich.

»Was soll mit deinem Vater gewesen sein?« Sie sah mich fragend an.

»Na ja, hast du ihn auch ...?«

»Ach Kind! Sei doch nicht albern!« Ich hörte die Verärgerung in ihrer Stimme, »Wir morden nicht in der Familie. Wir sind doch nicht die Mafia!«

Ich nickte wie ein Wackeldackel. Also nicht die Mafia ...

»Du bist ja ganz durcheinander«, besorgt tätschelte Mutter meine Hand. »Ich bringe dir erst mal eine schöne Hühnersuppe.«

Damit tippelte sie in die Küche, um aus einem großen Topf Hühnerbouillon in einen tiefen Teller zu schöpfen und aus einer nebenstehenden Schüssel noch zwei Löffel voll Irgendwas zu ergänzen.

Ich bin nicht krank, wollte ich widersprechen, denn eigentlich war mir der Appetit vergangen, aber mir fehlte einfach die Kraft.

Als mir meine Mutter die Schüssel mit der dampfenden, goldgelben Suppe unter die Nase schob und ich die kleinen Buchstaben darin tanzen sah, stellte sich sofort das wohlige Gefühl meiner Kindheit ein, wenn Mama ganz allein nur für mich gekocht hatte, weil ich krank gewesen war. Tränen der Rührung stahlen sich in meine Augen. Einen Moment lang war ich versucht, meinen Namen am Tellerrand auszulegen, wie damals, verwarf jedoch den Gedanken. Mutter schob mir eine Serviette mit dem Aufdruck »Guten Appetit« über den Tisch. Dankbar lächelte ich sie an.

»Hast du dir denn ein Souvenir mitgebracht?«, fragte sie fast zärtlich, während ich brav pustete und löffelte.

»Was?«, frage ich mit vollem Mund zurück, abgelenkt vom Geschmack der köstlichen Suppe. Was sollte ich denn für ein Souvenir mitgebracht haben? Schnitzereien aus dem Kleinwalsertal?

»Herrgott nochmal, Kind, du bist doch sonst nicht so schwer von Begriff!«, schimpfte sie. »Ob du dir ein Souvenir von deinem ersten Mal mitgebracht hast, möchte ich wissen.«

Sie schritt zur Küchentheke, bückte sich, ich hörte das Drehen eines Schlüssels in einem Schloss, dann holte sie ein kleines Einmachglas hervor, in dem, in eine klare Flüssigkeit eingelegt, ein Männerohr schwamm.

»So etwas, meine ich.«

Ich ließ den Löffel sinken und starrte auf das haarige Ohr.

»Tante Hedi, deine Schwestern und ich haben leider alle keine Souvenirs von unseren allerersten Arbeiten«, sie schüttelte bedauernd den Kopf, »Premieren sind ja üblicherweise noch nicht so professionell geplant und meist auch viel zu emotional ... da vergisst man das schnell mal. Merke es dir einfach für deine nächsten Arbeiten«, schloss sie und das Glas mit dem Ohr verschwand wieder unter der Theke.

»Ach, das meinst du«, sagte ich, legte den Löffel in den leergegessenen Suppenteller und wischte mit der Serviette sorgfältig meine Lippen. Perfektion war schon immer meine Stärke gewesen. Versonnen dachte ich an meine Tiefkühltruhe und an Martys rot-behandschuhte Hand darin.

Hühnerbouillon

Zutaten:

1 Huhn, möglichst Bio-Qualität
(Wenn Sie das Fleisch nach dem Kochen weiterverwenden wollen, nehmen Sie kein zähes Suppenhuhn, sondern besser z.B. ein Maishähnchen. Das dunkle Schenkelfleisch eignet sich prima als Suppeneinlage, das weiße Brustfleisch für Hühnerfrikassee oder Ragout fin. Auch beim Gemüse empfiehlt sich Bio-Qualität.)
2 helle Zwiebeln
1 Knoblauchzehe
1/2 Knollensellerie
1 Lauchstange
2-3 Möhren
1 Tomate
1 Champignon
1 daumennagelgroßes Stück Ingwer
1/2 Bund Petersilie
5 schwarze Pfefferkörner
3 Wachholderbeeren
2 Pimentkörner
1 kleines Lorbeerblatt
Je nach Geschmack: 2-3 Rosmarinnadeln, 2-3 Thymianzweige, Chilischoten und/oder Kurkuma

Als Suppennudeln eignen sich alle kleinen Nudelformen, aber auch Reis oder kleine Kartoffelwürfel. Bitte separat kochen.

Zubereitung:
Das Huhn ausnehmen und mit kaltem Wasser innen und außen waschen. Das Fett aus der Bauchhöhle entfernen (das Huhn hat ausreichend Fett unter der Haut). Das Gemüse waschen, evtl. schälen, und grob zerteilen.
Die Zwiebeln ungeschält halbieren und die Hälften auf der Schnittseite ohne Fett in einen hohen, weiten Topf setzen. Scharf

anbraten, bis die Schnittstellen braun (aber nicht schwarz) sind. Mit etwas kaltem Wasser ablöschen. Das Huhn in den Topf legen, mit Gemüsestücken, Kräutern und Gewürzen umlegen, mit kaltem Wasser auffüllen bis das Huhn gerade bedeckt ist. Das Wasser zum Kochen bringen (sprudelnd). Aufsteigenden Schaum mehrmals mit einer Schaumkelle abschöpfen. Dann die Hitze reduzieren und 1 1/2 bis 2 Stunden ohne Deckel leicht köcheln. Eventuell ein wenig Wasser nachfüllen, wenn zu viel davon verkocht sein sollte.

Die letzte halbe Stunde die Innereien zugeben und mitkochen. Oder Herz und Leber in gleich große Stückchen schneiden, in Albaöl – Rapsöl mit Buttergeschmack – durchbraten und mit einigen Körnchen grobem Meersalz bestreut sofort essen. Das ist sehr lecker und der Suppe fehlt geschmacklich nichts.

Für die Garprobe in die Keule stechen. Ist das Fleisch weich, Huhn herausheben und weiterverarbeiten, ausgekochtes Gemüse wegwerfen, da ist kein Geschmack mehr drin.

Eine leckere Einlage sind fein geschnittene Würfelchen von Möhre und Sellerie, die man zum Schluss 2 bis 3 Minuten in der Bouillon mitkocht. Die Suppennudeln gegart erst kurz vor dem Servieren in die Bouillon geben, sparsam salzen und im Teller mit etwas frisch geschnittener Petersilie garnieren. Bon appétit!

Brühe klären:
Besonders appetitlich ist eine bernsteinklare Bouillon.
Dafür pro 1 Liter Brühe 1 Eiweiß in einer Schüssel mit einem Schneebesen leicht schaumig schlagen und sanft in die kalte (!) Brühe einrühren. Unter häufigem Schlagen aufkochen lassen, Hitze reduzieren und dann ein zweites Mal aufkochen. Hitze abschalten und 15 Minuten ruhen lassen. Es bildet sich an der Oberfläche ein »Eiweißkuchen«, der alle Schwebstoffe bindet. Den Eiweißkuchen mit einem Schaumlöffel abheben und die Brühe durch ein feuchtes Seihtuch (zur Not geht auch ein sehr feines Sieb) in einen zweiten, sauberen Topf gießen.

Brühe entfetten:
Wenn Sie Bouillon einfrieren wollen, müssen Sie diese zwingend vorher entfetten. Dazu ziehen Sie ein Blatt Küchenkrepp über die warme Flüssigkeit und binden so das Oberflächenfett.
Ist die Brühe kalt, können Sie die Fettaugen einfach mit einem Schaumlöffel abheben.

Vorbereitung: 20 Minuten, Kochzeit eineinhalb bis maximal zwei Stunden

ALEXA RUDOLPH

Liebe geht durch den Magen

Zwischen Offenburg und Basel

Kurz vor Basel quietschen die Bremsen und der ICE 271 kommt ruckelnd zum Stehen. Aus dem Lautsprecher meldet eine männliche Stimme mit Berliner Akzent, dass der Zug vorläufig nicht weiterfahren wird. »Verehrte Fahrgäste, wir bitten um etwas Geduld, unser Zug hält außerfahrplanmäßig an, in Kürze erhalten Sie weitere Informationen.«

In einem der Sechserabteile sind nur zwei Plätze belegt. Am Fenster eine blonde Frau um die dreißig, gekleidet in Jeans, Rollkragenpulli und kniehohe Lederstiefel, vor ihr auf dem Klapptisch ein geöffneter Laptop. Die Frau ist in Mannheim zugestiegen, hat ihre Umgebung mühelos in eine Art Büro verwandelt und arbeitet seither konzentriert. Im Sessel rechts neben der Tür döst Gerda Ühlin. Ihr Name steht deutlich sichtbar auf einem Kofferanhänger. Gerda Ühlin kommt aus Offenburg und hat schweres Gepäck. Ihr Gesicht ist rund wie ein Mond und trotz fortgeschrittenen Alters nahezu faltenlos. Auch sonst wirkt an ihr alles stabil. Sogar ihre Finger sind ordentlich gepolstert und signalisieren Festigkeit; ein dünn gewordenes Goldreiflein steckt tief im Ringfingerfleisch.

Gerda Ühlin beginnt in ihrer Reisetasche zu kramen. Sie breitet eine Frischhaltedose mit blauem Deckel und eine gut gefüllte Bäckertüte auf dem Sitzplatz neben sich aus. Eifrig sucht sie weiter und wuchtet eine Thermokanne aus der Reisetasche. Ihre Füße drücken die Tasche zurück unter den Sitz.

»Darf ich?«, fragt sie freundlich und balanciert die Thermokanne sowie einen Plastikbecher auf die Tischplatte. Die Frau am Fenster rückt ihren Laptop ein wenig zur Seite. Dampfender Kaffee plätschert in den Becher. Gerda Ühlin beugt sich vor, lä-

chelt der Frau mit dem Laptop aufmunternd zu. »Auch einen?«
Die Frau zuckt die Schulter. Ein zweiter Becher steht wie hinge-
zaubert neben dem Laptop, ein Beutelchen Zucker liegt diskret
daneben.

Jetzt raschelt Gerda Ühlin mit der Bäckertüte, zieht eine mit
Butter bestrichene Brezel heraus und reicht die Tüte rüber. »Bitte! Das kann dauern. Wir stärken uns erst einmal.« Sie beißt
herzhaft in ihre Brezel. »Stört es, wenn ich kurz telefoniere?«,
erkundigt sie sich mit vollem Mund. »Wissen Sie, meine Freundin in Zürich erwartet, dass ich mich melde.« Sie sucht nach
ihrem Handy. Die Frau am Fenster trinkt einen Schluck Kaffee
und schreibt weiter. Durch den Flur laufen Fahrgäste Richtung
Bistro. Die Waggons stehen vollkommen still. Im Nachbarabteil
unterhalten sich Leute.

»Hallo, Moni«, trompetet Gerda Ühlin ins Telefon. »Wollte dir
nur sagen, dass ich mich verspäte. Der Zug hält auf freier Strecke, wir sind in der Nähe von Basel. Keine Ahnung, wann wir
in Zürich ankommen.« Sie schlägt die Beine übereinander und
brüllt erneut los: »Nein, du musst nicht, ich nehme die Tram, habe
Fränkli dabei und das Wetter ist ja auch recht nett. Also mach dir
keine Sorgen!« Sie hört angestrengt zu, was ihre Freundin zu sagen hat, lächelt dabei und nickt zustimmend mit dem Kopf. Doch
langsam verschwindet das Lächeln aus ihrem Gesicht. Sie verzieht
den Mund. »Ach, Moni, erzähl ich dir alles heute Abend, bin nicht
allein im Abteil, möcht nicht stören, aber stell dir vor ...«, ihre
Stimme bekommt einen klagenden Ton. »... Herr Ühlin, also Peter, der musste unbedingt mal wieder den Helden spielen.«

Die Frau mit dem Laptop schaut zum Fenster hinaus. Draußen spielen Kinder vor einem stillgelegten Bahnwärterhäuschen.
Tulpen blühen und ein Strauch Forsythien. Nur wenige Meter
daneben erhebt sich hinter einem Drahtzaun ein Autofriedhof,
vollgestellt mit Edelkarossen, die zu ihren besten Zeiten silbern,
weiß oder schwarz lackiert waren, die heute friedlich vor sich
hin rosten, einige zerbeult, andere bis auf ihr Skelett auseinan-
dergenommen.

Gerda Ühlin ist inzwischen aufgestanden und blickt in den kleinen Spiegel unterhalb der Gepäckablage. Sie lacht auf, klingt jedoch bekümmert und freudlos. »Herr Ühlin hatte Anfang November eine Auseinandersetzung mit einem besoffenen Kerl in einer Tiefgarage. Ging dumm aus für Herrn Ühlin. Drei Wochen Klinik. Den Schläger hat die Polizei bis heute nicht gefasst.« Sie setzt sich wieder, schaut auf ihre Schuhspitzen und streift einen ihrer beigen Wildlederpumps ab. Ein kleiner, rundlicher Fuß kommt zum Vorschein. Ihre Stimme ist jetzt klar und schnörkellos. »Moni, du weißt ja, ein Unglück kommt selten allein.« Sie holt Luft. »Ein paar Wochen später stürzt seine Mutter und stirbt an einem Lungenriss. Beinahe neunzig war die Alte, ich meine, da darf man ja endlich sterben, aber eine Rippe, die in der Lunge stecken bleibt, das wünscht man niemandem, nicht einmal der Schwiegermutter. Andererseits war sie ein böses Weib, nichts war ihr recht. Ich habe sie jeden Tag versorgt. Das volle Programm.«

Gerda Ühlin lauscht ins Telefon, beobachtet dabei die Frau am Fenster »Ja, ja, alles mal wieder sehr dramatisch bei uns. Ich sage dir, die letzten Wochen, ich wusste nicht, wo mir der Kopf steht, ich musste mich doch auch um Peter, ich meine, um Herrn Ühlin kümmern, ich konnte ihn nicht einfach sich selbst überlassen. Das bringe ich nicht fertig.« Sie nimmt das Handy vom Ohr, drückt darauf herum. »So ein Mist! Moni? Bist du noch da? Ich muss Schluss machen, mein Akku spinnt, ich werde dir das ganze Drama sowieso ausführlicher erzählen, bis später also. Mach dir keine Gedanken, ich bin gut versorgt, habe jede Menge Essen und Trinken eingepackt. Kennst mich doch, gehe immer auf Nummer sicher.« Sie verstaut das Handy in der Tasche, setzt eine blaugrün gefasste Gleitsichtbrille auf und öffnet den obersten Knopf ihrer Strickjacke. Die Frau am Fenster hat inzwischen die Brezel aufgegessen und schreibt weiter.

Gerda Ühlin schält jetzt eine Orange. Auf ihrem Schoß liegt ein Küchenhandtuch mit Bügelfalten. Saft spritzt quer durchs Abteil. Die Orange ist auffallend groß und hat eine dicke, pelzige

Schale. »So eine Schale sollte man sich zulegen, das wäre nützlich«, sinniert Gerda Ühlin und reicht einen Orangenschnitz hinüber. Die Frau am Fenster wirkt angespannt. »Danke, für mich nicht.«

Also isst Gerda Ühlin den Schnitz selbst, kaut, schluckt und spitzt die Lippen. Auf ihrer Stirn steht eine steile Falte. »Im nächsten Jahr habe ich einen runden Geburtstag, und was soll ich Ihnen sagen, ich habe mir das anders vorgestellt.« Sie schiebt den nächsten Schnitz in den Mund. »Jawohl, ich wollte mit meinem Mann zusammen alt werden. Aber jetzt ist alles vorbei.« Sie stöhnt auf. »Geschieden! Ich fasse es noch immer nicht.« Wieder reicht sie einen Orangenschnitz hinüber. »Bitte, essen Sie doch! Die Orangen sind gut, vor allem gesund. Vitamine braucht der Mensch. Obwohl ich etwas vollschlank bin, bin ich nie krank, so gut wie nie, mal eine kleine Erkältung, mehr nicht. Herr Ühlin hat ständig ein Zipperlein, der mag halt kein Obst, da kann ich reden, was ich will.«

Die Frau am Fenster nimmt den Orangenschnitz und beißt vorsichtig hinein.

Gerda Ühlin nickt. »Sogar nach seinem Herzinfarkt vor drei Jahren hat er kein Obst gegessen.« Sie wischt mit dem Handtuch über Hände und Mund, spreizt den kleinen Finger und deutet auf die Tasche unterm Sitz. »Habe noch zwei Döschen Pudding, zwei Paar Landjäger und zwei Stück eingeschweißte Pizza eingepackt, außerdem zwei Gläser mit Nudelsalat, zwei Scheiben Kalbfleischpastete, zwei harte Eier und zwei Äpfel. Ich stecke aus lieber Gewohnheit jedes Teil doppelt ein. Ich mache mir nichts aus der Schlepperei, am Schluss ist alles aufgegessen, danach hat man es wieder leicht.«

Gerda Ühlin faltet das Küchenhandtuch exakt in die vorgegebenen Knicke. »Sie müssen bestimmt etwas Wichtiges schreiben. Wie praktisch, dass man heutzutage den Laptop mitnehmen kann. Stets unterm Arm, das kleine Ding! Wie die Handys. Auch ich könnte nicht mehr ohne Telefon leben, habe mich daran gewöhnt.« Sie räumt das Küchenhandtuch in ihre Handtasche.

»Trotzdem, die Menschen sollten sich zurückhalten, man muss schließlich nicht alles in die Welt hinausposaunen.« Sie schaut aufmerksam zu der Frau am Fenster, mustert deren schlanke Figur, wirft endlich einen Blick auf ihre Armbanduhr. »Jetzt stehen wir bereits über dreißig Minuten. Wie gut, dass ich Moni angerufen habe. Mögen Sie noch Kaffee? Ist genug drin. Die Kanne fasst immerhin acht Tassen. Ich habe vollgemacht. Als hätte ich es geahnt.« Sie steht auf, hievt ihren Koffer aus der Gepäckablage, zieht eine Illustrierte aus dem Seitenfach und wuchtet den Koffer zurück. Sie streift den zweiten Pumps ab und bettet ihre Füße auf dem gegenüberliegenden Sessel.

Eine Weile herrscht Ruhe im Sechserabteil. Hingebungsvoll putzt Gerda Ühlin mit einem Mikrofasertuch die Brille. »Wenn ich lese, muss ich es mir richtig gemütlich machen. Füße hoch, Kissen ins Kreuz! Und am liebsten eine Tafel Schokolade. Da fällt mir ein …«, sie rappelt sich auf, zieht den Koffer erneut herunter, wühlt darin herum und findet ein Päckchen mit Schleife. Sie lacht. »Das macht jetzt nichts, eigentlich wollte ich meiner Freundin etwas mitbringen, aber das war ohnehin eine blöde Idee. Tz! Schokolade in die Schweiz zu transportieren! Moni würde mich auslachen. Jetzt essen wir das Ding auf!« Sie entfernt das Papier und knackt die Schokolade in Stücke. »Bitteschön! Meine Lieblingssorte.« Die Frau am Fenster kommt ihr entgegen und nimmt ein Stück. Gerda Ühlin legt die Füße zurück auf den Sitz.

Vor ihr liegt die Illustrierte, auf dem Titelblatt ein Plus-Size Supermodel. »*Brigitte Woman*, für die Frau ab Vierzig, über die Kunst, das Leben zu genießen, das gefällt mir. Die fotografieren mittlerweile Frauen in großen Größen, nicht nur so dünne Gestelle. Da ist sogar etwas für mich dabei.« Sie blinzelt zu der Frau am Fenster. »Herr Ühlin hat auch Probleme mit seinem Gewicht. Damals, nach seinem Infarkt, da hat er wahnsinnig abgenommen, total klapprig war er, alles faltig an ihm, sogar sein«, sie lacht auf, »na, Sie wissen schon. So ist es. Ist man krank, nimmt man ab, ist man gesund, nimmt man zu und später, wenn man sich über die Zielgerade schleppt, nimmt man sowieso ab.« Sie hält inne, kratzt sich ausgiebig die Schenkel, hält die Illustrierte vor der Brust und atmet tief ein und aus. »Die bringen diesen Monat wieder eine interessante Diät, werde ich mal ausprobieren, jetzt habe ich jede Menge Zeit, jetzt kann ich alles mitmachen. Wenn man keinen Mann mehr hat, für den man kochen muss, kann man sich sämtliche Diäten dieser Welt leisten. Und Naschen auch.« Sie schiebt ein Stück Schokolade in den Mund. »Herr Ühlin, ach herrje, was hat der sich darüber aufgeregt! Er hat mich gekränkt und beleidigt. *Stopfgans* hat er mich genannt. Das habe ich ihm übelgenommen und kein Wort mehr mit ihm geredet. Er hat sich entschuldigt und behauptet, das sei humorvoll gemeint. Als ob ich nicht selbst wüsste, dass Süßigkeiten schädlich sind. Nicht nur für die Figur, vor allem für die Zähne und den Stoffwechsel. Ich sage nur ein Wort: Diabetes!«

Ihre Hand greift wieder zur Schokolade. »Zum Glück sind meine Zuckerwerte in Ordnung. Ich lasse mein Blut regelmäßig kontrollieren, jedes Quartal. Mein Hausarzt macht die Blutentnahme selbst. Also nicht am Ohrläppchen, sondern die vom Arm. Obwohl Laborleistungen unheimlich teuer geworden sind, aber bei mir macht er eine Ausnahme. Wir kennen uns schon über fünfundzwanzig Jahre. Er sticht großartig!«

Sie lässt die Illustrierte sinken, schließt die Augen und murmelt: »Er hat die Vene meisterhaft getroffen, ohne Bluterguss. Ich bin eine seiner treusten Patientinnen. Na ja, ich bin sowieso ein total treuer Mensch. Ich kenne niemanden, der so treu ist wie ich. Man könnte sagen, dass ich ein treuer Hund bin.«

Sie hat die Augen wieder geöffnet, blättert im Heft herum. »*Brigitte* bringt sogar richtig gute Tipps für das tägliche Leben. Außerdem sollte man die *Apotheken Umschau* lesen, darin stehen die besten Artikel zum Thema Gesundheit. Die *Apotheken Umschau* ist einerseits sehr modern, sie erinnert aber auch an ganz alte Hausmittel. So erfährt man zum Beispiel eine Menge über giftige Pflanzen und Pilze.«

Die Frau am Fenster klappt den Laptop zu, nimmt ihre Umhängetasche und will aus dem Abteil. Gerda Ühlin zieht die Füße
vom Sitz, lässt die Frau durch. »Gehen Sie ruhig zur Toilette, ich
passe schon auf, dass niemand den Laptop klaut«, sagt sie, dann
schließt sie die Tür hinter der Frau, legt die Illustrierte zur Seite
und ruht ein wenig. Ihre Wangen sind fleckig und ihre rötlich ge-
färbten Locken zittern. Gerade als die Frau vom Fenster zurück
ins Abteil kommt, meldet der Lautsprecher, dass der Zug leider
noch nicht weiterfahren kann.

Gerda Ühlin öffnet die Dose mit dem blauen Deckel, schaut
gedankenverloren auf zwei braunglänzende, dicke Fleischküchle-
le. Sie hält der Frau am Fenster die Dose hin. »Bitte! Nehmen
Sie! Ganz frisch, reines Rinderhack, kein Schwein, kein Gramm
Fett.« Die Frau schüttelt den Kopf, klappt den Laptop auf.

»Machen Sie das berufsmäßig?«, will Gerda Ühlin wissen.

»Ich muss einen Artikel schreiben, ziemlich schwierig, wenn
man dauernd abgelenkt wird.«

»Entschuldigung. Wollte ich nicht. Ich gehe davon aus, dass
wir noch ein Weilchen festsitzen. Man muss halt geduldig sein.«

Die Frau am Fenster runzelt die Stirn. »Und, haben Sie Geduld?«

»Ja, klar, habe Geduld trainiert. Das können Sie mir glauben.«

»Bei Herrn Ühlin?«

»Genau. Herr Ühlin ist Kriminaler, genauer gesagt, er war Kriminalhauptkommissar. Sogar Sonderermittler! Jetzt allerdings
im Ruhestand. Herr Ühlin kam nie pünktlich, wenn wir verabredet waren, entweder kam ein Notfall dazwischen oder ...«

»Oder?«

»Wenn Männer nicht nach Hause kommen, ist meistens etwas
im Busche. Herr Ühlin hatte unzählige Affären. Bei dem lief ständig was. Der konnte einfach nicht die Finger von den Weibern
lassen. Und alles ohne Chemie. Ich meine, ganz aus eigener Len-
denkraft. Die Weiber sind verrückt nach ihm, obwohl er inzwischen fünfundsechzig ist und neuerdings ein Toupet trägt. Eitel

war er früher schon. Ich gebe zu, dass mir das damals gefallen hat.« Sie spielt mit ihren Fingern und versucht, am Ehering zu drehen. Leise fährt sie fort: »Sogar ganz junge Dinger laufen ihm nach. Seine Kollegen vom Kommissariat haben gewitzelt, ihr Chef sei *der* große Frauenversteher.« Sie schnaubt. »Nur mich hat er nie verstanden. Früher nicht und heute erst recht nicht. Nun haben wir uns also getrennt, nachdem wir ein halbes Leben durchgehalten haben.«

»Ihre Geduld war eines Tages zu Ende?«

»Kann man sagen. Seither geht es Herrn Ühlin sauschlecht. Der ist praktisch untauglich für sein Alltagsleben, der Arme.«

»Aha!«

»Mir geht es natürlich auch nicht besonders, so völlig allein im Haus. Ich werde es verkaufen. Alleinsein ist furchtbar. Ich starre die Wände, den Herd und die vollgestopfte Vorratskammer an und spreche mit mir selbst. Ja, er fehlt mir sehr.«

Eine Träne rollt über ihre Wange. »Einige seiner Hemden und Hosen hängen noch im Schrank. Sogar seinen Lieblingsschlafanzug, den rot-blau gestreiften, hat er zurückgelassen. So eilig hatte er es plötzlich. Nur fort! Eine total lächerliche Wohnung hat er sich gemietet, ein supermodernes Appartement, ganz pragmatisch und streng, ohne Zimmereinteilung, offene Bauweise. Der Kühlschrank für sein Bier steht neben dem Bett, na ja, nicht direkt daneben, aber in der Nähe. Alles ist bei ihm anders als in unserem Haus.«

Ihre Stimme klingt hilflos, ihre Wangen beben. »Mit der Vermieterin von seinem Appartement telefoniere ich hin und wieder, ich habe sie gebeten, ein bisschen auf ihn aufzupassen. Natürlich darf er nichts davon wissen. Die Frau ist über siebzig und zuverlässig, die meinte übrigens auch, dass er unglücklich sei. Aber was soll man machen? Ich würde ihn ja wieder aufnehmen, er müsste nur fragen.«

Sie putzt die Nase. »Jetzt fahre ich erst einmal zu meiner Freundin, wir haben uns lange nicht gesehen. Die hatte auch so einen Potenzheini, der ständig seinen Trieb ausleben musste und sich durchs Leben gelogen hat. Ist vor zwei Jahren aus heiterem Himmel gestorben, der Moni ihr Urs. Ist nur fünfzig geworden. Und Moni hat keinen einzigen Tag um ihn getrauert. Die ist ganz cool geblieben.« Ihre Stimme wird kräftiger, wirkt positiver. »Wissen Sie, durch meine Freundin habe ich eine kleine Wohnung auf dem Land in Aussicht, werde vielleicht umziehen. Und unser Haus in Offenburg will ich inserieren, für mich allein ist es zu groß und zu teuer. Ich muss davon ausgehen, dass Herr Ühlin nicht zu mir zurückkommt.« Sie stockt, blinzelt listig. »Für den Fall, dass Sie zufällig ein Reihenhaus suchen – Sie könnten es günstig kaufen.«

»Danke! Ich nehme lieber ein Fleischküchle aus Rinderhack. Riecht übrigens sehr gut. Machen Sie Brötchen rein oder Semmelbrösel?«

»Brötchen. Altbackene. Und einen Teelöffel Senf.«

»Werde ich mir merken.«

Gerda Ühlin hat ihren Platz neben der Tür verlassen und sich nun ebenfalls ans Fenster gesetzt. In ihren Augen glitzert eine Mischung aus Trauer und Sehnsucht. Ihre Lippen zucken. »Kinder hatten wir natürlich auch keine«, sagt sie.

Die Frau mit dem Laptop schüttelt den Kopf. »Ja, zum Teufel, muss man denn ständig Kinder in die Welt setzen?«

»Ich hätte gerne eigene Kinder gehabt. Ich habe etwas Mütterliches, wollte Hausfrau sein und Kinder großziehen.« Sie überlegt. »Irgendwie ist es schleichend passiert. Herr Ühlin war nicht nur mein Ehemann, er wurde mein Sohn, könnte man sagen. Ich glaube, das ist ihm auf die Nerven gegangen. Und plötzlich kam eines zum anderen.« Sie schluckt. »Eines Tages hatte er eine Freundin mit einem unehelichen Kind.«

Sie fängt mit der Zunge eine Träne auf. »Natürlich hat er alles abgestritten. Darum habe ich ihn überwachen lassen. War vielleicht nicht so gut. Aber ich dachte, einem Kommissar kann man nur professionell kommen, sozusagen auf seinem Niveau. Der Detektiv hat Fotos geschossen. Herrn Ühlin in flagranti mit der

Frau, die beiden Arm in Arm. Ein Dutzend Fotos. Auch Bilder, auf denen Herr Ühlin das fremde Kind an der Hand hält. Das hat mir besonders wehgetan. Und die Frau natürlich super schlank. Wollen Sie mal sehen?«

»Sie haben die Fotos dabei?«

»Selbstverständlich. Muss ich Moni zeigen. Ich habe über tausend Euro dafür bezahlt. Er konnte nichts mehr abstreiten, der werte Herr Ühlin war überführt. Klassisch überführt. So macht man das. Er hat getobt und ist zum Anwalt gerannt. Das wollte ich nicht.«

»Was wollten Sie denn?«

»Er sollte bei mir bleiben. Wegen des Alters und so. Unser Haus, der Garten, die Versicherungen, die gemeinsamen Pläne, wir wollten reisen, die Welt anschauen. Endlich. Er wollte aber nicht mit mir verreisen, er wollte mit seiner Geliebten und dem Kind verreisen. Er wollte ans Meer und mit dem Kind im Sand spielen. Burgen bauen. Herr Ühlin wollte Sandburgen bauen! Mit fünfundsechzig! Der spinnt doch! Und ich solle großzügig sein und sein Doppelleben akzeptieren, meinte er. Das sei modern, hat er behauptet. Ich solle mir ebenfalls einen Liebhaber nehmen. Wir würden offiziell zusammenbleiben und ich bekäme seine Rente, aber jeder lebe sein eigenes Leben, bis wir alt und blöd im Kopf seien.«

Sie schnäuzt sich kräftig. »Ich habe geantwortet, dass er heute schon blöd im Kopf sei. Eine Frau wie mich betrüge man nicht. Er sei ohne mich aufgeschmissen, nicht einmal ein Spiegelei könne er braten. Die jungen Frauen heutzutage hätten sowieso null Ahnung vom Kochen. An meinem eingelegten Burgunderbraten und an den selbst gemachten Spätzle komme er nicht vorbei, daran solle er sich gefälligst mal erinnern. Ein gutes Essen sei mehr wert als so manche Liebesnacht.«

»Burgunderbraten ist vielleicht nicht das Wichtigste, woran man in so einem Moment denkt.«

»Ich habe ihm gesagt, dass ich auf seine Rente pfeife. Ich habe eine eigene Rente, ich brauche sein Geld nicht. Ich habe über dreißig Jahre bei der Volksbank gearbeitet, ich verstehe was von Geld.«

»Übertreiben Sie nicht ein wenig?«

»Herr Ühlin hat sich jeden Tag an einen perfekt gedeckten Mittagstisch gesetzt, entweder in der neuen Polizeikantine oder bei mir. Mit Stoffserviette und Nachtisch. Im Haushalt hat er zwei linke Hände, außer ...«

»Außer?«

»Für ihn ist das Gedöns im Bett eben wichtig.«

»Was für ein Gedöns?«

»Ach, Sie wissen schon.«

»Sex?«

Gerda Ühlin richtet sich empört auf. »Nun hören Sie aber auf! In unserem Alter! Man kann sich auch ohne ... Wie schmecken übrigens die Fleischküchle?«

»Sehr gut! Erinnern mich irgendwie an Fleischküchle, die meine Mutter gemacht hat«, antwortet die Frau am Fenster versonnen.

»Alle Mütter dieser Welt machen gute Fleischküchle. Das ist wie ein Gesetz. Nur meine Mutter war leider eine Ausnahme. Unsere Mutter, wir waren fünf Kinder, unsere Mutter konnte nicht kochen.«

»Warum das?«

»Unsere Mutter war krank. Sie hatte einen schweren Unfall. Auf einer Wanderung ist sie in eine Schlucht gestürzt und unglücklich aufgeschlagen. Anschließend war sie gehbehindert. Noch keine dreißig Jahre und alles vorbei. Sie tanzte doch so gern. Ich war die Älteste und musste von da an meine Geschwister versorgen. Habe früh das Kochen gelernt. Immerzu war ich für meine Geschwister zuständig.«

»Ich verstehe.«

»Ja, ja, schwierige Jahre waren das.«

»Und Ihr Vater?«

»Pah, der! Unser Vater hat sich irgendwann eine neue Frau genommen, eine, die laufen konnte. Aber uns Kinder wollte die nicht. Keine Liebe für uns. Erst als mein jüngster Bruder aus dem Haus war, habe ich geheiratet. Und jetzt bin ich allein. Meine Geschwister sehe ich so gut wie nie. Wir telefonieren nur an Feiertagen. Wenn ich eigene Kinder hätte, dann sähe alles anders aus.«

»Auch Kinder gehen eines Tages fort.«

»Ich konnte keine bekommen. Zwei Eileiterschwangerschaften und nichts ging mehr. Bis heute fühle ich mich als Versager. Herr Ühlin wäre zu Hause geblieben, hätte nichts mit anderen Frauen angefangen, wenn wir einen Sohn gehabt hätten. Er wollte immer einen Sohn.«

»Glauben Sie wirklich, dass er geblieben wäre?«

»Ich weiß nicht. Vielleicht. Die Beziehung zu der Frau mit dem Kind ist vorbei, behauptet Frau Buntschuh, seine Vermieterin. Aber es gibt schon wieder eine neue.«

Gerda Ühlin schaut die Frau am Fenster traurig an, steckt ein letztes Stückchen Schokolade in den Mund und versucht, ihre kleinen, dicken Füße in die Schuhe zu schieben.

Die Abteiltür geht auf und eine junge Polizistin tritt ein. Auf dem Gang stehen zwei Kollegen, sie sind bewaffnet, tragen schussichere Westen und geschnürte Stiefel. Die Polizistin sieht auffallend hübsch aus und lächelt. »Guten Tag. Wir machen Ausweiskontrolle. Dürfte ich bitte Ihren Pass oder Personalausweis sehen?«

Die Frau am Fenster reicht der Polizistin den Personalausweis. Gerda Ühlin starrt vor sich hin. Die Polizistin gibt den Ausweis zurück und wartet auf den von Gerda Ühlin, doch die rührt sich nicht. »Wären Sie so nett!«, bittet die Polizistin freundlich.

»Ja, gleich«, murmelt Gerda Ühlin beinahe tonlos und beginnt, in ihrer Handtasche zu suchen. Ihre Hand zittert, als sie der Polizistin den Personalausweis hinstreckt, die damit aus dem Abteil geht und sich mit den Kollegen auf dem Gang bespricht.

Gerda Ühlins rundes Gesicht ist leichenblass, ihr schwerer Körper wie gelähmt. »Pech, es hätte klappen können. Anscheinend habe ich es nicht geschafft. Tja, so ist das Leben. Ich möchte Ihnen aber danken, dass Sie mir zugehört haben. Es hat mir gutgetan. Vielen Dank!«, sagt sie zu der Frau am Fenster.

»Was haben Sie nicht geschafft? Was ist passiert?«

»Ich wusste schon, als der Zug plötzlich stoppte, dass das kein Zufall ist. Ich wusste, dieser Halt gilt mir.«

»Wieso?«

»Die Polizei sucht mich. Es kann nicht anders sein.«

»Was haben Sie angestellt?«

»Ich habe ihn ...«, sie macht eine hilflose Geste.

»Sie haben Herrn Ühlin ...?«

Gerda Ühlin nickt wie in Trance.

»Aber wieso denn? Sie lieben ihn doch. Alles, was Sie mir erzählt haben, bedeutet, dass Sie nicht ohne ihn leben können.«

»Eben, drum. Ich habe ihn also ein letztes Mal zum Burgunderbraten eingeladen, den er so mochte, dazu Spätzle und Rosenkohl. »Siehst du, jetzt bist du wieder daheim bei Mutti«, habe ich zu ihm gesagt. Es hat ihm geschmeckt und dann ging alles ganz schnell. Er hat nicht gelitten. Er hat seinen Blick ganz tief in mich hineingebohrt und sich an mich gekrallt. Nur ein einziges Wort hat er noch gesagt, aber in dem Moment wusste ich, dass er den Tod verdient hat.«

»Was für ein Wort?«

Gerda Ühlin zögert, fährt sich mit beiden Händen durchs Gesicht. »Stopfgans.«

Im Abteil ist es stiller als still. Die beiden Frauen schauen sich an. Sie schweigen. Die Abteiltür geht auf und die Polizistin bringt den Personalausweis zurück. »Alles in Ordnung, Frau Ühlin. Unser Zug fährt gleich weiter. Auf Wiedersehen und gute Reise!«

Saftiger Burgunderbraten

Zutaten:
1 Bund Suppengrün
2 Zwiebeln
2 Zweige Rosmarin
2.000 g Rinderbraten aus der Keule
Salz und Pfeffer
2 EL Butterschmalz
750 ml trockener Spätburgunder Rotwein
2 Lorbeerblätter
2 Wacholderbeeren
2 EL Speisestärke

Zubereitung:
Rindfleisch waschen, trocken tupfen. Zwiebeln achteln. Das Fleisch in ein ausreichend großes Gefäß legen und mit dem Rotwein begießen (es muss komplett mit Flüssigkeit bedeckt sein). Die Zwiebeln, Lorbeerblatt, Rosmarin und Wacholderbeeren dazugeben und alles zugedeckt im Kühlschrank zwei Tage marinieren.

Danach das Fleisch herausnehmen, mit Küchenkrepp trocken tupfen und mit Salz und Pfeffer einreiben. Die Marinade durch ein Sieb gießen und dabei auffangen, die Zwiebelstücke beiseitelegen. Butterschmalz in einem Bräter erhitzen. Fleisch darin rundherum scharf anbraten. Das geputzte und gewürfelte Suppengrün sowie die marinierten Zwiebeln zufügen und kurz mitbraten. Mit der Marinade nach und nach ablöschen. Zugedeckt ca. 1 1/2 Stunden bei milder Hitze schmoren. Zwischendurch das Fleisch umdrehen.

Das Fleisch herausnehmen, wenn es gar ist, und warm stellen. Den Bratenfond durch ein Sieb gießen, kurz aufkochen, mit Salz und Pfeffer abschmecken und nach Wunsch binden. Das Fleisch in Scheiben schneiden und mit der Sauce anrichten. ·

LISA STRAUBINGER

Timing

Köngen

Christa sitzt auf ihrem Bett und wartet auf den Anruf. Sie ist nervös. Ihr Blick fällt auf die Uhr an der Wand gegenüber. Er ist zu spät. Das erste Mal, dass er nicht pünktlich ist. Es fühlt sich so an, als würde heute etwas passieren. Das macht ihr Angst, so sehr.

Sie zählt die Dinge auf, die sie machen muss, sobald der Anruf kommt. Es ist Mittwoch; sie weiß, was das bedeutet. Sie wird aufstehen und das Bad putzen, bis es im ganzen Raum nach Zitrone riecht, das Bett neu beziehen und die Wäsche waschen und danach ins untere Stockwerk gehen. Das wird gegen 11 Uhr sein, und weil sie nicht frühstückt (das ist in ihrer kalorienarmen Ernährung, die er ihr vorschreibt, nicht drin), wird sie sich erlauben, eine Tasse Kaffee zu trinken, schwarz. Dagegen wird er nichts sagen können. Sie wird sich mit ihrer Tasse an die Theke in der Küche stellen und ihren Blick schweifen lassen. Alles sieht gut aus, wird sie mit einem Gefühl des Unbehagens denken. Egal, wie gut es ist, es ist nie gut genug für Johann.

Um 12 Uhr wird der zweite Anruf kommen. Es gibt gute und schlechte Tage. Wenn er einen guten Tag hat, darf sie sich zum Mittagessen einen Salat machen. Wenn er einen schlechten Tag hat, gibt es ein Knäckebrot mit dünn bestrichener Butter. Er wird sie fragen, was sie den ganzen Tag getan hat, und sie weiß, dass ihre Stimme freundlich klingen muss, nicht erschöpft. Johann fragt das nicht, weil es ihn interessiert, sondern um sie zu kontrollieren. Klingt sie erschöpft, wird er gemein und gibt ihr für den Mittag Aufgaben auf, die sie unmöglich erledigen kann. Vergisst sie eine Aufgabe, erinnert er sie daran. Anschließend trägt er ihr auf, was sie am Mittag machen wird, bis er um 17 Uhr nach

Hause kommt. Sie wird das Laub im Garten zusammenrechen, das gesamte Haus fegen und wischen und um 15 Uhr damit beginnen, das Abendessen vorzubereiten. Wenn das Abendessen fertig ist, darf sie duschen gehen, sich umziehen. Das Outfit hat er ihr am Morgen rausgelegt. Sie soll die blauen Flecken mit Make-up überdecken. Das Entschuldigen hat er vor einer langen Zeit aufgegeben. Sie kümmert es nicht mehr. Nach zehn Jahren Ehe fühlt sich alles taub an, taub wie ein eingeschlafener Fuß, wie ein eingeschlafenes Leben. Wie ein totes Leben, denkt sie manchmal und verzieht ihre Lippen zu einer Grimasse. Man kann nicht leben und gleichzeitig nicht leben, sie ist nicht wie Schrödingers Katze, von der alle sprechen, und trotzdem fühlt sie sich in ihrem Haus ganz genau so wie ein eingesperrtes Tier, lebendig, nicht lebendig.

Wenn er nach Hause kommt, zählt er ab, was sie an Lebensmitteln verbraucht hat. Sie ist zu dick, das sagt er seit Jahren. Anschließend kontrolliert er ihre erledigten Aufgaben wie ein strenger Lehrer, und wehe, eine davon ist nicht zu seiner Zufriedenheit erledigt. Weder das Make-up noch die schönen Kleider können ihr in solchen Momenten helfen. Das beste Mittel gegen Blut ist kaltes Wasser, das beste Mittel gegen eine unglückliche Ehe eine Paarberatung und das beste Mittel gegen ihr Leben ist der Tod. Sie hat vor Jahren verstanden, dass das entweder durch die Hand ihres »liebenden« Ehemannes geschehen wird oder durch ihre eigene.

Und jetzt ruft er nicht an. In den ersten fünf Minuten ist sie noch ruhig, vielleicht ist seine Armbanduhr stehen geblieben oder die Telefonanlage bei der Arbeit ausgefallen. Nach zehn Minuten wird sie unruhig. Zehn Minuten bedeuten eine Autopanne oder ein eilig eingeschobenes Meeting. Er wird sich melden, sobald er kann, sagt sie sich. Johann lässt sie nicht im Stich, das ist eine der wenigen Dinge, deren sie sich sicher sein kann. Nach 20 Minuten bekommt sie Panik. Es muss etwas passiert sein. Der fehlende Anruf klafft in ihr wie eine offene Wunde. Ihr Herz schlägt und schlägt und schlägt. Mit jeder Minute geht alles weiter, außer sie.

Ist sie noch eine Gefangene, wenn sie keinen Wärter hat, fragt sie sich und denkt an ihr geheimes Versteck, das sie in ihrer Schachtel mit Tampons hat. Die Tampons braucht sie schon lange nicht mehr, deswegen eignet sich die Box so gut als Versteck. Johann würde nie auf die Idee kommen, dort nach ihrem geheimen Vorrat an Schlaftabletten zu suchen. Oft hat er sie schon verdächtigt, sich mit diesen Mitteln zu betäuben, wenn er Lust auf sie hatte und sie wusste, ein Nein reichte bei einem Mann wie ihm nicht, reichte nie, reichte vor allem deswegen nicht, weil sie seine Ehefrau und mit dem Ja-Wort in sein Besitztum übergegangen war. Sie denkt an die Tabletten und daran, was sie machen will, wenn alles vorbei ist, es keinen Ausweg mehr gibt. Und sie denkt an das Gefühl in ihrem Magen, das Anschwellen der Angst, und an das Wesen der Angst an sich. Wie sie immer größer wird und sie nichts dagegen machen kann. Sie denkt daran, dass er noch nie zu spät dran war, und wenn sie später mit allem anfängt, schafft sie das Bad nicht rechtzeitig, kann das Bett nicht neu überziehen und die Wäsche wird nicht rechtzeitig fertig. Dann ist der ganze Tag ruiniert und sie muss bis 17 Uhr hetzen, spürt die Regeln mit jeder tickenden Sekunde der Uhr wie eine Last auf ihren Schultern, er ruft nicht an. Aber er wird anrufen, das ist es ja! Er ruft immer an, also muss etwas passiert sein. Das Problem ist: Wenn Christa früher anfängt, ist es nicht richtig. Er weiß das, sie weiß das. Die Regel ist, erst anzufangen, sobald er ihr aufgibt, was zu tun ist. Verspätet er sich, weil das Auto eine Panne hatte und er zu spät ins Büro gekommen ist und gleich von seinem Chef abgepasst wurde, und er ruft zu spät an und sagt ihr, sie soll den Keller ausmisten, hat sie mit dem Bad angefangen, weil es das ist, was sie erwartet. Nein. Sie kann nicht einfach so das machen, was sie will. So funktionierte ihre Ehe nicht. Also sitzt sie weiter auf ihrem Bett und wartet auf den Anruf. Das Telefon auf der Kommode ist still. Es ist verdächtig still, schweigend, als hätte es ein Gelübde abgelegt. Christas Herz pocht laut, sie krallt mit ihren Fingern in die Bettdecke, der Stoff fühlt sich weich an, sie würde sich am liebsten noch einmal hinlegen, nur kurz, bis er anruft, bis er endlich anruft.

Nein. Sie streckt ihre Schultern durch und verbietet sich die dunklen Gedanken. Der Anruf wird kommen. Sie faltet die Hände ineinander.

Aber der Anruf kommt nicht. Sie schreckt aus dem Schlaf, schaut auf die Uhr. Zehn. Sie war voll angezogen eingeschlafen, hat sich mit der Straßenkleidung auf das Bett gelegt, fühlt sich entspannt und gut, fühlt sich richtig. Weiß, dass etwas passiert sein muss.

Sie steht hastig auf und nimmt das Telefon in die Hand. Hat sie den Anruf verpasst? Der Anrufbeantworter ist leer. Es hat niemand angerufen. Sie fühlt die Panik in sich anwachsen wie zu einem Tsunami. Wenn Johann heute nach Hause kommt, wird es schlimm werden.

Die Männer blieben nie lange in ihrem Leben. Christa hatte sich immer die Schuld gegeben. Als sie jung gewesen war, war das noch kein Problem gewesen, aber je älter sie wurde, desto mehr schmerzten die Abschiede, das Nicht-mehr-wieder-Sehen, die ausgetauschten Geheimnisse, die in der Nichtigkeit verschwanden. Mit 23 Jahren wurde sie schwanger, ihre Tochter Melissa wuchs ohne Vater auf. Erst als Christa Johann kennen lernte, änderten sich die Dinge. Gab sie sich bei ihm mehr Mühe? Wohl kaum. Es war wohl eher so, dass er sie als das erkannte, was sie war: ein Diamant, den man schleifen konnte. In ihrer kleinen Welt voller Illusionen hatte sie sich vorgemacht, dass sie sich nie für einen Mann geändert hatte, und nun, nach zehn Jahren Ehe, verstand sie, dass die Christa von früher der Christa von heute eine Ohrfeige geben würde, um sie aufzuwecken.

Sie war selten ehrlich zu sich, und auch nur, wenn sie sich abends schlafen legte und langsam fühlte, wie sich die Schlaftabletten um ihr Bewusstsein rankten und sie in die Traumwelt zogen, war Melissa der einzige Grund, warum sie noch da war. Für die Zeit, in der ihre Tochter sie brauchte, war sie da. Als sie vom Gymnasium auf die Realschule wechseln musste und sich danach entschied, ihr Abitur in einem Berufskolleg zu machen. Das war alles so anstrengend gewesen. Melissa war nach dem

Berufskolleg wegen des Studiums weggezogen, aber das war nur die halbe Wahrheit. Melissa hatte unter ihrem Stiefvater gelitten, und sobald sie ihr Abitur mit 21 Jahren in den Händen hielt, verschwand sie und kam nur für die wichtigsten Familienfeste zurück. Dann durfte Christa sie treffen, mit ihr Essen gehen, aber sie nicht mit nach Hause mitnehmen. An Weihnachten, zu Ostern, zu Geburtstagen war Christa eine Mutter, und an diesen Tagen ließ Johann sie eine sein. Und darauf arbeitete sie hin, jeden Tag, jede Woche. Dass sie Melissa sehen konnte, ihr Haar riechen konnte, wenn sie sich umarmten, und ihren Erzählungen zuhören konnte, wie sie lebte und liebte und Freunde fand und hoffentlich nie die gleichen Fehler machen würde wie ihre Mutter.

Das hat sie seit Jahren nicht mehr gemacht. Sie wählt die ihr wohlbekannte Nummer.

»Klein & Grünwald, Maria Buchmann, wie kann ich Ihnen helfen?«

Christa räuspert sich. »Hier ... hier ist Christa Deuschle, ich würde gerne meinen Mann sprechen.« Ihre Stimme ist heiser, das hat sie nicht gemerkt. Manchmal spricht sie den ganzen Tag nicht und denkt dann, sie hätte sowieso nichts zu sagen gehabt.

Die Frau am anderen Ende der Leitung ist still. »Entschuldigen Sie bitte, Frau Deuschle, Ihr Mann ist heute nicht zur Arbeit gekommen.«

Die Sekundenzeiger auf der Wanduhr scheinen zu tanzen. Christa versteht jetzt, dass die Frau gar nicht wusste, dass sie existiert. Die Angst in ihrem Magen wird übermächtig.

»Wissen Sie, wo er ist?«

»Nein, wir haben die ganze Zeit versucht, ihn zu erreichen. Ehrlich gesagt wussten wir nicht, dass wir Sie unter dieser Nummer erreichen können, sonst hätten wir Sie angerufen.«

Christa bedankt sich und legt auf.

Sie hält den Hörer in der Hand, abwägend. Es fällt ihr kein anderer Mensch ein, den sie noch anrufen könnte. Sie hat doch nur Melissa und ihn. Christa steht im Wohnzimmer, sieht sich in der Spiegelung im Wohnzimmerfenster. Sie sieht aus wie ein Geist, durchsichtig, fast nicht mehr da. Die Leute sind überrascht, wenn sie ihr Alter erfahren. Sie sieht nicht aus wie 53. Die Leute sagen, sie hat sich gut gehalten, aber eigentlich ist das nur die Diät, auf die sie Johann gesetzt hatte, und die ständige Putzerei.

Das Telefon klingelt.

Der Anruf kommt.

Schrödingers Katze – tot und lebendig.

Es ist Melissa. Sie kann die Telefonnummer auswendig.

»Mama, ich wollte dich nur anrufen, um dir zu sagen, dass ich den Job habe!«

Christa dreht sich von dem Fenster weg und lächelt. Seit Melissa letztes Jahr zu Ende studiert hatte, wurde ihr Stiefvater nicht müde zu betonen, für wie faul er sie hielt, weil sie nicht sofort den ersten Job annahm, der sich ihr bot. Melissa hatte sich vor einigen Wochen auf die Stelle beworben, die sie immer hatte haben wollen, und jetzt hat sie es endlich geschafft! Tränen steigen Christa in die Augen, und sie weiß eigentlich gar nicht, warum.

»Das ist schön, mein Schatz!«

»Störe ich dich gerade beim Putzen?«

»Nein, nein.« Sie überlegt, ob sie Melissa davon erzählen soll, dass Johann nicht angerufen hat. Nein. Melissa würde das System nicht verstehen, das verstanden die Außenstehenden nie, nur Johann und sie verstanden das.

»Alles okay?«

»Ja, alles okay.«

»Weißt du, Mama, ich glaube wirklich, dass bald alles okay ist. Weißt du, es ist einfach alles gut jetzt.« Melissa macht eine Pause. Sie scheint ihre Worte sorgsam abzuwägen. »Es wird bald alles gut sein.«

Christa kann es nicht mehr zurückhalten. Die Tränen laufen ihr über die Wangen. Sie hätte sich nicht noch einmal hinlegen sollen, das hat alles durcheinandergebracht.

»Mama, alles in Ordnung?«

»Ja, ich bin nur so stolz auf dich!«

»Danke …« Christa hört nur die Hälfte. Sie denkt, wenn Melissa glücklich ist, und so klingt sie gerade, dann …

Sie lässt Melissa ausreden und verabschiedet sich mit einem Lächeln auf den Lippen. Bevor sie in das Stockwerk oben geht, wirft sie einen letzten Blick auf die Frau im Fensterglas, den Geist.

Später

Die Luft ist voller trauriger Düfte, nach Regen und gefallenem Laub. Melissa mochte Friedhöfe früher, aber früher war es auch nicht ihre gesamte Familie, die dort innerhalb einer Woche begraben wurde. Sie starrt auf ihre Hand, die zitternd die kleine Schaufel festhält. Dieses verdammte Zittern. Das hat angefangen, nachdem die Polizei ihr all diese Fragen gestellt hat. Hatte ihr Stiefvater Feinde? War ihre Mutter depressiv gewesen? Konnte sie sich erklären, was passiert war? Melissa presst die Lippen aufeinander. Ihre Antwort war jedes Mal ein Nein gewesen, und das hatte nicht einmal gestimmt.

Die Polizei erklärte sich den Sachverhalt so: ein Unfall und ein davon unabhängiger Selbstmord. Merkwürdige Situation, aber nichts Verdächtiges. Schlechtes Timing, wenn überhaupt. Christa hatte nicht gewusst, dass ihr Ehemann einen Unfall gehabt hatte, weil man ihn erst am Abend gefunden hatte, eingeklemmt in seinem Auto. Er war eine steile Böschung hinuntergefahren, das Auto hatte sich um einen Baum gewickelt. Die Sache war für die Polizei ziemlich eindeutig. Ein Unfall, wie er eben passierte. Sie brauchten einige Stunden, bis sie den Mann identifizieren konnten, und als sie bei seiner Frau klingelten, erreichten sie niemanden. Die Nachbarin gab ihnen Melissas Telefonnummer, und die kam sofort vorbei. Die Polizei ließ sie nicht in das Haus, zu ihrer eigenen Sicherheit, wie sie sagten. Sie war nicht dabei, als sie die Leiche der Mutter fanden, sie stand vor dem Eingang des Hauses und betrachtete alles noch als verboten, obwohl sie wusste, dass Johann tot war. Es war alles genau so gelaufen, wie sie es sich vorgestellt hatte, als sie die Bremsen manipuliert hatte.

Und dann kamen die Polizisten wieder aus dem Haus und sagten kein Wort.

Und ihr wurde klar, dass nichts so war, wie es sein sollte, gar nichts, und dass alles umsonst gewesen war.

Christa hatte sich den schlimmsten Tag für ihren Selbstmord ausgesucht, den es geben konnte. War das die Bestrafung des Universums für ihre Tat? Melissa stellte es sich so vor: Christa wartete den ganzen Tag auf einen Anruf ihres Mannes. Das System, das sich zwischen den beiden Alten etabliert hatte, hatte sie noch nie verstanden, aber es konnte an diesem Tag nicht funktioniert haben, denn zur Zeit des ersten Anrufs lag Johann bereits verblutet in seinem Wagen. Christa, die ihren Ehemann immer vor Melissa verteidigt hatte, musste panisch geworden sein. Musste gewusst haben, dass etwas nicht stimmte, und hatte Angst bekommen. Angst vor dem, was passieren würde, wenn er zurückkam, oder vor dem, was passieren würde, wenn er nicht zurückkam, das wusste Melissa nicht und sie war sich nicht sicher, ob sie eine Antwort auf diese Frage haben wollte. Christa musste ausgerastet sein. Als keine Meldung kam, rief sie panisch im Büro ihres Mannes an. Als ihr niemand eine Auskunft geben konnte, weil Johann nicht bei der Arbeit erschienen war, hatte sie ihre Chance entdeckt. Die Polizei sagte, dass sie wohl schon jahrelang Schlaftabletten gehortet haben musste, und dass es nicht funktioniert hätte, hätte sie jemand kurz nach der Einnahme gefunden. Es gab keinen anderen Ausweg. Christa, die während ihrer ganzen Ehe von ihrem Mann tyrannisiert wurde, hatte es nicht mehr ausgehalten. Also schluckte sie genug Schlafmittel, die ihr der Hausarzt seit einigen Jahren ohne Wissen ihrer Familie verschrieben hatte, und schlief ein, in Straßenklamotten auf dem eigenen Bett. Johann hätte sie nie mit Straßenklamotten auf dem Bett schlafen lassen. Das fiel ihr auf, als sie ihr davon erzählten. Sie war schon auf dem Weg zu ihrer Mutter, deswegen war sie so schnell da. Weil sie gewusst hatte, dass Johann nicht mehr zurückkommen würde, hatte sie sich auf den Weg gemacht, um für ihre Mutter da zu sein. Der Polizei hatte sie erzählt, sie sei bei Freunden gewesen, denn sie war seit Jahren nicht mehr zu Hause gewesen, da sie sich mit ihrem Stiefvater nicht verstanden hatte. Johann habe ihr verboten vorbeizukommen, so war das in den letzten Jahren immer gewesen. Johann hatte alles verboten und jetzt war er tot.

Sie holt tief Luft und zwingt sich, ihr Zittern unter Kontrolle zu bekommen. Die Leute beobachten sie. Nun, da alles vorbei ist, denkt sie, sie hätte es anders machen sollen. Wer zerschneidet heutzutage noch Bremsschläuche. Frauen morden mit Gift, das hätte sie versuchen sollen. Dann wäre alles ganz anders. Melissa schluckt und verdrückt sich die Tränen. Wenigstens ist ihre Trauer echt, nicht so wie bei Johanns Beerdigung, bei der sie am liebsten in sein Grab gekotzt hätte, so wütend ist sie gewesen. Sie atmet tief ein, der Geruch von gefallenem Laub und frischem Regen setzt sich in ihren Erinnerungen fest wie die Gewissheit, dass sie nur die besten Absichten gehabt hat. Als ob das jetzt irgendetwas bringt. Als ob das jetzt irgendetwas ändert. Das Zittern hört auf. Sie wirft die Erde ins Grab. Ein letzter Blick auf die Urne ihrer Mutter, und Melissa ist allein.

Brotaufstrich – vegane Leberwurst

Zutaten:
1 rote Zwiebel
200 g geräucherter Tofu
240 g Kidneybohnen
4 Stängel Majoran, zerzupft
4 Stängel Petersilie, zerzupft

Zubereitung:
Die Zwiebel schälen und fein würfeln. Den Tofu ebenfalls klein schneiden. In einem Topf 2 EL Olivenöl erhitzen und die Zwiebelwürfel darin kurz andünsten.
Den Tofu mit Bohnen, Kräutern und 1 TL Salz vermengen. Mit Salz und Pfeffer würzen und nach einigen Garminuten mit einem Stabmixer, je nach Belieben, grob oder fein pürieren.
In heiß ausgespülte Gläser mit Deckel abgefüllt, hält sich die vegane Leberwurst im Kühlschrank etwa 4 Wochen.

JUTTA WEBER-BOCK

Maikäfersuppe im April

Stuttgart

Heute Abend bin ich nicht zu Hause.

»Und was wird aus mir?« Judith Meier-Lenz wanderte im Gewölbekeller in der Mozartstraße hin und her und strich sich mit den Fingern durch die kurzen dunklen Haare. »Wo wohne ich, solange du weg bist?«

Es ändert sich nichts. Nur bin ich nicht da.

»Ein Haus, das nicht zu Hause ist.« Sie strich über die alten Ziegelsteine. »An ein sprechendes Haus habe ich mich in den letzten zwei Jahren gewöhnt, doch es beunruhigt mich, wenn du ausgehst, liebes Brunnenhaus. Das ist noch nie vorgekommen. Wie kannst du dich selbst verlassen?«

»Das Netzwerk der alten Häuser, ich habe dir davon erzählt, hat eine Versammlung einberufen. Was immer auch passiert ist. Wie gut, dass heute die lange Einkaufsnacht ist. Wer achtet da schon auf uns alte Häuser. Komm doch mit!«

»Ich muss schlafen. Der Papierkram heute hat mich ganz fertig gemacht. Als Privatdetektivin bin ich zwar frei, aber frei habe ich nie. Vielleicht sollte ich zurück zur Kripo. Hier in Stuttgart ist eine Stelle ausgeschrieben. Dieser Kommissar, du weißt schon, Walther Steinle, er hätte mich gerne als Kollegin.«

Du erzählst mal wieder Märchen. Er wäre wenig entzückt. Mach das bloß nicht! Was soll dann aus uns beiden werden? Wir sind ein gutes Team. Ich helfe dir bei deinen Fällen und dafür beschützt du mich. Ich brauche dich. Das alte Hotel am Charlottenplatz, wo wir uns vom Netzwerk immer treffen, es war ziemlich aufgeregt. Komm mit! Bist du nicht neugierig?

Sie rieb sich über die Nase. Da war er wieder. Dieser Geruch nach Vanille. Er gehörte zum Brunnenhaus und zu ihr. »Verzeih.

Ich bin todmüde. Warte mal! Verrat mir noch eines, wie passt ihr alten Häuser zusammen in das kleinste Hotel Stuttgarts?«

Es kommen nie alle von uns. Und es sind nur die Hun-Seelen, die Atemseelen, die unsere Mauern für eine Weile verlassen. Sie nehmen keinen Raum ein. Ein Haus im Dunkeln ist wie ein Gespenst, das durch die Luft schreitet. Erinnerst du dich? Falls einer von uns stirbt, Abriss kommt da am häufigsten vor, steigt seine Hun-Seele auf und schwebt weiter über der Stadt. Nichts geht verloren, alles bleibt erhalten, nur in einer anderen Qualität. Allerdings ist es uns lieber, wenn unsere Mauern stehen bleiben können. Dafür setzen wir uns ein. Ich muss los. Zieh dir Schuhe an und komm! Eine Jacke brauchst du nicht. Ein milder Abend.

Sie schüttelte vehement den Kopf und vermisste die Zöpfe, die sie in der Waldorfschule getragen hatte. Es war ein Spiel mit dem Brunnenhaus. Es redete, was sie sich ausdachte. Oder nicht. Wie früher, wo sie hier im Gewölbekeller unwahrscheinliche Geschichten ersonnen hatte. Damit war Schluss. Sie würde ins Bett gehen. Übermüdet war sie, hörte Stimmen. Hoffentlich hatte niemand gelauscht, wie sie im Gewölbekeller wieder mit sich geredet hatte. Sie atmete tief ein und aus, langsam und stetig, wie es ihr das Brunnenhaus beigebracht hatte, und gähnte.

Als sie die Treppe hinauf in ihre Wohnung im ersten Stock ging, hing plötzlich ein Rauschen und Brausen in der Luft, und die Eingangstür schlug ins Schloss. War sie offen gewesen? War es weg, das Brunnenhaus? Absurd.

Sein Atmen fehlte ihr. Niemand, der mit ihr lebte. Wie sollte sie schlafen? Sie sah hinaus. Nichts. Kein gelbes Licht der Straßenlampen. Es gab nicht einmal mehr eine andere Straßenseite. Ein milchiger Schmierfilm klebte auf allen Fensterscheiben. Es war totenstill. Sie fröstelte, kroch ins Bett, starrte mit geschlossenen Augen an die Decke und konnte nicht schlafen.

In ihrem schwarzen Kapuzenpulli verließ sie wenig später das Haus. Musste sie abschließen? Es war niemand daheim. Der Mieter von unten besuchte am Wochenende immer seine Freundin, den aus dem Dachgeschoss hatte sie seit Wochen nicht gesehen.

Und die Familie über ihr weilte im Allgäu. Ständig waren Schulferien. Sie war auf sich gestellt. Nicht einmal das Brunnenhaus stand ihr zur Seite. Unsinn. Doch wollte sie wissen, was da im alten Hotel vor sich ging. Ein Treffen des Netzwerks. Was war passiert?

Am Breuninger Parkhaus stauten sich die Autos. Die Stadt lebte erst nachts auf. Anders als früher. Sie könnte ausgehen. Shoppen, zum Beispiel. Für die Bars, die wieder Disco genannt wurden, war sie mit fünfzig längst zu alt, obwohl sie sich gut gehalten hatte. Schlank und drahtig war sie. Nur die Lederhose, zwanzig Jahre alt, zwickte am Bauch.

Sie wollte am alten Hotel klingeln und hielt mitten in der Bewegung inne. Stimmen, klebrig schwarz, die miteinander stritten. Es roch nach Vanille. Das Brunnenhaus war da. Sie rieb sich die Ohren. Das Wortgewirr blieb, wie es war.

Ruhe! Verdammt noch mal! Seid endlich still. Es muss nicht alles gleich in der Zeitung stehen! Ich warne dich, Tagblatt-Turm. Du hast längst ausgedient. Misch dich nicht ein. Es war ein ganz normaler Polizeieinsatz. Zur Rettung von Tieren.

Hatte das Brunnenhaus da auf den Tisch geschlagen? Für einen Moment war es ruhig.

Ich bitte den Bahnhof. Vor dem Essen eine Geschichte. Von Menschen und Tieren. Wie früher. Wie vor den Zeiten des Kinos in deinen Hallen.

Den alten Bahnhof gab es schon lange nicht mehr. In der heutigen Bolzstraße hatte er gestanden. Eine rauchige Stimme sagte: »Es war einmal ein Maikäfer. Ein Maikäfer im April. Etwas würde passieren. So sagt es der Volksmund. Wo es einen gibt, da schwirren viele durch die Luft. Sobald das Thermometer klettert, graben sie sich aus der Erde. Wie wir. Nur merkt das keiner. Die Maikäfer aber sind durch meine Halle gebrummt, und die Kinder haben sie mit bloßen Händen gefangen. Das hat gekribbelt und gekrabbelt. Ich musste immerzu lachen. Das war früher. Es gibt keine Maikäfer mehr. Das ist ein Lied. Von heute. Reinhard Mey singt es. Sie sind nicht gestorben, die Maikäfer. Nach wie vor sind sie da. Wie wir.«

Eine Dampflok schnaufte und zischte. Das Geräusch kannte Judith von früher. Und stieg da nicht weißer Rauch aus dem offenen Kippfenster? Eine Gänsehaut kroch über ihren Rücken, und sie setzte die Kapuze auf.

Maikäfer im April. Im Morgengrauen gesammelt. Wir essen Maikäfersuppe zur langen Einkaufsnacht. Stärkt euch. Er ist seit einer halben Stunde tot. Ich habe nichts mehr machen können. Wiederbelebung bei Menschen ist schwieriger als bei Häusern. Wir haben keine Zeit zu verlieren. Er muss verschwinden. Judith wird uns helfen. Wir sind ein Team. Sie ist da! Ich rieche sie.

Sie trat ans Fenster, das bis zum Boden reichte. Drinnen war es dunkel und still. Sie klingelte. Klopfte. Nichts rührte sich. Dabei hatte sie es gehört, wie sie redeten! Häuser sprechen nicht, ermahnte sie sich. Geh shoppen. Die Feuerwehr raste über den Charlottenplatz. Im Blaulichtgewitter drückte sie gegen die Tür und fiel ins Haus.

»Brunnenhaus! Was soll das? Komm sofort her!«, rief sie. Es blieb still. »Ihr habt miteinander geredet. Ich habe es gehört. Kommt heraus, wer immer ihr seid. Setzt euch an den Tisch wie Erwachsene. Blödsinn! Ich weiß, dass du da bist. Brunnenhaus! Ich rieche dich!«

Das Hotel blieb still wie ein Grab. Kein Balken ächzte und knackste, wie sie es kannte. Bevor sie zurückgezogen war nach Stuttgart, hatte sie manchmal hier übernachtet. Sie ging durch die kleine Eingangshalle. Das Hotel war verlassen. Merkwürdig. Nur in der Küche war es hell von der Lampe im Hof. Dort hatte die Freundin von Tante Hermine ihr Kakao gemacht und sich zu ihr an den Tisch gesetzt. Die Tante war tot, und ihre Freundin hatte sich kurz darauf zu ihr gelegt.

Auf dem Küchenherd stand ein Topf, in dem eine Kelle steckte. Sie hob den Deckel und schnupperte. Mild und doch würzig. Leider war kaum etwas übrig von der Suppe. Wie hungrig sie war, merkte sie erst jetzt. In einer Schüssel lagen Reste von harten braunen Stücken, daumennagelgroß. Dazwischen schwarze Fäden, die ihr unter den Fingern zerbrachen. Das konnte nicht sein. Es gab keine Maikäfer mehr. Aber sie war hungrig. Und es roch lecker. Wie die Krebssuppe in Hamburg. Eine Delikatesse. Alles andere war unmöglich. Sie holte einen Teller aus dem Schrank und nahm die Schöpfkelle.

Halt! Tu das nicht. Wir Häuser essen auch die hornartigen Flügeldecken. In der Schüssel liegen noch welche. Sie waren zur Dekoration. Dir bekommen sie nicht. Wir brauchen sie zur Stärkung unseres Skeletts. Dreißig Maikäfer pro Person, pro Haus meine ich, so viele braucht man. Der Junge hat davon gegessen. Er konnte es nicht lassen. Büßen wird er es.

»Von wem redest du? Was geht hier vor? Wo ist der alte Bahnhof? Der Tagblatt-Turm? Wo sind die anderen?«

Sie dürfen sich dir nicht zeigen. Im zweiten Stock liegt einer. Er ist tot. Nein, es ist nicht der Junge. Ein Kleinverleger aus der Nähe von Frankfurt, der hier manchmal unter falschem Namen übernachtet. Schaff ihn raus und beseitige seine Sachen. Es darf kein Schatten auf das alte Hotel fallen, sonst reißen sie es ab. Es steht dem Breuninger im Wege. Dann führt es ein Schattendasein wie der alte Bahnhof, der bald nicht mehr der alte sein wird. Ein Toter schwächt das Netzwerk. Du musst mir helfen.

»Ich muss gar nichts. Was geht mich ein Toter an, der hier herumliegt. Dafür seid ihr verantwortlich. Und was ist mit dem Jungen, der die Suppe gegessen hat?«

Das Brunnenhaus antwortete nicht. Sie ging im Dunkeln die schmale Wendeltreppe hinauf und hätte nicht sagen können, warum sie sich nicht wieder auf den Heimweg machte oder gegenüber beim Breuninger shoppte. Dem war alles im Weg. Sie brauchte Licht, aber als sie auf einen Schalter drückte, blieb es dunkel. Mit dem Fuß stieß sie an etwas Weiches. Sie leuchtete mit dem Smartphone. Klein und schmächtig war der Mann. Auf fünfundvierzig schätzte sie ihn. Sie versuchte, sich ihn auf die Schulter zu laden. Er war zu schwer und sie keine zwanzig mehr.

Sie klingelte Kriminalkommissar Steinle an. Er hatte Bereitschaft. Zur langen Einkaufsnacht. Das hatte er ihr in der Sauna vom Luftbad erzählt. Neu eröffnet war diese. Seitdem duzte sie ihn. Davon wusste das Brunnenhaus nichts. Noch nicht. Bislang war sie mit Steinle auf Abstand. Vorerst war das sicherer. Er meldete sich. Glück gehabt.

»Judith hier. Es gibt ein Problem im alten Hotel. Kannst du kurz vorbeikommen? Das wäre super. Ich bräuchte jemanden, der mir hilft, etwas zu tragen.«

»Ich bin doch kein Möbelpacker. Hast du Kisten vom Umzug dort deponiert? Der ist bald zwei Jahre her. Aber gut. Hier auf der Wache ist nichts los.«

»Was soll ich? Er ist tot!« Steinle leuchtete dem Mann mit der Taschenlampe in die Pupillen. »Du rufst sofort die Polizei!«

»Bitte hilf mir. Wir tragen ihn die Treppe hinunter. Er ist nicht schwer. Allein schaffe ich das nicht. Walther!«

»Ich hätte es wissen müssen. Du hast einen Knacks. Wer hat je von einem sprechenden Haus gehört. Und als ob das nicht genug wäre, sagst du, es hilft es dir bei deiner Arbeit als Privatdetektivin. Ich will dir mal was sagen. Ich halte das alles für einen Vorwand, damit du dich bei jeder Gelegenheit in meine Ermittlungen einmischen kannst. Warum bist du nicht bei der Kripo Hamburg geblieben?«

»Um dich kennenzulernen. Sei so gut und fass mit an. Bitte, Walther.«

»Diese Tour zieht bei mir nicht. Wir sind nicht miteinander verbandelt. Nur geschwitzt haben wir zusammen. Gehört der Tote zu einem neuen Auftrag, den du übernommen hast? Du rufst jetzt sofort die Polizei. Offiziell. Ich komme in einer Viertelstunde mit dem Streifenwagen. Mach dich aus dem Staub, sonst vergesse ich mich.«

»Die Totenstarre hat noch nicht eingesetzt. Wir können ihn verlagern und niemand merkt etwas. Sie wollen nicht, dass man ihn hier findet.«

»Was heißt das? Wer steckt dahinter? Dein sprechendes Brunnenhaus?«

»Das Netzwerk der alten Häuser. Der Geist des alten Bahnhofs. Der Tagblatt-Turm. Und eine Maikäfersuppe.«

»Wir hatten heute Morgen einen Einsatz. Maikäferplage. Mitten in Stuttgart! Du weißt etwas, das du nicht wissen kannst. Die Zeitung hat noch nicht berichtet. Das sollte mir unheimlich sein. Ich lasse dich einweisen. Von wegen Netzwerk der alten Häuser. Schwachsinn. Dir ist nicht nur die Hitze in der Sauna zu Kopf gestiegen.«

Ein Räuspern hing in den Mauern. Sie hustete. Das Brunnenhaus durfte nicht sprechen, wenn jemand da war. Bei Steinle begann es, das zu vergessen. Aber sie wusste, was es ihr sagen wollte.

»Der Täter hat von der Suppe gegessen. Das hat mir das Brunnenhaus verraten. Es ist hier, um dem alten Hotel zu helfen. Sie alle sind hier, um es vor einem Abriss zu schützen. Der Junge, hat das Brunnenhaus den Täter genannt. Er muss im Krankenhaus sein. Die Suppe. Fass mit an. Du stehst in meiner Schuld. Ohne mich würdest du deinen letzten Fall immer noch lösen.«

»Misch dich nicht ein. Maikäfersuppe ist nicht giftig. Ekelig stelle ich sie mir vor. Das reicht. Vergiss es. Wie kann man nur auf eine solche Idee kommen! Wer hat da überhaupt gekocht? Maikäfer stehen unter Naturschutz. Warum sonst hätten wir sie heute Morgen einfangen müssen. Das hat ein Nachspiel. Nimm die Handschuhe. Nun mach schon. Ich will hier nicht anwachsen. Vorsicht! Der Teppich! Was tut man nicht alles. Frag mich nicht, warum ich immer wieder auf dich hereinfalle.«

Während sie den Mann, der wie ein Sack zwischen ihnen hing, über die enge Treppe nach unten trugen, erzählte sie ihm von den hornigen Flügeldecken in der Suppe. Steinle würgte. Oder bildete sie sich das ein?

Sie setzten den Toten auf die Treppenstufen im Hinterhof. Judith lehnte ihn an die Wand und zog seine linke Schulter nach vorne, sodass man sein Gesicht nicht sah. Steinle überkreuzte die Füße. Ganz natürlich sah es aus.

»Ruf den Notarzt und sag, du seist dir nicht sicher, ob er noch lebt. Gib an, dass du shoppen wolltest. Ich verschwinde und telefoniere vom Büro aus die Krankenhäuser ab. Gnade dir Gott, wenn es nicht stimmt, was das Brunnenhaus dir dieses Mal eingeflüstert hat.«

Der Krankenwagen war schneller da, als die Polizei erlaubte. Der Rettungssanitäter tastete nach dem Puls und schüttelte den Kopf. Er zog die Augenlider hoch und nickte. Dann zog er sein Smartphone aus dem Kittel.

Sie verdrückte sich und ging mit Steinles Taschenlampe in den zweiten Stock. Sämtliche Türen standen offen. Bis auf eine.

Geh da rein. Danke, im Namen des alten Hotels. Schaff alles weg. Er ist nie hier gewesen.

»Wie stellst du dir das vor? Wie sollte ich erklären, warum ich hier die Spuren verwische? Weil das Brunnenhaus es mir gesagt hat? Niemand wird mir glauben.«

Es antwortete nicht, aber sie meinte, seinen Atem zu hören. Es schnaubte. Das war wohl das alte Hotel. Sie tätschelte die Wand. Peinlich aufgeräumt war das Zimmer. Nur ein umgekipptes Glas mit einer grünen schleimigen Flüssigkeit, die langsam von der Tischplatte tropfte, störte das Bild. Sie streifte sich die Handschuhe wieder über. Eine alte Berufskrankheit. Sie hatte nicht vor, etwas anzurühren. Doch man wusste nie. »Sieh an, ein Strohhalm.« Nun sprach sie schon mit sich selbst. Sie nahm das Röhrchen in die Hand. Es war zu sauber.

Schau mal in den Papierkorb.

»Eine Glasflasche. Nicht ordnungsgemäß entsorgt.« Sie ging in die Hocke, drehte die Flasche und las laut: »Spinat mit Grünkohl. Mit Matcha Tee.« Ein grüner Smoothie. Das wäre nicht ihre erste Wahl.

Riechst du es nicht? Der Schleim auf dem Schreibtisch.

»Bitter. Regt die Verdauung an. Ein gekaufter grüner Smoothie riecht aber süß. Sonst wäre er unverkäuflich. Was soll ich daraus schließen?«

Denk nach. Das ist doch deine Spezialität. Alles kann ich dir nicht auf die Nase binden. Du wirst bequem. Widme dich mal der Fensterbank. Vorsicht. Die Gardine.

Mit spitzen Fingern angelte sie sich die Klarsichthülle, die dort lag. Sie hockte sich auf den Teppich und blätterte. So viel dazu, dass sie nichts hatte anrühren wollen.

Zwei Verträge mit Autoren. Mit Preis und Unterschrift. Dabei war der Verlag als fair bekannt. Eine Mischkalkulation. Das gab es mittlerweile in den besten Häusern. Manche zahlten für ihr Ego. In bar. Eine Spur ergab sich daraus nicht. Denn warum hätte ein Autor seine Hoffnung umbringen sollen? Zwei Stapel Papier lagen auf dem Nachttisch. Mein Leben, las sie. Daneben standen rezeptfreie Herztropfen. Sie schnalzte mit der Zunge. Wo aber war das Geld?

Da bog ein Streifenwagen beim Alten Waisenhaus um die Ecke. Das war bestimmt auch bei der Versammlung des Netzwerks gewesen. Es war ja nicht weit. Sie zog die Kapuze wieder über den Kopf und huschte die Treppe hinunter. In der Küche kletterte sie aus dem Fenster. Warum stand es offen? Sie legte eine Hand auf die Wand, die zitterte. Beruhigend strich sie darüber. Wie bei einem Hund.

Warte! Ich komme mit nach Hause. Ich soll vom alten Hotel Dank ausrichten, dass es keinen Toten in seinen Mauern gibt. Morgen ziehen die neuen Pächter ein. Bei Mord hätten sie mit Sicherheit verkauft. Du weißt, was der Breuninger vorhat.

»Das alte Hotel soll sich bei Steinle bedanken. Der hält mich sowieso für verrückt.«

Geh mit ihm zum Italiener bei uns nebenan. Auf Kosten des Netzwerks. Sei aber nicht zu nett zu ihm.

»Kannst du mir sagen, warum du wieder mal recht hattest?« Steinle strich sich über den modischen Vollbart. Schwarz mit ersten weißen Haaren. Sah nicht schlecht aus. Nur für die Sauna taugte er nichts.

»In aller Bescheidenheit, nicht ich habe recht, sondern das Brunnenhaus hat mir nur gesagt, was es wusste. Ich wasche meine Hände in Unschuld.«

»Besser in Rotwein.« Steinle winkte Rosa herbei.

Diese hatte ein Jahr in Italien ihre Mutter gepflegt, die nun gestorben war. Erst letzte Woche war sie nach Stuttgart zurückgekommen. Sie wollte sich bald selbstständig machen. Eine kleine Erbschaft. Sie hätte ein paar schräge Rezepte.

»Was darf ich euch bringen? Zwei Hauswein? Rot?« Rosa verschwand hinter der Theke.

Steinle beugte sich über den Tisch. Nein, sie würde ihm ihre Hände nicht überlassen. Das Brunnenhaus hatte recht.

»Hör mir gut zu und vergiss es gleich wieder. Von mir weißt du nichts. Ich habe den Jungen ausfindig gemacht. Er war in der Notaufnahme vom Katharinenhospital. Sie haben ihm den Magen ausgepumpt. Ich glaube es immer noch nicht. Maikäfersuppe!«

Rosa stellte die Gläser vor ihnen ab. »Man sollte die Flügel nicht mit verwenden. Das habe ich von meiner Mutter.«

Steinle schüttelte den Kopf. »Sie weiß zu gut Bescheid. Dem werde ich nachgehen, aber zurück zum Jungen. Als er gehört hat, was er gegessen hat, hat er sofort alles gestanden. Ein Veganer. Er hatte ein Manuskript mit Gedichten dabei. Der Kleinverleger wollte es nicht. Selbst nicht gegen Bezahlung. So ganz unerwartet ist das wohl nicht gewesen. Der Junge hatte den Smoothie schon vor seinem Besuch mit Blättern des roten Fingerhuts präpariert. Wo immer er diese her hatte. Noch ein Fall von Naturschutz. Dumm nur, dass er die Scheine eingesteckt hat. Fünftausend Euro in der Hosentasche. Woher hatte er sie?«

»Jetzt weiß ich auch mal was. Die Autoren haben sich mit dem Geld ihre Bücher erkauft. Der Kleinverleger hatte nachmittags zwei Gespräche. Und hat kassiert. Er hat alles penibel notiert. Die Unterlagen waren auf der Fensterbank. Ich wollte dich schon fragen, wo dieses recht hübsche Sümmchen geblieben sein könnte.«

»Und ich muss wohl dich fragen, wo diese Papiere sind. Im Zimmer waren sie nicht. Wenn du sie nicht hast … Sag jetzt nicht, das Brunnenhaus hat sie verschwinden lassen. Wir klären das. Wie den Naturschutz. Auf jeden Fall ist der Arzt misstrauisch geworden bei so viel Geld in der Hosentasche und hat uns verständigt. Dumm gelaufen. Aber noch dümmer war es, dass der Junge den Löffel nicht von der Maikäfersuppe hat lassen können.«

Judith schob die Hand über den Tisch. »Das hatte ich nicht bedacht. Ein Autor, oder besser, einer, der sich dafür hält, und dem die Hoffnung genommen wurde. Da musste er wohl die Suppe auslöffeln.«

Steinle verschränkte die Arme. »Ich darf das zwar nicht sagen, aber er hat ihn abgegeben, den Löffel.«

»Wie wäre es heute mit etwas Leichtem?« Rosa stand auf einmal hinter ihnen. »Die Tagessuppe kann ich empfehlen. Mit Krebsschwänzen, damit es nicht so auffällt. Ihr wisst schon, von wegen Naturschutz. Mit einem Hauch von Muskat.«

»Suppe?« Steinle schlug die Speisekarte zu. »Warum nicht. Ich frage nicht, was es für eine Suppe ist. Bringen Sie mir dazu einen Salat von allerlei Gartenkräutern. Grün muss es sein. Mich schreckt nichts mehr.«

»Die Suppe wird euch munden. Sie ist mineralstoffreich und hat viel gesundes Eiweiß. Das gibt Kraft und ist recht fein im Geschmack. Eine Spezialität meiner Mutter, wie gesagt.« Rosa eilte davon und kam mit zwei Tellern zurück.

Gleichzeitig tauchten sie die Löffel ein. Die Suppe war von einer rotbraunen Farbe und roch angenehm. Weiter wollten sie beide nicht denken.

Maikäfersuppe

*(Schwächlichen Personen oder Rekonvaleszenten
sehr zu empfehlen.)*

*Man fängt die Maikäfer, von denen man 30 Stück auf eine
Portion nehmen kann, frisch ein, tödtet sie, löst ihnen die hornartigen Flügeldecken ab und zerstößt sie, nachdem sie sorgfältig gewaschen, in einem Mörser. Dann thut man ein gutes Stück
Butter in eine Casserole, und wenn dieselbe steigt, die gestoßene
Masse hinein und läßt sie ¼ Stunde darin rösten. Dann giebt
man leicht Bouillon darauf, am besten Kalbfleischbrühe und
lässt sie ½ Stunde damit kochen. Wenn dieselbe durch ein Haarsieb gegossen, schwitzt man 2 Löffel Mehl in Butter, giebt sie zur
Suppe, läßt diese damit glatt kochen und zieht sie kurz vor dem
Anrichten mit einige Eidottern ab.*

*Wenn man nur leichte Bouillon zu dieser Suppe nimmt, wird die-
selbe doch durch die Maikäfer kräftig und wohlschmeckend, so
daß man nicht versäumen sollte, in der Jahreszeit, wo es Maikäfer giebt, dieselben auszunutzen. Warum man vor dem nicht unschönen Maikäfer bisher Abscheu empfand, ist nicht erklärlich,
wo man doch Krebse verspeist, die weniger appetitlich aussehen.
Maikäfersuppe ist der Krebssuppe ähnlich, nur kräftiger und
wohlschmeckender.*

*aus: Berta Heyden, Kochbuch oder Gründliche Anweisung, ein-
fache und feine Speisen mit möglichster Sparsamkeit zuzuberei-
ten, Reutlingen 1887, S. 40*

SABINE KAMPERMANN

Arsen und Haselnüsse

Karlsruhe

Ich drücke meine Hände auf die Ohren und möchte die Schönheit der ersten Schneeglöckchen und Zaubernüsse im Schlossgarten genießen. Sehen kann ich sie, aber ...

»Ich habe Durst«, kräht Lisa.

O meine Kinder!

»Mir tun die Füße weh«, jammert Paul.

Sie zerstören sämtliche Versuche des Genusses.

»Ich will ein Eis!«, motzt Emma, die gerne Generalin werden würde.

Ich liebe meine Sprösslinge, das tue ich ehrlich, aber zuweilen auf Abstand. Im Moment wäre die Entfernung von Erde und Mond gerade richtig.

Erschöpft lasse ich mich auf eine Bank fallen, öffne meine Thermoskanne und trinke Tee. Sein Duft betäubt mich wie das Parfüm meiner Schwiegermutter. Ich hasse Tee – besonders englischen und vor allem Earl Grey. Den trinke ich, wenn ich für etwas sühnen muss. Die ganze Kanne schütte ich in mich hinein. Eine zweite, größere habe ich dabei und zusätzlich ein entsetzlich schlechtes Gewissen. Denn ich genieße Albträume von Blutrausch und Morden. Außerdem will ich meinen Mann umbringen!

Erich, das Ekel, betrügt mich zum wiederholten Mal – mit seiner Arbeit. Tag und Nacht zählt nur diese Geliebte, auch heute. Es ist kein gewöhnlicher Sonntag, sondern unser Hochzeitstag, der zehnte. Etwas Besonderes! Aber er hat ihn glatt vergessen. Meine Enttäuschung ist ihm entweder völlig entgangen oder schnuppe. Ich hege Mordgelüste!

»Maaama!«

»Der blöde Paul hat meinen Schokoriegel geklaut.«

»Und sie …«

»Aua!«

Ich wische Paul die Schokoreste aus dem Gesicht. Lisa brüllt. Zum Glück finde ich in meiner Handtasche einen weiteren Riegel und reiche ihn ihr. Jetzt schreit Emma. Am liebsten würde ich ihr eine knallen oder davonrennen, oder beides. Natürlich tue ich nichts dergleichen, tröste meine Älteste und behalte meine finsteren Begierden für mich.

Mit Cola und einer Riesenportion Eis stelle ich die Kleinen schließlich ruhig. Ein Wunder, mich putscht Coffein auf.

Fasziniert beäuge ich ein Pfaffenhütchen. Die roten, vierteiligen Früchte haben den Winter bisher überstanden, eine Augenweide und hochgiftig. Das und andere Pflanzengeheimnisse verdanke ich der Schwiegermutter. Immerhin etwas. Sie ist Biologin und liebt Pflanzengifte. Ich sei nur Hausfrau. Das bindet sie mir bei jeder Gelegenheit auf die Nase. Der Alltag einer Hausfrau sei langweilig, immer nur kochen.

»Du solltest endlich etwas Anständiges aus dir machen, glaube mir. Ich meine es gut«, sagt sie ständig, als wäre Kochen etwas Unanständiges.

Sie hat es nie gelernt. Zu profan, außerdem sei sie gegen zu vieles allergisch.

Was bitte soll ich tun mit drei Kindern? Sie hütet die Blagen einmal im Jahr. Danach ist sie völlig ausgelaugt. Sie redet lieber. Dummerweise habe ich ihr etwas anvertraut. Natürlich hätte ich das besser lassen sollen und wusste dies sogar. In dieser Hinsicht bin ich tatsächlich dumm. Sie verwendet alles, was sie über mich weiß, gegen mich. Sogar Erich ist das schon aufgefallen und er hält sich am liebsten aus allen Auseinandersetzungen heraus. Ich Idiotin habe ihr gebeichtet, Krimis verfassen zu wollen. Ausgelacht hat sie mich, und wie.

Die Erinnerung an ihr Gelächter dröhnt gerade in meinen Ohren. »Du kannst ja nicht einmal ordentlich sprechen. Dein Karlsruher Dialekt ist schlicht eine Zumutung und deine Grammatik lässt absolut zu wünschen übrig. Abgesehen davon möchtest du bestimmt über Mörderinnen schreiben, eine Illusion. Frauen morden nämlich höchst selten, praktisch nie, nur in der Vorstellung und in Büchern. Die sind jedoch allesamt unrealistisch! Willst du nicht eher Märchenbücher schreiben? Verlegen wird sie zwar niemand, zumindest hättest du aber ein paar Zwangsinteressenten. Deinen Kindern dürftest du sie vorlesen, falls sie nicht selbst lesen wollen. Schließlich können sie sich nicht wehren.«

Sie wäre am liebsten Kriminalkommissarin geworden. Aber im wirklichen Leben gibt es so gut wie keine Mörderinnen und auch kaum Polizeichefinnen, bloß im Fernsehen und da meist ziemlich sexy. Meine Schwiegermutter kann sich jedoch nicht unterordnen, bringt Sex höchstens mit Sadomaso-Interessierten in Verbindung und pflegt daher jetzt Mordfantasien, statt zu ermitteln.

»Wäre ich ein unvernünftiger Mensch, und das wäre ich zuweilen gerne, würde ich unser Wespennest beim ollen Schmitthenner platzieren. Das könnte mein Problem mit ihm im besten Fall ganz aus der Welt schaffen. Er ist nämlich gegen Wespengift allergisch«, hat sie mir in einer schwachen Stunde anvertraut.

Wenigstens die Mordgelüste verbinden mich mit ihr. Erich, denke ich, dass du mich permanent erniedrigst, sollst du mir büßen! Mich und die Kinder beachtest du kaum mehr. Im Bett schläfst du – nicht mit mir. Ich bin dir wohl zu dick geworden nach alldem, was ich an Essensresten der Blagen in mich hineingeschlungen habe als lebende Biotonne.

Wieder mustere ich das Pfaffenhütchen. Die Blüten würden »nach Mord riechen«, hat ein alter Grieche namens Theophrastus behauptet, fällt mir ein.

Ich pflücke eine Frucht, zerreibe sie genüsslich zwischen den Fingern und rieche daran. Sie duftet nicht und eignet sich kaum für ein Mittagsmahl. Ich wische meine Finger ab, seufze und denke an Bärlauchpesto. Mein Mann liebt Pasta mit Pesto, genau wie seine Mutter. Der Rest der Familie hasst es. Schon der Geruch löst Brechreiz bei mir aus.

Angeblich gibt es ja keinen perfekten Mord, behauptet Agatha Christie. Nur wer will das so genau wissen? Schließlich bleibt der perfekte Mord unentdeckt, sonst wäre er wohl kaum perfekt. Perfekte Mörderinnen spürt ebenfalls niemand auf. Vermutlich gibt es also mordende Frauen. Wenn ich tatsächlich morden sollte oder vielmehr eine meiner Heldinnen, dann natürlich, ohne die klitzekleinste brauchbare Spur zu hinterlassen.

Für Bärlauch ist es zu früh im Jahr. Er ähnelt dem Maiglöckchen. Allerdings pflückt man diesen im März und jenes im Mai. Den Unterschied riecht man zudem, und zwar eindeutig. Trotzdem werden jedes Jahr Todesfälle gemeldet wegen versehentlichen Genusses von Maiglöckchen. Sie enthalten Herzglykoside. Die sind in hoher Dosis tödlich. Das weiß ich sogar als Hausfrau. Ich lese nämlich viel, auch Zeitung.

Wie man Bärlauch mit Maiglöckchen verwechseln kann, ist mir ein Rätsel. Wahrscheinlich wurden alle Opfer in Wirklichkeit vergiftet! Von Frauen. Die Herbstzeitlose scheint mir besser geeignet. Sie lässt sich im März pflücken und enthält das giftige Alkaloid Colchicin. In der Medizin ist dies sehr gefragt, nicht nur dort. Ab und an nennt man es pflanzliches Arsen. Das mit den pflanzlichen Inhaltsstoffen hat mir die Schwiegermutter erklärt neben der deutschen Grammatik.

Leise pfeife ich vor mich hin. Vielleicht genieße ich das Singledasein schon bald, sorglos dank Erichs Lebensversicherung. Die ließe sich bis dahin etwas aufstocken.

Ich muss grinsen, kann es nicht unterdrücken und hoffe, dass es den Kindern entgeht. Die sind mit dem Eis beschäftigt, abgesehen davon ist Grinsen erlaubt und, dass die Gören die Kunst des Gedankenlesens beherrschen, unwahrscheinlich. Ich werde langsam paranoid. Mein Teekonsum steigt. Aber auf dem Weg nach Hause singe ich sogar.

Ostern droht! Familienfeste hasse ich, nicht nur wegen der Arbeit und des Getümmels. Da kommt meine Schwiegermutter, schlimmer als alle lieben Verwandten zusammen. Damit sich die Reise auch lohnt, kommt sie schon zwei Tage vor dem offiziellen Fest. Um sich von mir verwöhnen zu lassen, und das fordert sie unmissverständlich ein. Gegen ihren Militärtonfall ist der von Emma geradezu harmlos.

Ihre meckernde Stimme dringt trotz des ohrenbetäubenden Kindergebrülls zu mir durch: »Ich geh mit den Kindern in den Filmpalast in irgendeinen blödsinnigen Animationsfilm. So etwas Stumpfsinniges ertrage ich nur meinen Enkeln zuliebe. Du hast dann Zeit und kannst neben dem Mittagessen für Erich zudem in Ruhe das Abendessen für alle vorbereiten. Ich hoffe, du hast seit letztem Jahr dazugelernt, aber egal. Das Zeug im Kino ist schließlich ungenießbar, das kannst du an Schlechtigkeit gar nicht überbieten. Außerdem weiß man nie, was da alles beigemischt wird. Das will ich den Kindern gewiss nicht zumuten.«

Ich warte, bis die Haustür hinter ihnen ins Schloss fällt. Anschließend gehe ich in die Küche. Das Grünzeug schneide ich rasch klein. Natürlich verwende ich nur Olivenöl allererster Güte. Die Frischteigpasta habe ich vom Stand eines Italieners auf dem Markt erworben. Etwas habe ich natürlich dennoch vergessen: Die Pinienkerne reichen nicht. Ich will kein weiteres Mal losziehen, um neue zu kaufen. Also sehe ich im Internet nach, ob eine Alternative angeboten wird.

Kurzerhand mische ich ein paar Haselnüsse unter. Das wird bei Chefkoch.de für einen solchen Fall vorgeschlagen, fällt nicht auf und schmeckt nicht heraus. Am Geruch ändert sich leider auch nichts. Wie immer wird mir leicht übel. Ich lege mich kurz hin, bevor ich die Pasta aufsetze.

Pesto und Pasta sind angerichtet. Die Zutaten für das Pesto habe ich selbst gepflückt. Bärlauch wächst im Hardtwald in Massen, Herbstzeitlose wenigstens vereinzelt, wenn man weiß, wo. Erich hat heute frei, verbringt den Vormittag mit einem Joggingpartner und kommt zum Mittagessen, natürlich zu spät. Ich warte. Die Pasta wird kalt.

Mein Handy klingelt. Wenigstens sagt er Bescheid, denke ich, kann den Ärger jedoch nicht ganz unterdrücken, als ich das Gespräch annehme.

»Wie immer zu spät, was hast du diesmal für eine Ausrede?«, raunze ich ihn an.

Es ist jemand anderes. Ich will mich entschuldigen, bringe beim Klang der monotonen Stimme jedoch kein Wort über die Lippen. Die Spucke fehlt mir, ich begreife und begreife nicht. Das Mobiltelefon fällt mir aus der Hand und ich sacke zusammen. Auf dem Boden sitze ich zusammengekauert wie ein verängstigtes Kaninchen und schluchze vor mich hin.

Erich liegt im städtischen Klinikum in der Kardiologie. Allein dieses Wort verursacht bei mir Magenschmerzen. Ich verbrenne im Innern. Beim Joggen hatte er einen Herzinfarkt und schwebt in Lebensgefahr.

Wovon nur habe ich geträumt? Schwächten ihn meine Wünsche? Natürlich habe ich nicht genug Herbstzeitlose ins Pesto gemischt, um einen jungen, gesunden Mann umzubringen, eher eine homöopathische Dosis. Ich bin ja nicht völlig bekloppt, aber trotzdem! Am ganzen Leib zittere ich.

Sobald ich mich etwas gefangen habe, rufe ich ein Taxi. Auf der Rückbank heule ich die Sitzbezüge nass.

»Erich, ich liebe dich«, murmle ich ununterbrochen vor mich hin. Hoffentlich habe ich diese Wahrheit nicht zu spät erkannt.

Nur seit wann joggt er und wer ist dieser mysteriöse Partner? Erich ist nicht trainiert. Das soll jemand miterleben? Bei Erich? Dem wäre das peinlich, aber hallo! Da stimmt etwas ganz und gar nicht! Mir kommt ein schrecklicher Verdacht und wird übel.

Im Krankenhaus haste ich durch die Gänge zur Auskunft. Ich muss aufpassen, nirgends gegenzulaufen, da mir der Tränenflor vor Sorge und aufkeimender Wut die Sicht verdeckt.

Falls er statt mit einem Mann mit einer Frau zusammen gewesen sein sollte und es sich bei den sportlichen Übungen ... Ich bringe ihn um! Diesmal tatsächlich! Das mit der vielen Arbeit erschien mir schon lange verdächtig, vor allem am Wochenende. Diese Ausrede klingt wie ein Klischee. Was ist schlimmer, Ehebruch oder, dass er mir den Beruf vorzieht? Keine Ahnung. Allmählich werde ich blind.

Man teilt mir die Raumnummer mit. Ich schleiche zu seinem Zimmer und spähe vom Flur aus durch den Türspalt. Er schläft und ähnelt dem gutaussehenden, jungenhaften Mann, in den ich mich vor elf Jahren leidenschaftlich verliebt habe.

Neben ihm sitzt tatsächlich eine Frau. Ich hab's gewusst! Leider! Sonst irre ich mich oft. Warum nicht jetzt? Wie konnte er nur! Sie sieht älter aus als ich und verlebt, hässlich, finde ich. Was hat er bloß für einen Geschmack! Mit wem habe ich über zehn Jahre zusammengelebt? Ich kenne ihn kaum, er ist ein Fremder, denke ich und schüttle den Kopf.

Einen bereits vom Tod Gezeichneten umzubringen, stelle ich mir einfach vor. Auf der Flurbank ganz in meiner Nähe liegt ein Kissen. Instinktiv greife ich danach. Sobald die Schlampe gegangen wäre, würde ich es ihm aufs Gesicht drücken. Die Größe passt. Eine Autopsie ist teuer und wird nur im Verdachtsfall angeordnet. Er liegt eh schon im Sterben. Der interessiert niemanden mehr. Der perfekte Mord! Ich reibe mir die Hände.

Was aber mache ich mit der Frau? Sie zu ermorden, dürfte schwieriger werden. Nur wozu? Allein, ohne den Liebsten weiterleben zu müssen, ist schließlich schlimmer als zu sterben! Seufzend steht sie auf und kommt auf mich zu. Erschrocken fahre ich hoch mit dem Kissen in der Hand und pralle in der Tür fast mit ihr zusammen.

In dem Moment stößt Erich einen gellenden Schrei aus. Anschließend röchelt er. Er muss mich mit dem Mordwerkzeug in Händen erblickt haben! Nun bringt ihn die Angst oder das schlechte Gewissen um, womöglich beides. Aber es gibt eine Zeugin! Ich bin die wohl schlechteste Mörderin des Jahres. Mit hängenden Schultern wanke ich auf ihn zu und lasse das Kissen fallen. Die Schlampe folgt mir auf dem Fuß mit drohender Miene.

»Gott sei Dank, Sie sind wach. Aber warum haben Sie mich angeschrien?«, will sie wissen.

Er reagiert nicht, sondern sieht mich an und beruhigt sich sichtlich. Jetzt strahlt er.

»Elli, dich schickt der Himmel oder bin ich schon dort?«, murmelt er.

Plötzlich dreht sich alles um mich herum. Seine Freude wirkt echt und ich tatsächlich paranoid. Die ganze Aufregung ist zu viel für mich gewesen, deshalb bin ich durchgedreht.

»Ich bin eine Kollegin Ihres Mannes und wollte meine Mutter hier besuchen. Nur zufällig habe ich mitbekommen, dass er hier liegt. Natürlich wollte ich wissen, wieso«, sagt die Fremde.

»Ach, und ich dachte, Sie bringen mir die Arbeit sogar ins Krankenhaus und verfolgen mich damit bis zum Sterbebett. Das sähe Ihnen ähnlich«, erwidert Erich giftig.

»Also ehrlich, das hat man nun davon, wenn man sich Sorgen um andere macht. Leben Sie wohl.« Die Kollegin hastet aus dem Zimmer und knallt die Tür zu.

Ich setze mich neben ihn, strecke die Hand aus und streiche ihm über die Wangen. Er öffnet seine sinnlichen grünen Augen, lächelt mich an, bannt mich mit seinem Blick und schickt mich zurück in die Vergangenheit, in die Zeit, als wir uns kennengelernt haben.

»Ich muss auf jeden Fall etwas ändern. Da bin ich dem Tod gerade noch mal von der Sense gesprungen. Dabei wollte ich mit dem Joggen meine Verfassung verbessern. Deinetwegen, weil du im Gegensatz zu mir verdammt gut aussiehst«, sagt er, zieht mich näher zu sich heran und küsst mich derartig heftig, dass ich Sterne aufleuchten sehe.

»Du musst aufpassen, nicht dass dir die Luft wegbleibt«, sage ich in einer Atempause, um ihn anschließend atemlos zu küssen.

»Ein solcher Tod wäre schön. Du wärst ihn wert«, entgegnet er, als er wieder ein wenig Luft bekommt.

Dank der Maiglöckchenherzglykoside in den Medikamenten ist er bereits außer Lebensgefahr. Glücklich seufze ich auf und würde ihn am liebsten erdrücken. Aber ich muss nach Hause zu den Kindern. Das Kino dauert ja nicht ewig.

Sie sind schon zurück. Heulend zieht mich Emma in die Küche. »Mami, Omi ist tot. Sie hat dein ganzes Pesto gegessen. Und gerade als sie uns erklärt hat, wie man eine Spülmaschine richtig einräumt – weil du das ja immer falsch machst – da ist sie einfach umgefallen.«

Es besteht kein Zweifel. Ich nehme Emma in die Arme, wische ihre Tränen ab und schicke sie anschließend zur Nachbarin. Schnell erledige ich alles Notwendige.

Jetzt bräuchte ich eine Megakanne Earl Grey. Vielleicht hätte ich ihre Nussallergie ernst nehmen sollen, oft genug darauf hingewiesen hat sie mich schließlich.

Ich warte bis nach der Beerdigung, dann setze ich mich an den Computer und schreibe meinen ersten Kurzkrimi.

Wie gut, dass mich meine Schwiegermutter nicht nur mit Mordfantasien und deren Möglichkeiten, sondern auch mit ihrer perfekten Grammatik getriezt hat. Eigentlich schade, dass sie die Veröffentlichung nicht miterlebt.

Bärlauchpesto

Zutaten:
500 g Bärlauch
75 g Pinienkerne
100 g Parmesan
250 ml Olivenöl (nativ)
etwas Pfeffer (weiß)
etwas Meersalz

Zubereitung:
Bärlauch waschen, trocknen und klein schneiden.
Pinienkerne ohne Zugabe von Öl leicht anrösten.
Parmesan frisch reiben.
Geschnittenen Bärlauch mit Pinienkernen und Parmesan mischen.
Das Bärlauchgemisch und das Olivenöl mit dem Mixstab bei niedrigster Geschwindigkeit vermengen.
Fertiges Pesto mit Pfeffer und Meersalz abschmecken und zu beliebiger Pasta servieren.
Tipp: Anstelle der Pinienkerne eignen sich auch sehr gut Haselnüsse.

LINDA GRAZE

Claras Riechzellen

Gerlingen-Gehenbühl

Die Arie von der eigenen Haustür, die ein handtuchbreiter Grüngürtel umsäumt, ist für den normalverdienenden Bewohner der Spätzlemetropole längst gesungen. Wo Quadratmeterpreise in die Höhe schießen wie Fäuste bei der Montagsdemo, befindet sich der willige Häuslebauer im letzten Akt des Dramas – der Szene Zaungast.

Auch Emilie hat es sich mit ihrem Lebensgefährten Michael und dem nicht gemeinsamen Sohn Jan in einer Altbauwohnung in Feuerbach ungemütlich eingerichtet. Die Miete von zwölfhundert Euro ist inklusive langer dünner Rohre zu verstehen, die sich mutig an den Wänden der drei Räume entlangschlängeln. »Wie Blindschleichen, die über einen Feldweg kriechen«, hat Michael beim Einziehen gesagt. Auch unzählige Ritzen sind im Nettopreis enthalten. Bei geschlossenen Fenstern gewähren sie die Zufuhr von Luft mit variierendem Frischegrad. Autos brausen vierspurig an den Fenstern vorbei, sodass der Ausblick zu jeder Tag- und Nachtzeit Abwechslung bietet.

Es ist an einem Freitag. Der Frühling lugt vorwitzig zwischen spärlichem Baumbestand hervor und den Feinstaub hat der Ostwind über Nacht hinweggefegt. Bereits am Vormittag bahnt sich ein Schimmer der Hoffnung seine Schneise durch die vielstöckigen Häuserfluchten. Emilie hält einen Brief in der Hand. Einladung, steht oben drauf. Große krakelige Buchstaben sind auf rosafarbenes und leicht vom Gilb befallenes Büttenpapier gedruckt. Der Inhalt ist vieldeutig: »Ich möchte noch einmal einen Geburtstag mit meinen Lieben feiern und freue mich auf euch. Kommt am Sonntag zum Kaffee nach Gehenbühl. P.S. Ihr müsst nichts mitbringen. Um drei Uhr wäre es recht.«

Nachdem sie den Brief vorgelesen hat, wagt Emilie eine freie Interpretation. »Die Oma ist zu geizig für die Wirtschaft«, lautet die.

»Sie wird fünfundneunzig«, sagt Michael.

Emilie weiß es besser. »Sechsundneunzig.«

»Wer will in dem Alter noch in die Wirtschaft«, sagt Michael und fügt hinzu, dass er eine Schachtel Pralinen besorge.

Emilie schüttelt die braune Lockenpracht. »Wenn Oma kein Geschenk erwartet, kaufen wir keines.«

»Sechsundneunzig! So alt müssen wir erst mal werden«, seufzt Michael.

Emilie blickt in die Glaskugel. »Zugig wie wir leben und bei den fünf Stockwerken, die wir rauf- und runtermüssen, holt dich vorher die Gicht. Und mir frisst die Arthrose Knie und Hüftgelenke weg.«

Weil Michael nichts erwidert, liest Emilie den Inhalt der Einladung erneut. Am Ende erschließt sich manche Erkenntnis durch Wiederholung. »Noch einmal«, haucht sie und fuchtelt mit den Armen, als wolle sie den Dämon, der sich ihrer Seele bemächtigt hat, verscheuchen.

»Was meinst du?«, fragt Michael.

»Ein letztes Mal! Hier steht's. Schwarz auf weiß.«

»Das sagt man halt. In ihrem Alter.«

»Die sagt das nicht halt. Nicht Oma.«

»Was willst du damit andeuten?«

»'s Häusle, Micha!«

»Ist das Dach undicht?«

»Es gehört bald uns.«

»Das erzählst du seit Jahren. Vergiss es, Emy. Die Erna stirbt in ihrem Reihenhaus. Du weißt das so gut wie ich.«

»Nein, Micha.«

»Sie wird hundertzehn. Zäh wie sie ist.«

»Du irrst dich!«, zischt Emilie. Der Dämon hat sich aus seinem Korsett befreit, denn sie fügt beschwörend hinzu, »die Zeit ist gekommen. Ich spür das. Echt.«

Michael scheint etwas anderes spüren. Er will sie trösten, doch sie stößt ihn weg. Die Sache mit dem Hüftgelenk, dem der frühe Verfall droht, hat sie offenbar vergessen, derart aufgeregt ist die Emilie.

Am Sonntag stehen alle drei herausgeputzt – sogar Jan trägt frisch gescheitelte Haare – vor der Reihenhaussiedlung in Gehenbühl. Drei rechte Arme sind in Schüttelposition nach vorn gerichtet.

»Was gibt es Feines, Oma?«, säuselt Emilie, nachdem Begrüßungsformeln und Geburtstagswünsche ausgetauscht sind.

»Ha, i hann a Ofeschlupferle g'macht!« Erna streift eine vorwitzige Haarsträhne aus ihrem faltigen Gesicht. Sie strahlt von innen, wie frisch der Röntgenkammer entstiegen.

»Da sind Rosinen drin«, tadelt Emilie. »Die darf der Jan nicht essen.«

Erna legt die Stirn in tiefe Furchen. »Kommet erscht mal rei«, sagt sie und nimmt den Besuchern Mäntel und Taschen ab. »En dem Ofeschlupfer sen keine Rosine, Emilie«, stellt sie zeitgleich klar. »Des sen Zibebe.«

»Was sind Zibebe, Oma?«, fragt der Fünfjährige neugierig.

»Rosinen, Schatz, das sind schwäbische Rosinen«, sagt Emilie. Tadelnd wendet sie sich an ihre Oma. »Du weißt, dass Jan eine Zuckerallergie hat. Und Micha unter Fruktose-Intoleranz leidet.«

»Picket raus, was euch net passt.« Erna schlurft in ihre Küche. Nach einer gefühlten Ewigkeit kehrt sie zurück, kopfschüttelnd.

»Die Clara verträgt so viel Süßes auch nicht«, keift Emilie weiter.

»Was für mi gut isch, isch für mei Clärle gut.« Erna schnauft tief durch.

»Wo ist die überhaupt und wieso bellt sie dauernd?«, fragt Emilie.

»Die isch beschäftigt«, sagt Erna.

»Wo ist meine Handtasche?«, fragt Emilie.

Erna zuckt mit den Schultern. Dann schimpft sie: »Kei Wunder, dass jeder von euch sei Allergie spaziere trägt, wenn ihr ällas im Nurdi kaufet.« Sogleich peilt sie wieder ihre Küche an. Gefolgt von Emilie, der Michael dicht auf den Fersen ist, Jan an der Hand.

»Wir kaufen beim Naturschön!« Stolz baut sich Michael vor dem Herd auf. Will er sein Hinterteil wärmen? Wo im Vorgarten schon die Märzenbecher blühen.

»Alles bio«, sagt Jan und späht durchs Fenster ins faszinierende Innenleben des alten Gasherds.

»Eigentlich können wir uns das gar nicht leisten«, sagt Emilie, während sie gemeinsam mit ihrem Sohn das Backwerk bespitzelt, das langsam seine Blässe verliert.

Den braun gebrannten Ofenschlupfer in Topflappen gehüllt, die sie mit beiden Händen fest umklammert, bittet Erna ihre Besucher an den Esszimmertisch. Hübsch hat sie ihn eingedeckt, frische Blumen stehen auf der Tafel und sogar eine Spitzendecke hat sie aufgelegt. Mit einem »verteil's, Emilie«, stellt sie die schwere Auflaufform ab.

»Gerne, Oma!« Emilie blickt um sich. »Wo ist meine Handtasche?«, fragt sie wieder.

»Die brauchsch net«, sagt Erna.

»Ich hol sie dir«, sagt Michael, kehrt aber unverrichteter Dinge zurück. Er zuckt mit den Schultern. Die Panik steht Emilie im Gesicht.

»Esset erschtmal«, versucht Erna zu schlichten.

Der Auflauf ist viel zu heiß, er dampft auf den Tellern und schon beim Anfassen verbrennt sich Michael die Finger. Während Emilie immer wieder nach ihrer Handtasche linst, die spurlos verschwunden scheint, pustet Erna auf den Schlupfer ein. Der Urenkel zieht eine Schnute.

Erna steht auf. »I hab was für dich, Jan.« Energisch marschiert sie zum Küchenbuffet und zieht einen Spielzeugbagger aus einer Schublade. Sie pustet Staub von Schaufeln, die vor der letzten Jahrhundertwende letztmalig im Einsatz gewesen sein dürften.

»Cool, Oma!«, juchzt Jan. »Darf ich in mein Zimmer gehen?«

»Dein Zimmer?« Erna runzelt eine Stirn, die Geschichten erzählen würde, verstünde man ihre Sprache. Der Fünfjährige düst mit dem Bagger um den Tisch. »Musst nur WLAN reintun«, erklärt er, »dann kann ich da schlafen. Und der Bagger auch.«

Erschrocken legt Emilie ihrem Sohn die Hand auf den Mund.

»Henn ihr's Erbe scho verteilt«, sagt Erna und schüttelt den Kopf.

»Er guckt zu viele Serien.« Michael streckt seinen Teller aus.

Während sie den Ofenschlupfer, der nun Zimmertemperatur angenommen hat, auf die Kuchenteller hievt, sagt Erna: »Schad isch's. Um den Bub.«

»Das hast du völlig falsch verstanden, Oma!«, sagt Emilie.

»Wir wollen nur, dass es dir gut geht«, sagt Michael.

Erna beißt in den köstlichen Auflauf.

»Wärst du in einem Stift, hättest du Gesellschaft und müsstest nicht den ganzen Tag allein hier sitzen.« So lässt Emilie die Katze also aus dem Sack. Dabei schielt sie neidisch auf den mit einer doppelten Portion gefüllten Teller ihres Lebensgefährten. Und öffnet den obersten Knopf ihrer Hose, schlägt den Bund nach unten um.

»Stift? Was für a Stift?« Erna legt den Löffel weg.

»Ha, ein Heim halt. Für Senioren. Da gibt es wunderschöne Häuser, mit Park und Schwimmbad«, flötet Emilie.

»Hann i mir's denkt. Aus 'm Haus willsch mi treibe«, geigt Erna zurück.

»Keiner will dich vertreiben«, trompetet Michael.

»Du hättesch ein Zimmer mit deinen eigenen Möbeln«, flötet Emilie, eine Tonlage höher.

»Des hann i scho«, geigt Erna, eine Phonstärke lauter.

»Mit Balkon. Oma, jedes Zimmer hat seinen eigenen Balkon!«

»Den hann i scho.«

»Nur die teuren Zimmer«, bläst Michael ins Horn.

»Du müschtsch nie mehr selber saubermachen!« Emilies Flötentöne klingen schrill, worauf die Geige von Erna verstimmt ist. »Mein Dreck mach i selber weg.«

»Und jeden Mittag gibt's was Leckeres!«

»Isch euch mei Ofeschlupferle nemme gut gnug?« Erna dreht sich weg. Es soll wohl keiner sehen, dass ihr Tränen in die Augen schießen.

»Wir suchen seit drei Jahren!«, stöhnt Michael und vertilgt das riesige Stück Auflauf. Mit vollem Mund verdeutlicht er: »Nichts unter einer halben Million. Nicht mal im Randgebiet. Und da steh ich jeden Tag im Stau.«

»Mit vollem Mund spricht man nicht.« Jan schiebt die Unterlippe vor. Der Bagger parkt trotzig neben ihm. Nachdem sie mit sich mit dem Ärmel die Feuchtigkeit aus ihren Augen getupft hat, verstrubbelt Erna ihrem Urenkel lächelnd die Haare.

»Kaum hast du was Vernünftiges gefunden, sind fünfunddreißig Leute vor dir da«, klagt Michael weiter.

»Iss dei Ofeschlupferle, Jan«, sagt Erna.

»Ich meine, wir reden von Kauf, nicht von Miete. Und für seine zwanzig Riesen hat es der Makler nicht nötig, dir zu sagen, dass er die Hütte längst abgestoßen hat. Schmieren hat der sich lassen. Verstehst du, Erna! So läuft das ...«

»Oma, in die Erziehung mischen wir uns nicht ein, gell?«, sagt Emilie und hievt ein zweites Stück des Arme-Leute-Essens auf ihren Teller.

»Mir ist der Appetit vergangen.« Michael schiebt seinen leeren Teller weg.

Entschlossen steht Erna auf. Das Kissen rutscht auf den Boden. Mit strammem Schritt marschiert sie erneut zum Buffet. Lange hantiert sie darin herum. Endlich zieht die Sechsundneunzigjährige ein hohes Glas hervor, in dem sich daumennagelgroße schrumpelige Früchte von golden-bräunlicher Farbe befinden.

»Guck, Jan«, sagt sie, »so sehet Zibebe aus. Die hann i selber trocknet.« Stolz präsentiert sie dem Urenkel das Glas. Sie löffelt die Trockenfrüchte auf den Teller von Emilie – direkt auf den Ofenschlupfer. Hernach verschließt sie das Gefäß und stellt es auf den Tisch. Vor die Nase der Enkelin. Deren Gesicht erhellt sich. Auch Michael schielt nach den Trockenfrüchten.

»Denk an deine Allergie, Micha«, sagt Emilie und beißt genüsslich in den Auflauf, wobei sie die Zibeben auf einen Schlag in ihren Mund schiebt.

»Und ich?«, protestiert Jan. Emilie schüttelt den Kopf. »Tut mir leid, Schatz. Davon bekommst du Bauchweh.« Dann wendet sie sich an Erna. »Also, ein bisschen komisch riechen die schon. Sind die alt, Oma?«

»Mir wer'n älle älter«, sagt Erna und wendet sich ab von Emilie. Sie fasst den Urenkel an der Hand. »Komm, Jan, mir gucket nach dem Clärle«, sagt sie.

Mit einem lautstarken »au ja« folgt der Fünfjährige. Indessen verleibt sich Emilie weitere Zibeben ein.

Minuten vergehen. Schlagartig weicht die Farbe aus Emilies Gesicht. Fahl, blass, reglos sitzt sie auf ihrem Stuhl. Dabei umfasst sie ihren Hals.

»Was hast du?«, fragt Michael besorgt.

»Ich krieg keine Luft«, röchelt Emilie und rennt zum Fenster. Sie reißt beide Flügel auf.

»Emy! Was ist mit dir?«, schreit Michael. Vorsichtig legt er seinen Arm um ihre schmale Gestalt. »Soll ich einen Arzt rufen?«, fragt er.

»Es isch die Gier, liebe Emilie«, sagt Erna, die sich lautlos hereingeschlichen hat. »Die Habgier und die Raffgier. Daran erstickt der Mensch.«

»Ersticken, wieso denn ersticken?« Michael schlägt sich die Hände vors Gesicht.

»Der Herrgott gibt's, der Herrgott nimmt's«, sagt Erna ruhig.

»Du hast sie vergiftet. Das ist es, diese Beben, die du ihr serviert hast, die sind schuld«, brüllt Michael.

»Zibebe, Michael, Zibebe sen an gar nix schuld.«

»Du wolltest uns umbringen«, tobt Michael weiter. »Emilie, mich, Jan!«

»Euch net«, sagt Erna und deutet auf Emilie, die nach Atem ringt.

»Mama!« Jan steht im Türrahmen. Erschrocken eilt er zu seiner Mutter und krallt sich in ihre Bluse.

»Warum?«, jammert Michael.

»Was du nicht willst, das man dir tu …«, sagt Erna.

»Was meinst du?«, fragt Michael.

»'s Clärle. Frag 's Clärle.«

»Ich soll den Hund fragen?«

»Sie hat's g'roche.«

»Ich versteh gar nichts mehr.«

»Des Gift von der Emilie. In ihrer Handtasch'. Mit dem hat sie mi zum Herrgott schicke wolle.«

»Du hast sie vergiftet, nicht umgekehrt!«

»Die oi isch wie die andere.«

»Was?«

»Seit i mei Tochter enterbt hab, hat die Emilie was vor. Des weiß i scho lang. Ons Clärle au. Bellt hat's. Dauernd isch's um die Tasch' rumgstriche. Da hab i 's gwusst.«

»Wo ist der Köter überhaupt?«

»'s Clärle …«, sagt Erna verklärt, »die bewacht des Gift. Damit keiner an Unfug damit treibt.«

Michael schüttelt den Kopf. Die Panik hat unregelmäßige rote Flecken über seine beiden Wangen gestreut. Er hastet zu seiner Partnerin, fasst sie am Arm und führt sie zurück an den Esszimmertisch. Emilie nickt ihm dankbar zu. Er drückt sie sanft auf einen Stuhl, presst drei Finger auf ihren Puls. »Ich hör nichts«, stößt er hervor.

»Der Einzige …«, sagt Erna dermaßen leise, dass es nur mehr ein Wispern ist. »Der Einzige, der mi hole derf, des isch der Herrgott, Michael. Sag ihr des.«

Danach faltet die Sechsundneunzigjährige ihre Hände und schließt beide Augen. Sie hört nicht, dass Jan um sie herumhüpft und »Oma, Oma!« jammert, während er den Bagger hilflos über ihre Hände gleiten lässt.

Wenig später parkt der Krankenwagen im Hof und eilen zwei Sanitäter mit einer Bahre herbei. Sie versorgen Emilie und ordnen eine sofortige Einlieferung ins Krankenhaus an. Jan darf auf den Vordersitz, Michael fährt hinten mit.

Kaum ist der Krankenwagen weg, kümmert sich ein Arzt um Erna. Bald lässt der Mann im weißen Kittel sein Stethoskop sinken. Er tätschelt die kalten Hände der alten Frau. Ein Lächeln liegt auf ihren Lippen.

Da wagt sich Clara aus der Küche. Zaghaft tapst sie über den Fußboden, Emilies Handtasche in der Schnauze. Sie legt die Tasche vor Erna auf den Boden. Winselnd streift sie um den reglosen Körper, schnüffelt mit ihrer feuchten Schnauze an der Kittelschürze und legt ihren Kopf auf Ernas Bauch. So wie sie es nach jedem Hirnschlag getan hat. Nur heute verharrt der Dackel stumm und lässt sich durch nichts vertreiben.

Erst, nachdem der Streit ums Testament beigelegt ist, der das Tierheim *Neunundneunzig Pfoten* als Alleinerbin benennt, verlässt Clara das Reihenhäusle in Gehenbühl für eine Weile. Nach dem Umbau soll sie lebenslanges Wohnrecht haben. Ein eigener Pfleger wird für sie abgestellt.

Allein das Rezept für den Ofenschlupfer hat Erna ihrer Enkelin vermacht. Nebst Pflichtanteil, der nach dem Ableben von Emilie an Jan fließen soll. Da er hoch ausfallen dürfte, müsste es für ein eigenes Zimmer für den Urenkel reichen.

Indessen wird Emilie mit einer Antitoxin-Infusion behandelt. Alles Weitere hat Erna ihrem Herrgott in die Hände gelegt.

Mit 125 Millionen Riechzellen ist ein Dackel in der Lage, Duftstoffe akkurat zu unterscheiden und korrekt einzuordnen. Hätte Emilie ihre Botulinumtoxine, deren tödliche Dosis bei einem zehnmillionsten Gramm liegt, in einem luftdicht verschlossenen Glas mit sich geführt, hätte Clara nicht gebellt und Erna hätte ihre Zibeben nicht mit naphthalinhaltigem Mottenpulver versetzen müssen.

Ernas Ofenschlupfer (mit Zibeben)

Die Zutaten:
4 altbackene Weckle (hochdeutsch: Brötchen) oder Weißbrot
500 g Äpfel
1 Handvoll Zibeben (hochdeutsch: Rosinen)
1/2 l Milch
2 Eier
1 EL Zucker, etwas Zimt
Weckmehl (hochdeutsch: Semmelbrösel)
etwas Butter

Die Taten:
Weckle in Scheiben schneiden und in eine gut gefettete Auflauf-
form legen. Äpfel klein schneiden, auf die Brötchen legen, vertei-
len. Zibeben darüber verteilen. Mit den restlichen Brotscheiben
zudecken. Dann die Milch mit den Eiern, dem Zucker und Zimt
quirlen und auf den Auflauf gießen. Semmelbrösel drüberstreu-
en, Butterflöckchen draufsetzen.
Fertig: Der Ofenschlupfer bäckt bei mittlerer Hitze (180 Grad)
30 bis 40 Minuten. Achtung: heiß!

UTE BAREISS

Der aufmerksame Gatte

Neckartal

Das Sonntagsfrühstück bedeutete für gewöhnlich keine reine Freu-de. Denn sonntags gab es nicht nur weiche Eier, es war auch der Tag, den Heinrich dazu auserkoren hatte, zu Tisch das ausgiebige Gespräch zu suchen. Über – seiner Meinung nach – interessante Dinge, die er im Laufe der Woche gelesen hatte. In seinen zahl-reichen Büchern und Wissenschaftszeitschriften, die er regelmäßig verschlang. Eines der Rituale, die er mit seiner verstorbenen Gat-tin gepflegt hatte, die Gertrud ihm noch nicht hatte abgewöhnen können. Zweiundvierzig Jahre waren lang. Dabei könnte er sich ruhig auch einmal auf die lebensnahen Ereignisse konzentrieren wie den Nachwuchs des Prinzenpaares, aber hier interessierte ihn nur der Austritt der Briten aus der Europäischen Union.

»Wusstest du, dass Descartes bereits im siebzehnten Jahrhun-dert künstliche Intelligenz für möglich gehalten hat?«, fragte er, während er den Löffel in das Ei tauchte. Die Eiermischung wankte bedenklich hin und her, als er sie ausgiebig salzte und anschließend nach oben balancierte. Die Ladung kippte beim Be-rühren der Lippe. Eigelb rann Heinrichs faltiges Kinn hinab und tropfte auf den Eichenholztisch.

Gertrud zog einen Lappen aus der Schürzentasche und wisch-te den Fleck von der Tischplatte. Stumm. In den Anfängen ihrer knapp drei Jahre währenden Ehe hatte sie ihren Gatten gemaß-regelt. Doch inzwischen hatte sie festgestellt, dass hochgezogene Augenbrauen und ein tadelnder Blick einen wesentlich höheren Wirkungsgrad besaßen.

Wie erwartet griff er sofort nach einer Serviette, um sich das Kinn abzutupfen. »Entschuldige, Liebes.«

Sie nickte huldvoll.

Den nächsten Löffel führte er nach dem Salzen mit äußerster Vorsicht zum Mund. Seine Frage war vergessen.

Nun konnte sie sich wieder ihrem eigenen Ei widmen. Ohne zu kleckern. War sie mit ihren neunundsechzig nur sechs Jahre jünger als er, dennoch trennten sie Welten. Trotz seines Vermögens und des Titels *Oberamtmann* sowie des angelesenen Wissens war er ein schlichtes Gemüt geblieben. Das einzig Vornehme an ihm war sein Bestreben, stets gefällig zu sein. Ein echter Gentleman, wie man auf Neudeutsch so schön sagte. Das hatte sie – abgesehen von seinem Geld – anfangs an ihm beeindruckt. Doch sie, die *Grande Dame*, hatte im Grunde nie wirklich zu ihm gepasst. Die Klasse hatte sie sich auch ohne den finanziellen Hintergrund erschaffen können. Dass sie ihn nun besaß, hatte sie sich redlich verdient.

»Bezüglich der Kreuzfahrt, die du dir so gewünscht hast ...«, unterbrach Heinrich ihre Gedanken. »Ich habe uns etwas gebucht.«

»Du hast was?« Sie riss die Augen auf. Sah sich an einem karibischen Strand entlangflanieren. Oder gar in der Südsee? Sie vermeinte gerade, den Sand zwischen den Zehen und die Wärme auf ihrer Haut zu spüren. »Siehst du! Ich habe dir doch gesagt, dass sie an Bord einen Arzt haben und du solch eine Reise mit deinem Herzen gut bewältigen kannst.«

»Nun gut, einen Arzt haben sie dort nicht direkt an Bord, aber wir sind stets in Reichweite von Land.«

Von Land? Meinte er Südfrankreich? Keine Karibikstrände, aber immerhin. Die Côte d'Azur war auch nicht ohne. »Wohin fahren wir denn?«

»Von Stuttgart bis nach Saarbrücken. Ich habe uns eine Neckar-Flusskreuzfahrt gebucht. Neckar, Rhein, Mosel und Saar, um genau zu sein.«

»Eine Neckar-Kreuzfahrt?« Sie gab sich keine Mühe, ihre Fassungslosigkeit zu verbergen.

»Ja, es ist bereits alles organisiert. In drei Wochen geht es los. Es sollte eine Überraschung werden, zu unserem Hochzeitstag.«

Nun kicherte er wie ein Junge. »Aber ich habe es nicht mehr ausgehalten. Du hast es dir so gewünscht und sollst dich nun ordentlich darauf freuen können.«

Ordentlich. Darauf. Freuen. Die Worte hallten in ihren Ohren. Auf eine Neckar-Kreuzfahrt! Sie zwang sich zu einem Lächeln. »Wie aufmerksam von dir.«

Aufmerksam, das war er. In vielen Dingen. Auch jetzt, als sie ihren Stuhl zurückschob, sprang Heinrich, so schnell es seine alten Knochen zuließen, auf, um ihr den Stuhl zurechtzurücken. Tätschelte ihre Schulter. Und drückte ihr einen feuchten Kuss auf die Wange.

Sie widerstand der Versuchung, ihn direkt vor seinen Augen wegzuwischen, und wartete damit, bis sie in der Küche war.

Der Gedanke, der bereits seit geraumer Zeit in ihrem Kopf heranwuchs, nahm Gestalt an. Das hatte keine Zukunft mehr! Die ihr zur Verfügung stehenden Jahre schwanden zunehmend. Sie musste sie noch genießen und das ging mit diesem Klotz am Bein nicht. Eine Neckar-Kreuzfahrt! Empört kniff sie die Lippen zusammen und polierte das im Grunde schon blitzblanke Spülbecken. Anstelle der von ihr innig ersehnten *richtigen* Kreuzfahrt. Auf dem Neckar fuhren sicherlich nur alte Leute mit. Nun hatte sie extra diesen Mann mit Geld geheiratet und war der Erfüllung ihres Traums, das Leben einer Zugehörigen der oberen Zehntausend zu führen, keinen Schritt näher. Stattdessen versauerte sie, die Gelsenkirchenerin, die ein pulsierendes Großstadtleben gewohnt war, hier in Allmersbach im Tal. Inmitten von Schwaben. Fürchterlich. Wieder war sie auf einen Versager hereingefallen. Wie ihre letzten vier Ehemänner, Gott habe sie selig.

Aus dem Garten erklangen Stimmen. Die neugierige Nachbarin Frau Bechtle lehnte sich über den Zaun und beugte sich zu Heinrich, der soeben auf Gertruds Geheiß hin die welken Blüten vom Flieder zupfte. Auch, besser gesagt *gerade* am Sonntag sollte es schließlich ordentlich sein.

»Hen Sie des g'hört, Herr Merkle?«

Gertrud schob den Küchenvorhang ein Stück beiseite und sah, wie Frau Bechtle Heinrich verschwörerisch zuzwinkerte. Jetzt kam wohl wieder irgendein Dorf-Tratsch. Doch was die Alte nun sagte, ließ sie aufhorchen:

»Sie esset jo so gern Bärlauch, Herr Merkle. In Waiblinga ond Backnang uff'm Markt hen se vermeintlicha Bärlauch verkauft, in dem Maiglöckla-Blätter mit dren wared. 's hat bei einige Leit Vergiftunga geba. Oiner isch sogar dran gschtorba, der hot a schwach's Herz g'het.«

Gertrud ließ den Vorhang fallen, als hätte sie sich die Finger verbrannt. Hubert liebte Bärlauch tatsächlich, das erinnere ihn an seine Jugend auf dem Schmalenberg bei Welzheim, sagte er immer. Gertrud hatte dieses Gewächs zwar aus dem Garten verbannt, weil ihr der Geruch nach Knoblauch unangenehm war, aber er holte sich gelegentlich zu dieser Jahreszeit welchen – gegen ihren ausdrücklichen Willen –, um ihn in feinen Streifen auf ein Quarkbrot zu legen.

Grübelnd presste sie den Zeigefinger auf die Lippen. Backnang. Der Markt. Könnte sie behaupten, sie wären dort einkaufen gewesen? Maiglöckchen hatten sie im Garten und einige Blatt Bärlauch lagen, geruchsdicht verwahrt in einer Tupperdose, im Kühlschrank. Aber Heinrich würde bestimmt den Unterschied bemerken, wenn sie ihm die puren Blätter auf den Tisch legte. Besser, sie bereitete solch ein neumodisches Pesto zu. In einer Frauenzeitschrift hatte sie kürzlich ein Rezept dazu entdeckt. Heinrich aß gern Nudeln. Und selbst könnte sie an dem Tag Übelkeit vortäuschen. Oder eine Diät vor der Kreuzfahrt vorschieben. Auch im Vorspielen von Migräne war sie schließlich geübt.

Sie eilte zum Couchtisch und bückte sich zu dem Zeitschriftenständer. Da war sie, die letzte Ausgabe von *Das goldene Blatt*. Fein säuberlich nach Datum sortiert. Sie hatte sich das Rezept nicht herausgetrennt, weil sie ursprünglich nicht an dem Pesto interessiert gewesen war. Die Zubereitung war einfach und sie hatte alle Zutaten im Haus: Sonnenblumenöl, Walnüsse, Zitrone und Ingwerwurzel. Und Salz. Ein Teelöffel. Hubert aß gern salzig, er salzte grundsätzlich nach, das hatte sie ihm noch nicht abgewöhnen können. Vielleicht sollte sie etwas mehr dazugeben. Seiner Gesundheit würde es nicht mehr schaden und das übertünchte auch den Geschmack. Am besten sie gab etwas Knoblauch hinzu, um dem, wie Heinrich sie informiert hatte, auch Wildknoblauch genannten Bärlauch so nahe wie möglich zu kommen. Zum Glück hatte sie etwas fertige Paste im Haus, die sie dem frischen vorzog. Geschäftig richtete sie alle Zutaten auf einem Tablett an und legte auch den Pürierstab dazu. Heinrich würde sich freuen, wenn sie ihm vermeintlich etwas aus seinem Lieblingsgemüse zubereitete. Und eine letzte Freude hatte er sich verdient.

Den ganzen Vormittag malte sie sich aus, welche Pläne sie verwirklichen konnte, sobald sie erst einmal allein und frei wäre, mit dem finanziellen Hintergrund. Reisen in ferne Länder. Eine mondäne Wohnung in einer Stadt, zurück in der Heimat, statt dieses bäuerlich anmutenden Klotzes hier mitten im dörflichen Schwabenland.

Sie wartete, bis Heinrich sich zum Mittagschlaf hingelegt hatte, dann schlich sie sich in den Garten. Damit es nicht auffiel, pflückte sie die Blätter mitsamt Blüten.

»Passed Se bloß uff«, schallte es da über den Zaun, sodass sie erschrocken zusammenzuckte. »Die Maiglöckla sen giftig. Ned, dass se sich ond ihren Heinrich no vergiftet.« Frau Bechtles Lachen klang wie das Meckern einer Ziege.

Nur mühsam zwang sich Gertrud zur Beherrschung. Diese neugierige Alte! Musste ihren sorgfältig ausgeklügelten Plan vereiteln. Sie sollte *ihr* ein Gläschen Pesto zubereiten. »Wir essen unsere Blumendekoration auf dem Tisch für gewöhnlich nicht mit«, gab sie steif zurück und verzog sich ins Haus, um die Maiglöckchen widerwillig in einer Vase zu drapieren.

Sie brauchte einen neuen Plan, dieser war nun hinfällig. Etwas, das natürlich aussah. Konnte sie Heinrich dermaßen erschrecken, dass er einen Herzinfarkt erlitt? Vermutlich gestaltete sich das, trotz seines schwachen Herzens, schwierig. Er fürchtete sich weder vor Mäusen noch Spinnen, auch sonst war er eher nicht schreckhaft veranlagt.

Dabei hatte sie sich schon so an den Gedanken gewöhnt, bald frei und reich zu sein.

Die Kreuzfahrt!

Konnte sie ihn über Bord stoßen? Aber Heinrich war zeitlebens ein guter Schwimmer, jahrelang im Schwimmverein gewesen. Mal davon abgesehen, dass es schwierig werden würde, ihn zu überwältigen, ohne dass jemand davon Wind bekäme, könnte es ihm womöglich gelingen, das nächste rettende Ufer zu erreichen. Der Neckar war schließlich nicht die Karibik, die sie auch hier bevorzugt hätte. Nein, die Möglichkeit schied aus.

Die ganze Nacht lag sie grübelnd wach, während Heinrich süß und selig im Nachbarzimmer schnarchte – sie konnte es sogar durch die Wand hören.

Als sie am nächsten Morgen seine Tabletten richtete, kam ihr die zündende Idee. Nach wie vor hallte ihr die Warnung von Doktor Salber im Ohr, dass Heinrich unbedingt die verschriebene Dosis seiner Herzmedikamente einhalten müsse und keinesfalls überschreiten dürfe. Eine Überdosis könnte lebensgefährlich sein und zum Herzstillstand führen. Es enthielt den Wirkstoff Digitalis, der, laut Heinrich, aus dem hochgiftigen Fingerhut stammte. Es war ihr stets unwohl gewesen bei dem Gedanken, aber nun kam ihr dieser Zustand sehr entgegen.

Zuerst hatte sie überlegt, es direkt zu Hause zu erledigen, aber was sprach dagegen, sich diese Kreuzfahrt zunutze zu machen, auf die er sich so sehr freute? Die Aufregung würde seinem Herzen sicherlich nicht guttun und somit hätte sie eine gute Begründung. Und vermutlich gleich Hilfe bei der Organisation der Bestattung. Niemand würde bei einem Herzkranken Verdacht schöpfen.

Natürlich musste sie sich vor der Kreuzfahrt hübsch ausstatten. Heinrich wunderte sich, dass sie sich auch zwei schwarze Kleider aussuchte, wo sie sonst eher farbige Kleidung bevorzugte, aber sie überzeugte ihn, dass Schwarz vornehm sei. Sie wollte schließlich vorbereitet sein und nicht pietätlos in einem bunten Kleid erscheinen, wenn er verblichen war. Falls es ihn verwunderte, dass sie einige bestickte Stofftaschentücher besorgte, sagte er nichts. Sie hätte sich gern einen schwarzen Hut mit Schleier gekauft, allerdings war das zum aktuellen Zeitpunkt etwas voreilig, das könnte sie direkt vor der Beerdigung erledigen.

Auch zum Friseur ging sie, ließ sich die Haare schneiden und in einem jugendlichen Blond färben – das wirkte elegant und schließlich musste sie in nächster Zeit wieder gut aussehen.

Es war ein sonniger Junitag, als sie vom Abholservice am Stuttgarter Hauptbahnhof, der ewigen Baustelle, nach Bad Cannstatt zur Anlegestelle gebracht wurden, an der die MV *Aphrodite* vertäut lag. Zwischen Cannstatter Wasen und Wilhelma.

»Die einzige Anlegestelle für Kreuzfahrtschiffe in Stuttgart«, erklärte Heinrich.

Wobei »Anlegestelle« mächtig übertrieben war. Von einzelnen Grasbüschen unordentlich überwucherte Betonplatten, dahinter Sand. Da hätte jemand vorher gärtnern sollen, bevor sie hier Leute einluden. Missbilligend schüttelte Gertrud den Kopf.

Das Schiff erstaunte sie jedoch positiv. Sie konnte selbst nicht genau sagen, was sie erwartet hatte, sie musste widerwillig eingestehen, dass das langgestreckte Kreuzfahrtschiff sie beeindruckte. Der Rumpf war rot lackiert, durchsetzt mit zahlreichen Luken, darüber leuchtete das Deckshaus in hellem Weiß, die hohen Fenster apart mit französischen Balkonen verziert. Das grüne Sonnendeck wirkte beinahe wie ein Rasen, farbenfroh erhellt von einigen gelb-weiß gestreiften Liegestühlen. Vielleicht würde es weniger schlimm werden als erwartet.

Heinrich händigte ihr Gepäck einem der bereitstehenden Lakaien aus und wandte sich an sie. »Gefällt es dir?«

»Es ist riesig.« Für den Neckar hatte sie etwas Kleineres erwartet.

»Gut hundert Meter lang und knapp zehn Meter breit«, erklärte Heinrich mit solch stolzer Miene, als hätte er das Schiff mit seinen eigenen Händen erbaut. »Es ist quasi ein schwimmendes Grandhotel. Weil sie bei Vollbelegung nicht einmal hundert Passagiere mitnehmen, haben wir allzeit genügend Platz.«

Wenigstens etwas! Sie nahm den Arm, den Heinrich ihr bot, und folgte ihm an Bord.

»Ihr Mann ist aber aufmerksam«, schwärmte eine Frau mit ostdeutschem Akzent und ordinär roten Haaren, die ihrem schlaksigen Gatten, der eine mürrische Miene zur Schau trug, über die Gangway hinterhereilte.

Gertrud nickte ihr gnädig zu. Sie war nicht daran interessiert, sich hier mit den Leuten zu verbrüdern. Andererseits wäre es nicht schlecht, wenn sie bereits den Weg für ihr Vorhaben ebnete. So zwang sie sich zu einem Lächeln. »Ja, das ist er. Ein sehr guter Mann, mein Liebster.« Sie tätschelte seinen Arm, bevor sie sich verschwörerisch näher zu ihrer neuen Bekanntschaft beugte. »Ich hoffe nur, er übernimmt sich mit dieser Reise nicht. Sein schwaches Herz ...«

Die Dame nickte mit besorgtem Blick.

Befriedigt wandte sich Gertrud ab und schritt – an Heinrichs Arm – zur Rezeption. Auch das Innere war eleganter als erwartet. Edle Nussbaummöbel, flauschige weinrote Teppiche und alle Bediensteten in schicken blauen Uniformen. Sie sollte sich gut mit ihnen stellen, so versprühte Gertrud jede Menge Charme, selbst wenn sich herausstellte, dass einer der Stewarts aus Bulgarien kam und sein Deutsch mit deutlichem Akzent behaftet war. Der Kofferträger war ein Ungar. Nun gut, darüber konnte sie sich immer noch hinterher bei der Kreuzfahrt-Linie beschweren und gegebenenfalls einen Rabatt erhalten. Man rechnete auf solch einem Schiff schließlich mit einheimischem Personal, das die Sprache fließend beherrschte, ohne dass man erraten musste, was das Gegenüber sagte. Den einfältigen Heinrich schien dies natürlich wieder nicht zu stören, er glühte vor Begeisterung und zauberte einige Worte Ungarisch aus dem Hut, die er noch von einer Budapest-Reise im Kopf behalten hatte.

Dann wandte er sich wieder an sie: »Ich habe uns die Achterkabine auf dem Oberdeck reserviert, das sind die geräumigsten. Und zwar die mit dem Doppelbett, keine getrennten Betten.« Er zwinkerte ihr jovial zu.

Angesichts des Kofferträgers, der nicht nur die Koffer, sondern dazu eine undurchdringliche Miene zur Schau trug, heuchelte sie Enthusiasmus. »Wie wundervoll, mein Liebster.«

Sie würde schon dafür sorgen, dass sich sein Kuschelbedürfnis im Rahmen hielt.

Ihre Kabine war sonnendurchflutet, dennoch angenehm klimatisiert, mit bodenlangen samtenen Vorhängen im selben Bordeauxrot wie die Tagesdecke. Tischdecke und Stuhlbezüge harmonierten lachsfarben. Wenigstens hatte der Innenarchitekt – hieß es bei Schiffen überhaupt so? Heinrich wüsste das – sein Handwerk verstanden.

Der Kofferträger verneigte sich. »Das Zimmermädchen Svetlana kommt gleich, um Ihnen beim Auspacken zu helfen«, sagte er mit langgezogenen Vokalen.

»Danke, das erledige ich selbst.« Diese Svetlana machte es sicherlich nicht ordentlich genug, und außerdem wollte sie nicht, dass Fremde in ihrer Wäsche herumwühlten. Und auf die Dose mit den zermörserten Tabletten stieß, die sie zwischen ihre Schlüpfer gesteckt hatte.

Kaum dass sie ausgepackt und die Dose samt wertvoller Fracht sorgsam inmitten ihrer Wäsche verborgen hatte, ging die Fahrt schon los. Eilig folgte sie Heinrich in den ebenso edel eingerichteten Panorama-Speisesaal, in dem der Begrüßungscocktail serviert wurde. Der rumänische Kapitän hielt eine salbungsvolle Rede über die wundervolle Fahrt, die ihnen bevorstand. Heinrich strahlte sie an. Sie dachte an das Hinterher und konnte zurückstrahlen. Zumindest waren auch die *Aphrodite*-Cocktails, laut dem Barkeeper eine sündige Verführung, sehr lecker. Und geschmacksintensiv, nach exotischen

Früchten. Vielleicht würde sie das Pulver in einen Drink kippen können.

Zum Ablegen begaben sie sich aufs Sonnendeck. Sie hakte sich bei Heinrich unter, nun sollte sie Zweisamkeit demonstrieren. Ihr Gatte hatte sich zu einem Reiseführer aufgeschwungen, umringt von einigen auswärtigen Gästen.

Er deutete nach links. »Die Wilhelma ist einer der meistbesuchten Zoos Deutschlands, über eine Million Besucher pro Jahr aus aller Herren Länder. Wir besitzen auf rund dreißig Hektar über zwölfhundert verschiedene Tierarten und sind somit der zweitartenreichste Zoo Deutschlands.«

Hatte er die Zahlen auswendig gelernt? Sie hatte wohl mitbekommen, dass er sich akribisch auf diese Reise vorbereitet hatte, aber derart detaillierte Ausführungen hatte sie nicht erwartet.

Direkt nach der Müllverbrennungsanlage umgrenzten Steilhänge den Neckar im leuchtenden Grün der Weinblätter.

Heinrich deutete nach rechts. »Hier auf den Mauerterrassen wird der bekannte Cannstatter Zuckerle angebaut, das ist eine der steilsten Lagen Stuttgarts.«

»Ihr Mann ist wunderbar«, schwärmte die Ordinär-Rothaarige.

»Absolut«, bestätigte Gertrud. Und setzte ein »Grandios« obenauf, während sie seine Schulter tätschelte. Wenn Heinrich so weitermachte, würden zumindest einige nach seinem Dahinscheiden mit ihr trauern.

Sie ließ ihm Zeit, über das Naherholungsgebiet Max-Eyth-See, der 1935 im Zuge der Kanalisation des Neckars entstanden und heute als Europäisches Vogelschutzgebiet ausgewiesen war, zu referieren, dann zog sie das Blutdruckmessgerät aus ihrer Handtasche und sagte in besorgtem Tonfall: »Du hast ganz rote Wangen. Wenn dein Blutdruck zu sehr steigt, tut das deinem schwachen Herzen nicht gut«, sagte sie so laut, dass es alle Umstehenden hören konnten.

Heinrichs Wangen färbten sich ins Weinrot, aber immerhin entblößte er widerstrebend den Arm. Offene Konfrontation war nicht seines.

»Einhundertsechzig zu neunzig«, kommentierte Gertrud nicht weniger laut als zuvor. »Wir messen gleich nochmal.«

»Lass uns die Schleuse abwarten«, bettelte Heinrich wie ein kleiner Junge und sie nickte gnädig. Die würde seinen Blutdruck sicherlich etwas hinauftreiben.

Und schon schwang er sich wieder zum Reiseführer auf. »Die Hofener Schleuse ist die erste von einundzwanzig, die wir passieren, bis wir zum Rhein kommen. Sie wird von Obertürkheim aus ferngesteuert.«

Einundzwanzig würde Heinrich wohl nicht mehr erleben. Die Menge schienen die Details weniger zu interessieren als die Tatsache, dass dieses Schiff viel zu groß für diese winzig vor ihnen erscheinende Schleuse zu sein schien. Gertrud hielt – wie vermutliche viele ihrer Mitfahrer – die Luft an, als die *MS Aphrodite* in die Schleuse einfuhr, die kaum breiter als sie selbst war. Mit einem lauten Rauschen, jedoch ohne Schaden, kamen sie heil nach unten.

Heinrichs Blutdruck war, wie erwartet, durch diese aufregende Fahrt sogar etwas angestiegen, was Gertrud lauthals verkündete. Mit der erfolgreich gepflanzten Saat für ihr Vorhaben fand sie, hatte sie etwas Abspannen verdient und machte es sich in einem Liegestuhl bequem, während Heinrich auf ihrer Fahrt nach Ludwigsburg die Kläranlage, die man ohnehin roch, und andere uninteressante Details kommentierte.

Zum Mittagessen gab es ein Büfett. Die Speisen waren reichhaltig und lecker, aber wenig geeignet, um Heinrich ungesehen sein Pülverchen unterzumischen. Auch am Tisch selbst gestaltete sich ihr Vorhaben ungünstig – sie waren an Sechsertischen untergebracht, damit hatte sie nicht gerechnet. Sie musste auf den Abend warten und sehen, ob sich hier eine Gelegenheit bieten würde. Gertrud eilte, zugegebenermaßen etwas undamenhaft, vorbei an einer alten Dame mit Rollator, zu einem der begehrten Fensterplätze, da war sie wenigstens am weitesten aus dem Sichtfeld. Natürlich setzte sich ausgerechnet die Ordinär-Rothaarige direkt neben Heinrich, der mürrisch aussehende schlaksige Gatte ihr gegenüber an Gertruds Seite. Nun war sie den beiden auf Gedeih und Verderb für den Rest der Reise ausgeliefert, die Plätze blieben fix. Sie sollte dafür sorgen, dass sie die Fahrt nicht mehr allzu lange ertragen musste.

Doch zuerst einmal legten sie in Ludwigsburg an. Heinrich hatte schon den Ausflug zum Schloss und dem Blühenden Barock gebucht. Im Grunde liebte Gertrud alte Schlösser. Und das ausladende, in der Sonne erstrahlende weiße Barockgebäude, das sich auch »Schwäbisch Versaille« nannte, konnte sich sehen lassen. Gern hätte sie in den frühen Zeiten gelebt, wäre damals hier durch die üppig blühenden Gärten flaniert – in prunkvollen Kleidern versteht sich – einen jungen hübschen Prinzen am Arm. Der Erbauer, Herzog Eberhard Ludwig von Württemberg, war ja kein so fescher Kerl gewesen, wenn man dem Porträt auf dem Prospekt Glauben schenken durfte. Aber vermutlich waren die Geschmäcker zu damaligen Zeiten anders gewesen – genug Macht, Geld und Besitz hatte er allemal besessen. Und seine barocken Gärten, denen man die fachmännische Hand ansah, waren ein Schmuckstück – das musste sie neidvoll zugeben. Für einen Moment nahm sie sich vor, Heinrich auch einige ihrer Rabatten so anlegen zu lassen, bis ihr einfiel, dass er dazu zu Hause nicht mehr in der Lage sein würde.

Beim Wandeln über die verschlungenen Pfade durch die Farbenpracht schweiften ihre Gedanken ab. Sie musste sich unbedingt einen Weg überlegen, wie sie das Pulver am besten an den Mann, genauer gesagt: *ihren* Mann, bringen konnte.

Pünktlich zum Aperitif versammelten sie sich im Speisesaal. Normalerweise ließ sich Gertrud das Getränk von ihrem Gatten servieren. Heute manövrierte sie ihn direkt an ihren Tisch und erbot sie sich großzügig, ihm einen Cocktail zu bringen, damit er sein Herz schonen könne, der Ausflug sei ja anstrengend gewesen. Doch sie hatte die Rechnung ohne den Wirt, beziehungsweise die Ordinär-Rothaarige, gemacht. Die sich ihr sofort anschloss. Keine Chance auf ein Pülverchen in Heinrichs Drink. Eventuell war sie beim Abendessen erfolgreicher.

Nach einem enthusiastisch angekündigten Abendprogramm – einer Ein-Mann-Kapelle mit Tanz – wurden vier Gänge kredenzt. Direkt am Tisch, das würde schwierig werden. Wie immer griff Heinrich zum Salz, ohne vorher probiert zu haben, und bedeckte das Lachstartar an Kaviar-Mousse mit einer schneedeckengleichen Schicht. Gertrud wollte ihn gerade dafür rügen, als ihr die Erleuchtung kam. Der Salzstreuer! Weißes Pulver! Die Menge, die Heinrich pro Mahlzeit verbrauchte, würde ausreichen, um ihm genug des zermörserten Medikaments zuzuführen. So gut sah er nicht mehr und trug seine Lesebrille nie beim Essen. Beinahe hätte sie zufrieden in die Hände geklatscht. Doch ihre Tischnachbarin musste ihr Strahlen missinterpretiert haben.

Prompt kommentierte die Ordinär-Rothaarige, die sich unverschämt vertraulich mit *Familie-Sachs-und-ich bin-die-Mandy* vorgestellt hatte: »Lachstartar ist etwas Feines, nicht wahr?«

Gertrud nickte nur und kostete. Die Konsistenz war zwar in Ordnung, aber vermutlich hatte man, zugunsten der überwiegend betagten Passagiere, salzarm gekocht. Oder hatte sich ihr Geschmack seit Heinrich auch verändert? Heute musste selbst sie zum Salzstreuer greifen.

Das kam ihr entgegen. Sie winkte den Ober herbei. »Könnten Sie mir bitte einen eigenen Salzstreuer bringen? Dann brauchen wir diesen nicht immer hin und her zu reichen.«

Er verbeugte sich beflissen und eilte davon. Mit Blicken verfolgte sie ihn. Ah, da neben dem Büffet waren sie platziert. Gut zu wissen.

Sie beobachtete zufrieden, wie auch der Avocado-Schaum auf Blattspinatsüppchen und die gebratene Scholle an Sauerampfersauce mit Grillpaprika und Safranreis von Heinrich in eine Salzkruste gehüllt wurden, und salzte selbst pflichtschuldig jeden Gang nach. Nur die in Lavendelhonig glasierte Birnen-Tarte mit kandierten Walnüssen blieb verschont.

Großmütig verzichtete sie auf einen Tanz mit Heinrich und überließ ihn ihrer Tischnachbarin. Während er seine Bewunderin Mandy unter den Ein-Mann-Klängen über die Tanzfläche schob und ihr Ehemann noch sauertöpfischer aussah, nutzte Gertrud die Gelegenheit, einen Salzstreuer neben dem Büffet in ihrer Handtasche verschwinden zu lassen.

Beim nächsten Stopp im Kurort Bad Wimpfen ließ Gertrud über sich ergehen, dass hier Kelten, Römer und Staufen agiert hatten und der Ort die größte Kaiserpfalz nördlich der Alpen sei. Ihr neue Nicht-Freundin Mandy hing mal wieder an Heinrichs Lippen, der sich in der Aufmerksamkeit sichtlich sonnte. Nun, sollte er ein bisschen Freude in seinem, nicht mehr allzu lange währenden, Leben haben, dachte Gertrud gnädig und beschloss, den Ausflug in die von Fachwerkhäusern mit spitzen Giebeln geprägte Altstadt auszukosten, bevor sie die trauernde Witwe spielen musste.

»Noch ein letztes Foto mit dem Roten Turm«, sagte Heinrich, legte ihr den Arm um die Schultern und drückte Mandy seine Kamera in die Hand. Wenn er wüsste, wie nah er mit dieser Aussage der Wahrheit lag.

Am nächsten Morgen fühlte Gertrud, dass heute der perfekte Tag der Tage war. Zum einen würde am Abend Bachforelle im Mandelbett mit Pellkartoffeln auf einem Fenchelbett serviert werden. Heinrich benötigte für Pellkartoffeln viel Salz. Zum anderen stand der Ausflug nach Heidelberg auf dem Programm. Es würde mit der Schlossruinen-Besteigung anstrengend werden, doch Heinrich wollte trotzdem mitgehen. Schon beim Frühstück ließ Gertrud gelegentlich besorgte Bemerkung bezüglich seines angegriffenen Herzens fallen, was ihr einen langen Blick von Heinrich einbrachte – er war bestimmt sehr geschmeichelt. Sie ließ sich sogar ausnahmsweise gefallen, dass er sie *mein Schätzle* nannte, was sie sonst unterband. Nun bestand ja keine Gefahr mehr, dass das einreißen konnte.

Während ihr Gatte vor seinen begeisterten Zuhörern, genauer gesagt Zuhörerinnen wie Mandy und einigen anderen Jüngerinnen, die Strecke nach Heidelberg kommentierte, schützte Gertrud Kopfschmerzen vor, um sich in Ruhe in der Kabine vorzubereiten. Sie beließ – des Geschmackes wegen – einen Teil des Salzes in dem Fässchen und füllte es großzügig mit dem Pulver auf. Zum Glück schwankte das Schiff nicht sehr – dank der Stabilisatoren, wie Heinrich erklärt hatte –, sodass sie nichts verschüttete. Den Salzstreuer versteckte sie unter den Schlüpfern. Sie versicherte sich, dass ihr gutes schwarzes Kleid faltenfrei im Schrank hing. Legte sich die hübschen bestickten Stofftaschentücher parat. Auch Heinrichs schwarzen Anzug, den sie dem Beerdigungsinstitut für den Sarg mitgeben wollte, hängte sie griffbereit ganz nach rechts außen, sie war gern vorbereitet. Übte die Leidensmiene und das Weinen schon einmal vor dem Spiegel. Sie gab eine hervorragende trauernde Witwe ab, fand sie.

Das Quecksilber war heute wieder auf achtundzwanzig Grad geklettert. In den schattigen Gassen der Altstadt Heidelbergs, zwischen den hohen Fachwerkhäusern, war es auszuhalten. Heinrich, der Romantiker, hatte sich allerdings in den Kopf gesetzt, den Philosophenweg zu gehen, der nördlich des Neckarufers lag.

»Von hier aus hat man einen großartigen Blick auf das Schloss und die Altstadt und es ist wesentlich weniger los als bei den Ruinen«, warb er und fand einige Mitstreiter, die allesamt befanden, dass Heinrich bedeutend spannender erzählen konnte als ihr offizieller Reiseführer. Unter anderem klebten natürlich Mandy und ihr sauertöpfischer Gatte wie ein alter Kaugummi an ihren Fersen. Selbstverständlich hatte Heinrich sich ebenso auf dieses Wegstück vorbereitet und hielt während des Gehens Vorträge über die diversen Physikinstitute am Fuße des Steilaufstiegs, bis auch ihm die Luft ausging.

»Allerdings stammt der Ausdruck Philosophenweg vermutlich aus der Zeit, in der jeder Studierende vor Beginn des Fachstudiums zunächst Philosophie, die sogenannten sieben freien Künste, studieren musste«, japste er, bevor er für das nächste steile Wegstück verstummte.

Dass sie gelegentlich mit ihm innehielt, musste Gertrud allerdings nicht spielen, es machte ihr ebenfalls zu schaffen, da der nach Süden ausgerichtete Hang gegenüber dem Königstuhl am Mittag in der prallen Sonne lag. Sie konnte von oben kaum den großartigen Ausblick auf das Neckartal bis in die Rheinebene hinaus genießen. Heinrich sah während seines Referates über diverse Dichter erfreulich grau aus, was niemandem verborgen blieb, zumindest nicht, nachdem sie es ausgiebig kommentierte.

Je näher der Abend heranrückte, desto aufgeregter wurde Gertrud. Sie versicherte sich, dass, wie inzwischen gewohnt, zwei Salzstreuer auf ihrem Tisch standen. Gönnte sich einen weiteren *Aphrodite*-Cocktail, bevor es ihr gelang, Heinrichs Salzstreuer vom Tisch zu stoßen und unbeobachtet unter der roséfarbenen Tischdecke mit dem aus ihrer Handtasche auszutauschen. Den anderen ließ sie einfach unten liegen.

Die erste Vorspeise – Süßkartoffelküchlein in Papaya-Kokos-Schaum – wurde serviert. Heinrich griff nach seinem Salzstreuer. Gertrud befeuchtete ihren plötzlich ausgedörrten Mund mit einem Schluck Weißwein. Doch ihr heftig gegen ihre Rippen pochendes Herz blieb beinahe stehen, als Mandy ihren eigenen Salzstreuer schüttelte, der wohl leer oder verklumpt war, und Heinrich fragte, ob sie sich seinen leihen dürfte.

Blitzschnell streckte Gertrud ihre Hand mit dem Salzstreuer vor. »Nimm meinen, ich benötige nicht so viel wie Heinrich.« In der Aufregung war ihr sogar das »Du« zum ersten Mal leicht über die Lippen gekommen.

Mandy bedankte sich artig und salzte, bevor sie das Fässchen zurückreichte.

Heinrich, der Aufmerksame, winkte dem Kellner, ein neues zu bringen. Durch das Gestikulieren war ihm wohl die Serviette vom Schoss gerutscht. Er schob umständlich seinen Stuhl zurück und machte Anstalten, sich zu bücken.

»Ich glaube, sie liegt bei dir«, murmelte er.

Eine Hitze wallte in Gertrud auf, die sie an ihre zurückliegenden Wechseljahre erinnerte. Das Salzfass auf dem Boden!

»Bleib sitzen, ich hole sie!«

Als sie mit der Serviette wieder auftauchte, war Heinrich gerade kräftig am Salzen. Sie benötigte zuerst noch einen großen Schluck Weißwein, bevor sie das Essen kostete und dann ebenfalls Salz zugab.

Auch beim anschließenden Spargelcremesüppchen mit Knuspercroutons animierte sie Heinrich durch ein gutes Vorbild zum ordentlich Salzen.

Die Forelle, die sie traurig aus ihrem Mandelbett anglotzte, und die Kartoffeln bekamen ebenfalls ihr Quantum ab. Erleichtert betrachtete sie die glitzernde Salzschicht auf Heinrichs Teller. Das sollte gut ausreichen.

In die Erleichterung mischte sich ein mulmiges Gefühl. Gern ließ sie sich von Heinrich Weißwein nachschenken.

»Auf dich, meine Liebe!« Er sah ihr tief in die Augen. Sein Blick hatte etwas Treuherziges, das sie anrührte. Doch sie sollte jetzt nicht sentimental werden.

Resolut zerteilte sie die Kartoffeln und griff nach dem Salzstreuer. Goss anschließend etwas von der Petersilien-Zitronen-Butter darüber.

Zum Nachtisch gab es ausgerechnet »Heiße Liebe«. Die Aufregung musste ihr auf den Magen geschlagen sein. Obwohl sie sonst Vanilleeis mit heißen Himbeeren liebte, überließ sie Heinrich den größten Anteil ihres Desserts. Es war schließlich seine Henkersmahlzeit.

Das heutige Abendprogramm wurde von der Crew bestritten, die ein Theaterstück eingeübt hatte. Gertrud trank zwei weitere Gläser Wein und war froh, dass Heinrich sich nach der ersten Pause zurückziehen wollte, weil er sich nicht wohlfühlte. Dankbar stützte sie sich auf seinen dargebotenen Arm.

»Der Ausflug war einfach zu viel für ihn«, sagte Gertrud in die Runde, die klare Artikulation fiel ihr schwer.

Heinrich nickte mit nachdenklicher Miene.

Die Anspannung machte ihr ebenfalls zu schaffen. Vielleicht hatte sie auch zu viel Alkohol getrunken, sie war nur kleine Mengen gewohnt. Ihr war schon ganz übel. Auch die Schiffsbewegungen vertrug sie plötzlich nicht mehr.

In ihrem Magen und Bauch rumorte es. Sie schaffte es nur knapp zur Kabine und ins anliegende Bad, bevor sie sich vorn und hinten entleerte. Schweiß trat auf ihre Oberlippe. Dermaßen hatte sie bislang nie auf zu viel Alkohol reagiert. Um sie herum wurde alles gelb und grün. Sie krümmte sich auf dem Bett zusammen. In ihrer Brust stach es.

Heinrich ergriff eines der Stofftaschentücher, die sie auf dem Tisch bereitgelegt hatte, und wischte ihr damit den Schweiß vom Gesicht. »Es tut mir so leid, meine Liebe.«

Was meinte er? Und wieso war er so fit?

»Ich hatte so sehr gehofft, dass ich mich irre ...« Seine Stimme brach und er legte den Kopf in die Hände.

Wovon sprach er? Eine erneute Welle der Übelkeit überkam sie. Ihr fehlte die Kraft zum Aufstehen. Wie ein Schlag traf sie die Erkenntnis. »Hast du etwa ...?«

»Die Salzstreuer ausgetauscht?« Er nickte. »Seit Tagen schon war mir dein verändertes Verhalten aufgefallen. Ich wusste, da ist etwas im Busch. Mir war nur deine Intention nicht klar. Bis zu deiner Reaktion vorhin.«

Ihr aufmerksamer Gatte! Erneute Krämpfe schüttelten ihren Körper, ihr Herz galoppierte unregelmäßig. Sie wollte sprechen, brachte allerdings nur ein Krächzen hervor.

»Kannst du dich an den Philosophenweg erinnern? An die Metalltafel mit den Heidelbären? *Die Wahrheit liegt im Auge des Betrachters,* stand dort geschrieben. Dies wird auch Varelas Werk, dem *Baum der Erkenntnis* zugeordnet. Er sagte: *Jedes Tun ist Erkennen und jedes Erkennen ist Tun.*«

Nicht einmal jetzt kann er aufhören zu dozieren, war Getruds letzter Gedanke.

Süßkartoffelküchlein in Papaya-Kokos-Schaum

Zutaten:
Für die Küchlein:
1.000 g Süßkartoffeln
4 Eier
80 g Dinkelvollkornmehl
1 Prise Muskat
etwas Chili
Salz und Pfeffer
Kokosöl zum Braten

Für die Sauce:
1 kleine rote Zwiebel oder 2-3 Schalotten
1 Knoblauchzehe
1 kleine Papaya (circa 300-400 g)
1/2 TL Curry
1 Stück Ingwer (circa 1 cm lang)
2 gestrichene TL Gemüsebrühe-Pulver
150 ml Kokosmilch
je 1 Prise Muskat, Nelke, Pfeffer, Zimt
etwas Chili
bei Bedarf salzen

Zubereitung:
Die Süßkartoffeln schälen und raspeln, anschließend die Feuchtigkeit mit einem Küchenkrepp aufsaugen. Eier und Mehl dazugeben und gut durchkneten. Mit den Gewürzen abschmecken. Kleine Bällchen formen oder mit dem Esslöffel Portionen abstechen und in das erhitzte Kokosöl in der Pfanne knusprig anbraten. Im Backofen auf kleinster Stufe warmhalten.
Für die Sauce die Papaya schälen, entkernen und in Würfel schneiden. Beiseitestellen. Zwiebel, Ingwer und Knoblauch fein würfeln, in einen heißen Topf mit Kokosöl geben, bräunen, Currypulver dazugeben, kurz anbraten. Papayawürfel und die restli-

chen Gewürze dazugeben, mit Kokosmilch aufgießen, zusammen aufkochen. Anschließend mit dem Pürierstab schaumig aufschlagen.

Süßkartoffelküchlein mit je einem Klecks Papaya-Kokos-Schaum servieren. Ergibt 4 Portionen. Guten Appetit!

ADI HÜBEL

Hase, mein Hase

Schwäbische Alb / Großes Lautertal

Eben habe ich den Artikel über den Unfall auf der Uracher Steige abgeschickt. Es musste schnell gehen. Ich sitze zu Hause an meinem Schreibtisch, Manfred werkelt in der Garage. Wir haben uns noch nicht ausgesprochen. Ich muss mir die letzten drei Tage erst einmal durch den Kopf gehen lassen. In meinem Inneren tobt gerade ein Wirbelsturm an Gefühlen: Ärger, Hilflosigkeit, Zorn und auch eine gute Portion Bedauern darüber, dass alles so gekommen ist.

Was mich allerdings beruhigt und mir sehr gefällt: Ich habe in meinem Schrank ein Bündel Banknoten liegen, unter den Winterschals. Ja, ein schönes, grünes Bündel, mit Banderole. Für alle Fälle.

Aber wozu bin ich denn Journalistin? Ich schreibe einfach auf, wie ich dazu gekommen bin. Schreiben kann ich ja. Ich arbeite als freie Mitarbeiterin bei einer renommierten Tageszeitung und habe in letzter Zeit schon einige umfangreiche Berichte untergebracht. Ich bin immer noch davon überzeugt, dass Schreiben hilft. Da klärt sich so manches.

Ich gebe es zu, ich war beeindruckt, aber auch ein wenig verunsichert. Als ich dem Mann nachsah, der zur Theke schlenderte, dachte ich, dass Rolf Schöngeist eigentlich ein guter Name für einen Betrüger sei.

So hieß er angeblich, so hatte er sich mir vorgestellt: Schöngeist, Vorname Rolf. Ein schöner Geist also, was immer man sich darunter vorstellen wollte. Das schön konnte man ohne weiteres durchgehen lassen, ein Geist war er allerdings nicht. Ich musste lächeln. Seinen Ausweis hatte er natürlich nicht vorgezeigt, das fehlte noch, dass man sich bei einem unverfänglichen Kennenlernen ausweisen musste.

Gut sah er aus, dieser Rolf, den ich, vor etwas mehr als einer Stunde, hier in der Bar des Hotels Sonnenlust kennengelernt hatte. Schlank und rank bewegte er sich durch die spärlich besetzten Tischchen. Er schien weit, weit entfernt von jeglichem Bauchansatz oder von ausgeleierten Bandscheiben.

Genau bei diesem Gedanken schob sich Manfred, mein langjähriger Ehepartner, in mein Blickfeld. Nicht in persona natürlich, nein, allerdings als ziemlich scharfes Bild, wie er sich morgens ins Badezimmer schlich und jammernde Töne über schlechten Schlaf und wehe Glieder von sich gab. Diese Beschwerden hatte er wohl bei seiner Geliebten nicht mehr gehabt. Da wurden wahrscheinlich abends, wenn sie sich trafen, seine Zipperlein durch heißere Gefühle überdeckt. Ob er bei mir jemals wieder seine Beschwerden loswerden würde, musste ich erst noch überdenken.

Dazu hatte ich eine Auszeit gebucht. Seit gestern war ich Gast im Wellnesshotel auf der Schwäbischen Alb. Ich wollte weg von meinen betrügerischen Ehemann, nur weg. Nicht nach Afrika, nicht nach Ägypten, sondern in ein gediegenes Hotel mit viel Wasser und guter Küche, um meinen Gedanken über die eheliche Treue von Männern im Allgemeinen und im Besonderen nachzuhängen. Um die Ecke sozusagen, das war mir wichtig gewesen.

Als ich die letzten Tropfen meines Cocktails schlürfte, fragte ich mich, wie ich nur auf den Gedanken kam, dass dieser Mann ein Betrüger sein könnte. Mein Ehemann Manfred war ein Betrüger, das stand fest, aber dieser Herr Schöngeist? Sollte er seine Frau etwa auch hintergehen? War er vielleicht einer, der Steuern hinterzog oder sein Geld im Ausland bunkerte? Im Augenblick stand das Objekt meiner Überlegungen an der Theke und arbeitete sich an seinem Smartphone ab. Er schien in ein angeregtes Gespräch verwickelt zu sein. Er gestikulierte, sprach schnell, hörte aufmerksam zu und lächelte mir hin und wieder wie um Nachsicht bittend zu. Natürlich hatte ich Nachsicht. Heutzutage musste doch jeder seine Angelegenheiten schnellstens erledigen. Ich griff in meine Handtasche und klickte kurz meine Nachrichten durch. Nichts Spannendes dabei, nur Manfred hatte ein weiteres Mal seine Demuts- und Beschwichtigungsmails ergänzt. Aber da konnte er lange schreiben, ich dachte nicht daran, diesen Casanova zu begnadigen. Herrn Schöngeist zu beobachten war wesentlich interessanter, als die Lügengeschichten meines Mannes zu lesen. Schöngeist war, das hatte ich schnell bemerkt, von sich und seinem Charme vollkommen überzeugt. Keine Minute des Selbstzweifels schien ihn zu belasten.

Doch welcher Mensch war schon frei von Zweifeln? Ich hatte mich in der letzten Zeit ja auch manches Mal gefragt, weshalb Manfred im Bett so furchtbar lahm geworden war, so unlustig und abwesend. Nur ihn hatte ich nicht gefragt. Das wird mir nicht noch einmal passieren, dachte ich zornig.

Die Bekanntschaft mit diesem smarten Hotelgast kam mir da gerade recht. Er ist ein Träumer, dachte ich. Sehr elegant, mit seinem silbergrauen Haarschopf und dem modischen Anzug. Er kommt, sieht und wird gesehen. Da hatte er bei mir keine schlechten Karten.

Ich bin eigentlich ein vorsichtiger Mensch, vielleicht etwas zu zurückhaltend. Nicht, dass ich nicht auf seinen Charme anspringen würde. Ich bin ja durchaus empfänglich für gute Manieren, genauso wie für Komplimente. Allerdings dürfen sie nicht allzu dick aufgetragen sein.

Sie sind die charmanteste Frau, die ich in diesem Hotel treffen konnte, so hatte er seine Anmache eröffnet und sich ohne zu fragen zu mir gesetzt. Da die Auswahl an weiblichen Gästen nicht allzu groß war, konnte das sogar stimmen. Auch jetzt tat er so, als würden wir uns schon jahrelang kennen und als müsse er sich für seine kurze Abwesenheit entschuldigen.

»Verzeihen Sie, meine schöne Begleiterin, ich musste ein kurzes Gespräch führen. Leider war es unaufschiebbar.«

Ich lächelte nur. Ich konnte es immer noch nicht fassen. Sollte das etwa der Mann für eine heiße Affäre werden? Ach, wie gerne wollte ich wieder einmal verwöhnt werden. Ich sah mich selbst im breiten Doppelbett sitzen, ein Frühstückstablett vor mir: Kaffee, Orangensaft, Croissant, ein Vier-Minuten-Frühstücksei und in einer kleinen Vase eine Rose, blutrot und voll erblüht.

»Tun Sie sich keinen Zwang an«, sagte ich zu ihm, »ich habe nicht auf Sie gewartet. Ich verbringe die Zeit bis zum Abendessen sowieso hier, bei meinem kleinen Aperitif.«

»Abendessen«, nahm er den Faden auf, »ein gutes Stichwort. Ich hätte heute Zeit und eine Idee: Möchten Sie mit mir die gute schwäbische Küche genießen? Ich lade Sie ein.«

Ach du meine Güte, konnte der Mann lächeln, der strahlte ja geradezu vor guter Laune. Eigentlich hätte ich am liebsten sofort zugesagt, aber da es nicht aussehen sollte, als hätte ich nur auf seine Einladung gewartet, zögerte ich kurz.

»Ich weiß nicht so recht ... ich habe ja hier gebucht und außerdem, ich kenne Sie ja gar nicht«, sagte ich deshalb und tat so, als könnte ich mich nicht entscheiden.

»Dann wird es höchste Zeit, dass wir uns kennenlernen«, unterbrach er meine Gedanken.

Hier kam Manfred wieder ins Spiel. Ich dachte daran, wie schön es wäre, meinem untreuen Ehemann eins auszuwischen. Das bin ich dir schuldig, Manfred, sagte ich zu ihm und hatte für einen Moment sein überraschtes Gesicht vor Augen.

Wann bot sich schon einmal die Gelegenheit, von einem so gut aussehenden Mann wie diesem Rolf Schöngeist ausgeführt zu werden? Und wer konnte ahnen, was daraus werden würde? Sei nicht immer so vorsichtig, ermahnte ich mich. Die Vierzig waren bei mir nicht mehr weit und danach ging es ja eh nur noch bergab. Ob mit oder ohne Manfred, das musste sich noch zeigen. Ob Rolf wohl eine Alternative war? Meine Überlegungen hatten mich überzeugt und ich stimmte dem Mann neben mir vergnügt zu: »Zusammen essen, warum eigentlich nicht?«

»Wissen Sie was?«, setzte dieser seiner Einladung noch einen Tic drauf, »wir essen heute nicht das Abendmenü im Hotel, wir fahren zusammen in die *Residenz*. Da ist die Küche ganz hervorragend. Es ist nicht weit von hier und hat sogar einen Stern. Ich habe bereits des Öfteren dort gegessen und finde es außerordentlich.«

Er hatte nicht zu viel versprochen. Wir fuhren mit seinem Wagen, einem roten, ganz süßen Flitzer, und ich genoss die Fahrt durch den sonnigen Spätnachmittag. Das *Residenz* lag etwas abseits in einem kleinen Seitental auf der Abfahrt von der Schwäbischen Alb, Richtung Stuttgart. Ich kannte das Restaurant nicht und war beeindruckt. Trotz seines etwas kitschigen Ambientes hatte es eine Gaststube zum Wohlfühlen. Mit seinen kleinen, untereinander verbundenen Räumen war es wie geschaffen für unsere Zweisamkeit. Wir plauderten und sprachen über dies und das, über die Erholung auf der Schwäbischen Alb, über das Wandern auf den weiten Hochflächen, über das Wellnessangebot in unserem Hotel und über einige andere Gäste dort. Etwas zögerlich sprach er auch über sich und seine Arbeit.

»Ich bin Zauberkünstler und deshalb viel unterwegs«, berichtete er.

Das war ja spannend! »Da könnten Sie mir jetzt auf der Stelle etwas hervorzuzaubern? Vielleicht ein weißes Kaninchen?«, fragte ich ihn.

»Ja, sicher, ein Kaninchen auf den Teller, das ginge vielleicht, wenn man mich hier in die Küche ließe.« Er lachte vergnügt und ich bewunderte wieder einmal seinen Charme.

Dann kam das Essen! Ich hatte mich nicht für ein Kaninchen, sondern für einen Tafelspitz vom regionalen Rind mit frischer Meerrettichsahne und Prinzesskartoffeln entschieden und Herr Schöngeist hatte sich mir angeschlossen. Ich war begeistert darüber, was Koch oder Köchin uns auf den Teller gezaubert hatten. Lecker! Lecker!

»Ich spüre das Regionale geradezu auf der Zunge«, meinte Rolf genießerisch.

Ja, Rolf! Es verwundert wohl niemanden, dass bereits vor dem ersten Schluck des fruchtigen, aber nicht zu trockenen Weißweins, den er kundig ausgewählt hatte, das Sie zum Du geworden war.

»Wo wir hier so gemütlich speisen«, Herr Schöngeist hatte sich mit dem erhobenen Glas mir zugeneigt, »schlage ich vor, dass wir zum Du übergehen. Also, ich heiße Rolf. Jetzt muss ich nur noch wissen, wie du heißt?«

Auf diese interessierte Aufforderung hin konnte ich nicht anders, als ihm meinen Namen mitzuteilen. Gern tat ich es nicht, ich heiße immerhin Ingrid. Und wie erwartet, als ich ihm »Ich heiße Inge« zugeflüstert hatte, konterte er: »Eigentlich also Ingrid, oder Ingegunde, oder gar Ingelore?«

Das konnte ich gar nicht leiden, solche altbackenen Vorschläge. Ich bremste ihn etwas ungehalten und bestand auf Inge.

Er hatte verstanden und hielt sich daran. Offensichtlich war er sehr feinfühlig, mein Begleiter. Das konnte man von einem Künstler auch erwarten. Ja, er sprach über seine diversen künstlerischen Interessen. Vor allem das Theaterspiel hatte es ihm angetan. Er war neben seiner Zaubertätigkeit auch Schauspieler. Auf dem freien Markt, wie er sagte. In seinem Alter (wie alt genau er war, verriet er nicht) sei es besser, bei Bedarf zur Verfügung zu stehen, um hie und da einspringen zu können.

Wir plauderten locker bis zum Nachtisch, einer köstlichen Crème brulée und darüber hinaus. Es war inzwischen gegen neun Uhr abends geworden und als wir zum Wagen zurückschlenderten, war es bereits dunkel.

Ich fand es angenehm, dass Rolf meinen Wunsch, gleich aufs Zimmer zu gehen ohne weiteres akzeptierte. Wir verabschiedeten uns in der Lobby und würden uns, wie er sagte, am nächsten Tag wiedersehen. Aus dem Aufzug heraus sah ich ihm nach. Er war auf dem Weg zur Bar und breitete gerade die Arme aus, um eine ziemlich füllige Dame in einem auffallenden altrosa Kleid zu begrüßen. Ich hatte die Frau schon beim Frühstück gesehen und fragte mich, was ihn wohl mit ihr verband.

Ich war wie elektrisch geladen. Im Zimmer suchte ich auf meinem iPod eine fetzige Musik und tanzte ausgelassen herum. »Ich bin interessant«, sang ich lauthals, »ich bin schön, ich bin geistreich, ich habe Geschmack, ich habe fast einen Liebhaber. Manfred, du kannst mir mit deiner Tussi gestohlen bleiben!«

Nach diesem herrlichen Abend schlief ich wie ein Murmeltier, tief und mit angenehmen Träumen.

Am nächsten Morgen hielt ich im Frühstücksraum vergeblich nach Rolf Ausschau. Jedes Mal, wenn sich die Türe öffnete, erwartete ich ihn zu sehen. Doch kein Rolf weit und breit. Wo er wohl blieb? Sollte ich nach seiner Zimmernummer fragen, nach seiner Telefonnummer? Nein, so gut kannten wir uns nun wirklich nicht. Ich registrierte, dass auch die Dame in Rosa abwesend war. Irgendwie beunruhigte mich das etwas. So ein Quatsch, dachte ich, Rolf kann befreundet sein, mit wem er will. Nicht nur mit mir. Und doch fand ich es schade, ich hätte den Tag gerne mit ihm verbracht.

Als ich mich auf einen längeren Spaziergang machte, sah ich, dass sein Wagen nicht mehr auf dem Parkplatz stand. Ja, ich gebe es zu, ich hielt nach ihm Ausschau und war enttäuscht. Das Thermometer meiner Begeisterung sauste ungebremst abwärts, auf Null zu.

Am Nachmittag legte ich mich im Whirlpool ins heiße Wasser, genoss einen Zeder-Aufguss in der Sauna und ruhte. Ich kann mir das Leben auch ohne Rolf schön machen, dachte ich trotzig. Doch als ich so lag und nachdachte, wurde mir bewusst, dass ich ziemlich heftig Feuer gefangen hatte. Es wäre wirklich schön gewesen, mit einem männlichen Gegenüber, genauer gesagt, mit Rolf, die Zeit zu verplaudern. Schade, dass er nicht wenigstens etwas zu seiner Abwesenheit gesagt hatte.

Später, die Nachrichten im Fernseher waren eben vorbei, klopfte es an meine Tür. Ich öffnete ohne jede Erwartung und war überrascht, Rolf vor mir zu sehen. Strahlend stand er vor mir und hielt in jeder Hand ein gefülltes Glas.

»Zwei Mal Aperol Sprizz, das hatten Sie doch bestellt, Madame!«, rief er lachend und spazierte ungefragt ins Zimmer. Er habe leider schon am Morgen wegen Geschäften wegfahren müssen, teilte er mir mit. Alles sei erledigt und jetzt sei er wieder hier und zu meiner Verfügung.

Was soll ich sagen, meine kleine Enttäuschung wandelte sich bei so viel guter Laune in das Gegenteil. Wir tranken und redeten und ich sage nicht zu viel, wenn ich behaupte, es kam, wie es kommen musste.

Was gibt es nicht alles für interessante Bezeichnungen für die schönste Sache der Welt: im siebten Himmel sein, eine heiße Liebesnacht genießen, wild und zärtlich zugange sein, alles erfahren, was Herz und Körper begehren, und vieles mehr. Auf mich und die Stunden mit Rolf traf alles zu, was man sich nur denken kann.

Manfred ade, war mein erster Gedanke, als ich am Morgen den Mann an meiner Seite betrachtete. Rolf allerdings sah mich etwas verwundert an und fragte nach der Uhrzeit. Nach einigen Küssen hatte er es ziemlich eilig, ins Bad zu kommen und sich zu verabschieden.

»Wir sehen uns, mein Häschen!«, rief er im Hinauseilen und weg war er. Jetzt war ich also ein Häschen!! Irgendwie fand ich das doof und niedlich zugleich. Jedenfalls blieb das Häschen längere Zeit im Bett liegen, holte sich noch etwas Schlaf und dachte später intensiv über die ganze Sache nach. Wo er wohl wieder seinen Geschäften nachging? Ich nahm mir vor, diesen Geschäften etwas Aufmerksamkeit zu schenken. Immerhin waren sie so zeitraubend, dass ich meinen Liebhaber auch diesen Tag nicht zu Gesicht bekam. Ich fühlte mich wie ein Häschen ohne Hase.

Auch ein Schauspieler und Zauberer hatte doch Anrecht auf einen Urlaub. Es konnte nicht sein, dass er von Tag zu Tag gebucht wurde, und wenn, wusste er das vorher. Ich hätte ihn gerne auf der Bühne gesehen, ihm applaudiert, ihn beglückwünscht und, ich gebe es zu, mich etwas in seinem Glanz gesonnt.

Den sonnigen Tag genoss ich beim Spaziergang im Wald und bei einem Kaffee im Caféhaus an der Lauter, wie das springlebendige Wasser heißt, welches das Tal durchfließt.

Gegen später erlaubte ich mir dann doch, am Empfang des Hotels nach Herrn Schöngeist zu fragen.

»Herr und Frau Schöngeist sind nicht im Haus«, gab mir die Dame hinter der Theke Bescheid.

Ich konnte nur Danke stammeln und verzog mich schleunigst auf mein Zimmer. Herr und Frau Schöngeist! Dann war das füllige rosa Bonbon wohl seine Frau. Aber wie hatte er ihr seine abendliche und nächtliche Abwesenheit erklärt? Musste er auch nachts seinen Geschäften nachgehen? Ich gebe zu, ich war total enttäuscht. Mein Hase war doch ein Betrüger. Ich hatte es ja gleich gewusst.

Ich war sauer auf Rolf, auf mich, auf die Welt, dass ich mich entschloss, nach dem Abendessen (keiner von beiden war anwesend), einen Fernsehabend einzulegen. Gerade als die Spätnachrichten zu Ende waren, klopfte es diskret an meine Türe. Ich war hin und her gerissen, sollte ich nachsehen? Als das Klopfen lauter wurde, dachte ich nicht länger nach, stellte den Ton lauter und machte die Türe nicht auf. Sollte mein Hase doch bei seiner angetrauten Häsin pennen, dieser Frauenheld!

Das Gefühl meiner Verlassenheit war so groß, dass ich sogar Manfreds flehentlichen Anruf annahm und mich mit ihm ein paar Minuten reichlich zivilisiert unterhielt. Leider eskalierten die gegenseitigen Anschuldigungen doch wieder, sodass ich wütend den roten Knopf drückte und mich schluchzend in mein Hotelbett kuschelte. Männer, war mein letzter Gedanke, dann schlief ich wider Erwarten sofort ein.

Als ich erwachte, war es tiefdunkel. Auf meinem Weg ins Bad schaute ich auf den Wecker. Es war gerade zwölf Uhr. Ob Rolf wohl im Hotel war? Rolf mit Gattin, dachte ich bitter. Ich zog die schweren Vorhänge zur Seite und versuchte, unten auf dem Parkplatz sein Auto auszumachen. Genau in diesem Moment sah ich zwei Personen auf den Vorplatz des Hotels treten. Wenn das nicht mein Hase und das Himbeerbonbon waren! Selbst jetzt schimmerte das Kleid rosig im Licht des Eingangsbereichs. Die beiden waren anscheinend in ein heftiges Gespräch vertieft. Ob sie sich meinetwegen stritten?

Als sie schon einige Meter auf dem Wiesenpfad, der Richtung Bach führte, gegangen waren, bemerkte ich noch etwas anderes.

An der Ecke des Hauses hatte sich ein Schatten gelöst und folgte den beiden in einigem Abstand. So, wie er sich bewegte, schien es ein Mann zu sein, der vorsichtig dem Paar hinterherschlich. Was wollte dieser Verfolger, in einen dunklen Jogginganzug gekleidet, mitten in der Nacht von den beiden Schöngeists?

Ich war wie elektrisiert. Meine Schläfrigkeit fiel von mir ab. Das konnte spannend werden.

Schnell schlüpfte ich in meine Kleider und zog mir im Hinausgehen noch einen dunklen Pullover über. Ich wollte ja nicht unbedingt gesehen werden. Was hatten die drei Personen miteinander zu tun? Das wollte ich jetzt wissen.

Die Eingangshalle lag verlassen da. Um diese Zeit waren die meisten Gäste bereits zu Bett gegangen. Selbst die Bar war geschlossen und nur über der Eingangstüre brannte ein kleines Nachtlicht. Ich vergewisserte mich, dass ich meinen Schlüssel in der Hosentasche hatte, und verließ, nachdem ich auf dem Vorplatz niemand entdeckte, das Hotel. Allerdings lief ich nicht den Wiesenpfad entlang, sondern schlug mich seitlich in die Büsche. Kurz hielt ich inne und überlegte: Der Verfolger des Paares konnte eigentlich nicht direkt auf dem Weg entlang gehen. Er würde möglicherweise, so wie ich, durch die Büsche schleichen.

Egal, ich schleiche auch, dachte ich mutig und nachdem ich nichts hörte, kein Schlurfen, kein Rascheln, keinerlei Tritte, bewegte ich mich sehr vorsichtig am Rande des Weges in Richtung Bach.

Schon kurz darauf hörte ich Stimmen. Rolf und seine Frau schienen im schönsten Ehekrach zu wühlen. Ich schlich mich näher heran.

Irgendwie überkam mich ein mulmiges Gefühl. Wo war der Verfolger geblieben? Wenn er es auf die beiden abgesehen hatte, musste er in der Nähe sein. Ich getraute mich nicht weiterzugehen und verbarg mich hinter dem Stamm eines dicken Baumes. Mein Herz klopfte heftig. Um nicht aufzufallen, versuchte ich möglichst leise ein- und auszuatmen. Im fahlen Mondlicht sah ich die beiden Kontrahenten auf dem Weg nicht weit vor mir. Sie waren stehen geblieben und schrien auf einander ein. Wie ich heraushörte, ging es um Geld. Das Bonbon verlangte Geld von Rolf.

»Es ist mein Geld«, schrie sie immer wieder, »und ich will es zurückhaben! Gib mir mein Geld zurück!«

Rolf versuchte, sie zu beruhigen, was ihm anscheinend nicht gelang.

Die Frau war inzwischen völlig außer sich. Sie tobte und sprang umher wie Rumpelstilzchen. Irgendwie fand ich die Vorstellung spannend: Der Schauspieler hatte wohl das Geld seiner Frau verprasst. Da konnte er mich ja großzügig zum Abendessen ausführen. Wer wusste schon, mit wem er sonst noch unterwegs war, dieser Casanova?

Jetzt begann seine Frau sogar, mit ihrer Handtasche auf Rolf einzuschlagen. Wieder und wieder holte sie aus. Gleichzeitig, ich zuckte erschrocken zurück, sprang der Mann, der die beiden verfolgt hatte, mit dem Ruf »Du Schuft, du!« hinter einem Busch auf der anderen Seite des Weges hervor.

Aus sicherer Entfernung verfolgte ich gespannt, was geschah: Der Mann baute sich mit erhobenen Fäusten drohend vor Rolf auf. Rolf wich zurück. Das Bonbon drehte sich jetzt dem Verfolger zu und versetzte auch ihm einen Schlag mit der Tasche.

»Was machst du hier, Carolus? Ich habe dir gesagt, dass ich das allein regle. Du bekommst dein Geld wieder.«

Ich verstand gar nichts mehr. Rolf hatte also Geld, das er nicht mehr hergeben wollte, von seiner Frau. Und diese wollte das Geld, falls sie es bekäme, diesem Carolus überlassen?

»Nein«, kreischte der wutentbrannt und schlug mit beiden Fäusten auf Rolf ein. »Ich will das Geld jetzt sofort. Du Schwindler! Du Betrüger! Du hast es meiner Frau aus der Tasche gezogen!«

Seiner Frau? Was sollte das jetzt? Wer war hier mit wem verheiratet? Ich dachte, Rolf und die Rosarote ...?!

Jetzt ging der Streit erst richtig los.

»Woher sollte ich wissen, dass Helene verheiratet ist, das hat sie mir verschwiegen«, schrie Rolf aufgebracht.

»Ob verheiratet oder nicht, ich will mein Geld zurück!«

Der Mann trieb Rolf mit den Fäusten vor sich her. Diese Helene schlug immer wieder mit der Tasche zu. Das Geld sollte er herausgeben, und zwar sofort!

Sollte ich eingreifen? Gerade als ich mich das fragte, sah ich Rolf rückwärts stolpern und in einen kleinen Graben stürzen. Da gab es für mich kein Halten mehr. Ich rannte aus meinem Versteck und schrie: »Helfen Sie ihm doch! Vielleicht ist er verletzt!«

Die beiden Streithähne dachten nicht daran, sich um Rolf zu kümmern.

»Das ist sie, das ist die Nächste«, schrie Helene mit sich überschlagender Stimme und kam auf mich zu. Sie schwang die Tasche kreisend und drohte mich zu schlagen. Doch dann ließ sie plötzlich ihre Waffe sinken und brach in Tränen aus. »Sie hat ihn mir weggenommen«, schluchzte sie.

»Verschwinden Sie!«, rief der Mann. »Machen Sie sich vom Acker! Das hier geht Sie überhaupt nichts an!«

Mir blieb nichts anderes übrig, als mich der Übermacht zu beugen. Langsam zog ich mich Richtung Hotel zurück. Beim Zurückschauen sah ich noch, dass Rolf sich aufgesetzt hatte. Immerhin, er lebte.

Verwirrt ging ich hoch in mein Zimmer und versuchte, die Situation zu deuten. Weit kam ich mit meinen Überlegungen nicht. Einerseits war ich erschöpft von meinem nächtlichen Ausflug, andererseits ging mir das Erlebte im Kopf herum. Ich konnte mir keinen Reim darauf machen. Aber was ging das alles mich an. Rolf hatte mich total enttäuscht. Mit dem Gedanken »Morgen ist auch noch ein Tag« kuschelte ich mich seufzend in meine Kissen und schlief sofort ein.

Ich erwachte von einem Geräusch, das bohrend in meine wirren Träume drang. Es war die Sirene eines Krankenwagens. Als ich das endlich realisiert hatte, brach das Geräusch ab. Verschlafen setzte ich mich auf und vernahm das Schlagen von Autotüren. Es musste früh am Morgen sein. Plötzlich war ich hellwach.

Rolf Schöngeist, der Mann meiner Träume, die Schläge des Himbeerbonbons, die Stöße durch den Angreifer und sein Sturz rückwärts in den Graben standen mir schlagartig vor Augen. Ich stürzte zum Fenster und sah gerade noch, wie zwei Sanitäter eine Trage mit einem teilweise verhüllten Körper in einen Krankenwagen schoben.

»Rolf!«, entfuhr es mir, »Rolf!«

Ich beeilte mich, in meine Kleider zu kommen. Am Fuß der Treppe angelangt, hörte ich den Rettungswagen mit heulender Sirene davonbrausen.

»Was ist passiert?«, fragte ich die Empfangsdame, die sich mit Eimer und Wischlappen auf dem Boden nützlich machte.

»Der tuat mr jo wirklich loid, der Herr Schöngeischt, abr a Sauerei hatr au hentrlassa. Des muss i glei aufwischa, des Bluat do. Des beppt sonscht na.«

Ich erfuhr von Frau Angele, dass sie Herrn Schöngeist am frühen Morgen auf dem Boden liegend im Foyer gefunden habe, verletzt und blutend.

»Der war fascht bewusstlos, hot kaum schwätza kenna. I hon dann älles so gmacht, wie sichs ghört: Polizei, Krankawaga, Notarzt.«

»Ging es ihm denn sehr schlecht, dem Herr Schöngeist?«, fragte ich mit schlechtem Gewissen.

»Der wird scho wiedr. Glaubet se mir no. Älles wird wiedr guat«, war sie sich sicher und wischte den Boden trocken.

Als sie mir eben die Klinik nannte, in die der Verletzte transportiert wurde, klingelte das Handy in meiner Jackentasche. Morgens um sieben Uhr? Das konnte Manfred sich eigentlich nicht erlauben, dachte ich säuerlich und stieg die Treppe hoch in mein Zimmer. Und tatsächlich, Manfred erlaubte es sich nicht.

»Hallo Inge, bist du schon wach?«, hörte ich Gunther, meinen Chef, fragen.

»Nur ein klitzekleines bisschen, lieber Gunther, ich habe ja Urlaub, da ist der Morgenschlaf besonders wichtig für den Teint.«

»Da hab ich dich wohl aus wunderschönen Träumen gerissen«, sagte er entschuldigend, »aber die Sache eilt. Manfred hat mir deine Nummer gegeben und da hätte ich einen Auftrag für dich.«

»Schieß los!«, kürzte ich seinen Sermon ab, »was gibt es?«

»Auf der Uracher Steige hat es einen Unfall gegeben. Ursache war überhöhte Geschwindigkeit und Alkohol war wohl auch im Spiel. Beide Insassen, Herr und Frau Bauer, sind im Krankenhaus in Reutlingen.

»Und was habe ich damit zu tun?«

»Herr Bauer ist ein wichtiger Kunde. Er hat ein großes Bauunternehmen und inseriert öfter bei uns. Unsere Leser wollen Infos darüber. Ich geb einen Tag Sonderurlaub«, sagte mein Chef lockend, um mich von jedem Widerspruch abzuhalten.

Natürlich sagte ich zu. Rolf Schöngeist war ebenfalls in diese Klinik gebracht worden. Ich musste wissen, wie es ihm ging und was tatsächlich hinter all dem steckte. Eigentlich hatte ich noch nach Frau Schöngeist fragen wollen, doch als ich zu meinem Wagen ging, war in der Eingangshalle niemand zu sehen.

Auf meiner Fahrt hinaus aus dem Lautertal und hinunter Richtung Reutlingen ging mir das Ganze wieder durch den Kopf. Rolf, mein Hase. Musste das ausgerechnet mir passieren! Da hatte ich mir die schönsten Hoffnungen auf ein Abenteuer gemacht, mit dem ich Manfred eins auswischen könnte. Und nun das! Ein verheirateter Mann! War er es oder nicht? Und ein zweiter Ehemann dazu. Ihn hatte ich kaum gesehen in der Dunkelheit. Aber wie brutal er gegen Rolf vorgegangen war! Was hatten die beiden nur mit ihrem Geld gehabt? Und weshalb hatte das Bonbon es Rolf überlassen? Und mich als die Nächste bezeichnet? Fragen über Fragen.

Am Eingang des Krankenhauses wollte mir die Pförtnerin zunächst keine Auskunft geben. Ich hatte mich als Rolfs Stiefschwester ausgegeben, was meinen abweichenden Namen erklärte. Trotzdem sollte ich warten. Herr Schöngeist sei eben erst von einigen Untersuchungen zurück in sein Zimmer gebracht worden.

Ich setzte mich in den Wartebereich und tat das, was ich längst hätte tun sollen: Ich nahm meinen Laptop heraus und recherchierte. Und was ich fand, schlug dem Fass den Boden aus. Mein Hase war mitnichten ein unbeschriebenes Blatt. Da fand sich dies und das und vor allem einige Artikel zu seinen diversen – ja, ich hatte es geahnt – zu mehreren Frauengeschichten. Im Abstand von einigen Jahren war er immer mal wieder vor dem Richter gestanden. Und wegen was wohl? Genau, der smarte Rolf war ein Heiratsschwindler. Was hatte ich mir gedacht, als ich ihn in der Hotelbar beobachtet hatte: So könnte ein Betrüger aussehen. Auf diesen Schwindler war also auch ich hereingefallen. Weil sein Charme mich betört hatte und die Vierzig nicht mehr weit waren und weil ich Manfred gerne eins ausgewischt hätte und weil ich Lust auf ein Abenteuer hatte. Ich sollte mich an die eigene Nase fassen.

Die Dame am Empfang winkte mir zu. Ich bekam die Station genannt, auf der mein angeblicher Stiefbruder Rolf Schöngeist lag. Dort sollte ich die Ärztin über seinen Zustand befragen oder mich bei der Stationsschwester erkundigen, ob mein Bruder ansprechbar sei.

Ich ging zu den Aufzügen. Im Gang vor den Untersuchungsräumen saß eine Frau, die dem Himbeerbonbon aufs Haar glich. Das rosarote Kleid war ziemlich ramponiert. Helene? Sie sah mir unsicher entgegen, als ich mich ihr näherte. Sie trug eine Halskrause, ein Arm hing in einer Schlinge und über der Nase befand sich ein breites Pflaster. Sollte sie etwa die Frau des Bauunternehmers sein, über den mein Chef einen Artikel haben wollte?

»Was ist Ihnen denn passiert?« Ich setzte mich neben sie. »Hatten Sie einen Unfall oder ist der nächtliche Überfall auf Rolf Schöngeist so eskaliert?«

Mit meiner Freundlichkeit hatte Frau Bauer wohl nicht gerechnet. Sie sah mich mit tiefer Verzweiflung an und brach plötzlich in heftiges Schluchzen aus. Die Tränen liefen ihr nur so über das Gesicht. Ach, da läuft dem Himbeerbonbon jetzt die Füllung aus, dachte ich, reichte ihr aber doch ein Taschentuch.

»Mein Mann und ich hatten heute Nacht einen Unfall, auf der Uracher Steige. Ich bin nur leicht verletzt, meinen Mann hat es schwerer getroffen. Er liegt oben auf Station 3, ausgerechnet zusammen mit Rolf, meinem Rolf.«

Dann erzählte sie unter Schluchzen von ihrem Abenteuer. Sie war tatsächlich mit Herrn Bauer verheiratet. »Mein Mann ist misstrauisch geworden. Er hat Nachforschungen angestellt und mir die Pistole auf die Brust gesetzt.«

Der schöne Rolf schien immer die gleiche Masche zu fahren: Charme und Komplimente austeilen, Essen gehen, ein paar schöne Nächte bereiten, finanzielle Schwierigkeiten aufs Tapet bringen und irgendwann, als letzten Trumpf, die Ehe versprechen. Dann floss meist das Geld.

»Ich wollte mich schon länger scheiden lassen und nach meiner Bekanntschaft mit Rolf war es ausgemachte Sache.« Sie habe vom gemeinsamen Konto 20.000 Euro abgehoben und sie Rolf überlassen. Ihr Mann war dahintergekommen und wollte das Geld zurück. Rolf allerdings hatte es bereits ausgegeben, wie er behauptete.

»Und dann sind Sie im Hotel aufgetaucht und ich dachte, Sie wären der Grund für Rolfs plötzliches Verschwinden und seine Abkühlung mir gegenüber«, sagte Frau Bauer und fasste sich langsam wieder. »Mein Mann will mich verklagen und ich weiß nicht mehr, was ich tun soll.«

Als ich hörte, dass Frau Bauer ihrem Rolf erst vor drei Tagen das Geld gegeben hatte, konnte ich das mit den bereits ausgegebenen Tausendern nicht glauben.

»Das Geld muss irgendwo sein, glauben Sie mir«, tröstete ich sie. »Wir können es zurückholen.«

Eine Krankenschwester kam und nahm Frau Bauer zu einer weiteren Untersuchung mit. Ich rief ihr nach: »Machen Sie sich keine Sorgen, ich kümmere mich darum.«

Ich fuhr in den dritten Stock, ging den Flur entlang und suchte die Zimmernummer der beiden Unfallopfer. Leise öffnete ich die

Türe. Oh je, von Herrn Bauer war kaum etwas zu sehen. Er war mit ziemlich vielen weißen Binden umwickelt, eingegipst, umgeben von einigen Geräten und hing am Tropf.

Rolf erkannte ich sofort an seinen dichten grauen Haaren. Wieder einmal schob sich Manfreds lichter Haarkranz in meine Gedanken. Ach ja, auf diesen schönen grauen Schopf vor mir musste ich wohl verzichten!

Rolf sah mir mit einem Auge entgegen. Das andere war von einem unschönen Verband verdeckt. Da hatten die beiden ihn doch ziemlich heftig erwischt.

Als er sah, wer ihn besuchte, versuchte er, sich etwas hochzustemmen, sank aber mit einem Ächzen zurück.

»Ich weiß alles«, flüsterte ich ihm zu. »Alles!«

»Glaub mir«, flüsterte er mühsam zurück, »mit dir wäre es anders geworden, ganz anders.«

»Ja, klar, ganz, ganz anders als mit den tausend anderen Frauen. Weißt du was, das interessiert mich nicht mehr«, sagte ich von oben herab, »mich interessiert nur, wo Helenes Geld geblieben ist.«

»Weg ist es, ausgegeben«, murmelte er und drehte den Kopf zur Seite.

»Lüg mich nicht an, ich weiß, dass du auf Bewährung draußen bist. Sollte sich das Geld nicht finden, muss ich über dich und deine schmutzigen Lügen leider einen Artikel schreiben. Du weißt, ich bin Journalistin, es macht mir keine Mühe. Über Herrn Bauer und seinen Unfall schreibe ich auch. Es liegt an dir, ob all das, was davor geschah, zur Sprache kommt.«

»Helene wird mir verzeihen und ...«, versuchte er sich herauszuwinden.

»Helene wird gar nichts!«, unterbrach ich ihn triumphierend. »Sie will ihr Geld zurück. Also?!«

Das Sprechen strengte ihn sichtlich an und er brauchte noch eine weitere Aufforderung und eine mit Nachdruck vorgebrachte Darstellung der Konsequenzen, bis er endlich mit dem Versteck des Geldes herausrückte.

»Wo ist dein Autoschlüssel?«, fragte ich ungnädig, »den brauche ich, wenn ich das Geld der rechtmäßigen Besitzerin zurückgeben möchte.«

Er sah mich mit seinem einen Auge an, so in seinem Innersten getroffen und um Mitleid bettelnd wie ein waidwundes Reh. Ich nahm seinen Schlüsselbund aus der Nachttischschublade und machte, dass ich fortkam.

Mit dem verletzten Zimmernachbarn wollte ich mich später beschäftigen, vorerst reichte da der Bericht der Polizei.

Ich jagte die Steige, die ich vor einigen Stunden abwärts gefahren war, hoch, und hinein ins Tal, in Richtung meines Hotels. Auf dem Parkplatz war niemand zu sehen. Trotzdem spähte ich vorsichtig nach allen Seiten, während ich so tat, als würde ich etwas in Rolfs Kofferraum suchen.

Junge, Junge, der hatte mich aber schön auf den Arm genommen, mein kranker Hase. Da lag es ja, das Geld, das er dem Himbeerbonbon aus der Tasche gezogen hatte. Leichtsinnig war er schon, mein Rolf, vierzigtausend Euro lagen da friedlich unter der Filzmatte beim Reserverad. 20.000 waren also von Helene beziehungsweise von ihrem Mann Carolus, und die anderen 20.000? Ich brauchte nicht lange zu überlegen, ich steckte dreißigtausend in meine Handtasche. Die restlichen 10.000 bedeckte ich wieder mit der Bodenmatte. Ich wollte ja nicht kleinlich sein.

Keine vierzig Minuten später fand ich Helene in der Klinik in einem Krankenbett wieder. Sie hatte erfreulicherweise nur leichte Verletzungen bei dem Unfall davongetragen, sollte jedoch, wie die Ärztin sagte, unbedingt noch zwei Tage zur Beobachtung dortbleiben.

Als ich ins Zimmer trat, setzte sie sich im Bett auf und sah mich erwartungsvoll an. Das ganze Himbeerrot war verschwunden. Sie wirkte weiß, bleich und ziemlich ausgelutscht.

»Und, haben Sie etwas gefunden?«, krächzte sie aus ihrer Halskrause heraus.

»Aber sicher.« Ich schmunzelte triumphierend und griff in meine Handtasche. »Alles, was Ihnen gehört.«

Damit legte ich ihr die 20.000 Euro in einem Stapel auf die Bettdecke. »Und noch ein bisschen mehr.« Und ich legte fünftausend daneben.

»Vielen, vielen Dank!« Ich konnte ihr die Erleichterung ansehen, als sie das Bündel im Nachtkästchen verstaute. »Aber das hier«, sie legte ihre Hand auf das Päckchen Hunderter, »das gehört mir nicht.«

»Es ist ein kleiner Gruß von Rolf, Schmerzensgeld sozusagen! Das geht schon in Ordnung, ich habe das auch bekommen.«

Sie sah mich ungläubig an. »Von Rolf für mich?«

Ich hatte keine Lust, darüber zu diskutieren. Im Hinausgehen sagte ich: »Ich muss mich um meinen Artikel kümmern, das heißt, um den Unfall, den Polizeibericht und Ihren Mann. Alles Gute!« Als ich die Türe schloss, hörte ich Helene rufen: »Danke, vielen Dank!«

Ein Stockwerk tiefer schlich ich mich noch einmal ins Zimmer der beiden Kontrahenten. Sie schienen friedlich zu schlafen. Leise legte ich den Schlüsselbund auf Rolfs Nachtkästchen. Vom Fuß des Bettes aus sah ich ihn ein letztes Mal an. Hatte ich ein schlechtes Gewissen, wegen des Geldes? Nein, entschied ich. Wer weiß, wie viel er mir aus der Tasche gezogen hätte.

»Leb wohl, mein Hase!«, sagte ich leise zum Abschied, »leb wohl!«

Tafelspitz mit Meerrettichschaum

Zutaten:
1.000 g Rindfleisch (Tafelspitz verlangen)
2-3 l Wasser
Salz
6 Pfefferkörner
1 Knoblauchzehe
1 Bündel Suppengrün
1 Zwiebel
2 Lorbeerblätter
etwas abgeriebene Muskatnuss

Zubereitung:
Das Wasser zum Kochen bringen. Die Gewürze hineingeben.
Das Fleisch am Stück einlegen. Das Ganze etwa eineinhalb bis
zwei Stunden langsam kochen.
Danach das Fleisch herausnehmen und in fingerdicke Scheiben
schneiden. Mit wenig heißer Brühe übergießen und mit Salz und
Pfeffer anrichten.

Beilage:
Salzkartoffeln in Petersilie und Butter geschwenkt
Meerrettichsauce

Meerrettichsauce
Aus Butter, Mehl und Brühe eine helle Grundsauce zubereiten.
1–2 EL geriebenen Meerrettich dazugeben (mit Zitrone beträu-
feln, damit er sich nicht verfärbt). Kurz aufkochen lassen. Mit
Sahne verfeinern.

Preiselbeeren

Ilona P. Köhle

»Komme später«

Stuttgart

Mit weit aufgerissenem Mund gähnend schleppt Hannah sich durch den von Straßenlaternen glitzernd erleuchteten Schnee zur U-Bahn-Haltestelle. Sie reiht sich in die dumpf vor sich hinstarrenden Wartenden ein, während ihr Blick zur hellerleuchteten Uhr schräg gegenüber der Haltestelle schweift. Die Zeiger der vom Frost beschlagenen Uhr schieben sich gemächlich auf 7:05 Uhr. Einige Sekunden starrt sie auf den grenzdebil grinsenden Maulwurf auf dem Werbeschild darunter, der den Weg zum nächsten Biosupermarkt weist. Eine Welle der Frustration erfasst Hannah und breitet sich mit unangenehmem Kribbeln in ihrem Nacken aus. Ihre Glieder fühlen sich bleischwer an. Das Geschäft ist ideal gelegen und sie könnte morgens hineinflitzen, um dann im Nu wieder zu Hause zu sein. Aber nein, dem Thomas ist bio nicht bio genug. Es muss Obst und Gemüse frisch vom Wochenmarkt sein.

»Das macht dir doch nichts aus, schnell auf den Markt zu gehen, oder, Schatz?«, unterbindet Thomas für gewöhnlich weitere Diskussionen und tätschelt ihre Wange, als wäre sie eine begriffsstutzige alte Mähre. So macht sich seine Gattin jede Woche wahlweise dienstags oder donnerstags auf, um das Gewünschte auf dem Wochenmarkt zu erstehen. Und da soll nochmal jemand behaupten, der Beruf »Ehefrau« sei nicht anstrengend.

Die einfahrende U-Bahn kommt mit nervenzerfetzendem Gekreische zum Stehen. Hannah betritt die Bahn und lässt sich müde auf den nächsten freien Platz fallen. Den Einkaufskorb stellt sie am Boden zu ihren Füßen ab. Hinter den großen Fenstern zieht die dämmrige Landschaft vorbei, die Stadt erwacht langsam. In vielen Häusern brennen vereinzelte Lichter, die Garagentore öffnen sich und die Autos reihen sich in den ersten Stau des Tages ein. Die U-Bahn gleitet beinah geräuschlos durch die Kulisse. Die Felder sind dick mit Raureif bedeckt, an einigen schattigen Plätzen hat sich noch der letzte Schneefall gehalten, der im unwirklichen Morgenlicht blau aufleuchtet.

Wehmütig betrachtet Hannah den im Türbereich stehenden Mann in dunklem Anzug und Mantel, der in aller Frühe in sein Smartphone, dem Büro Befehle vorausschickend, bellt und sie an ihre glückliche Zeit als erfolgreiche Businessfrau erinnert. Als die U-Bahn in den Tunnel an der Weinsteige einfährt, wird es plötzlich dunkel. Wenige Sekundenbruchteile später flackert die Wageninnenbeleuchtung zuckend und zögernd auf.

»Hallo? Sind Sie noch dran? Hallo? Können Sie mich hören? Hallo?«, er wirft einen konsternierten Blick auf das erloschene Display und testet hoffnungsvoll, ob wirklich kein Empfang besteht. Resigniert schnaubend steckt er sein Handy in die Manteltasche und starrt genervt ins Dunkel des Tunnels.

Hannah betrachtet ihr Spiegelbild, das ihr von der schwarzen Scheibe bleich entgegenschaut.

Du sahst auch schon mal besser aus. Die Augenringe waren vor einiger Zeit noch nicht da, denkt sie und beäugt sich kritisch.

Hannah erinnert sich betrübt an die Zeit, als sie jeden Morgen voll Elan ins Büro rauschte und ihrer Arbeit nachging. Die Tage fühlten sich kurzweilig an, noch am Abend war sie wie elektrisiert und erfüllt von ihrem Tagewerk. Auch Thomas war ein anderer gewesen. So charmant und zuvorkommend. Heute nimmt er sie eher wie einen Haushaltsgegenstand oder bestenfalls als Dienstmädchen wahr und möchte sich gleichwohl gerne mit einem dekorativen Frauchen schmücken, dem er den sogenannten Luxus einer Vollzeit-Ehefrau ermöglicht. Bevorzugt wird dieses Accessoire bei Golfevents und Geschäftsessen repräsentativ vorgezeigt.

Es wird hell, ihr Spiegelbild verschwindet. Die U-Bahn fährt aus dem Tunnel und gibt den Blick auf die im Tal liegende Stuttgarter Innenstadt frei.

Hannah steigt seufzend an der Haltestelle Schlossplatz aus. Die Rolltreppe befördert sie Stück für Stück an die Oberfläche. Vorbei an der Stiftskirche gelangt sie zum Marktplatz.

Trotz dieser frühen Stunde herrscht dort reges Treiben. Die Marktbeschicker haben bereits aufgebaut und sortieren ihre Ware an den Ständen für die Augen der Käufer. Da werden Kisten mit Äpfeln und Wintergemüse aneinandergereiht. Hier und da finden sich einzelne Adventsgestecke. Da und dort laden Stände mit ihrem aromatischen Aufgebot an Gewürzen und Tees zum Stöbern ein.

Während sie zielstrebig ihren Lieblingsstand ansteuert, wärmt sich dort die Marketenderin an einer dampfenden Tasse Kaffee und lächelt ihr freundlich zu. Hannah mustert konzentriert ihren Einkaufszettel, dabei weiß sie längst auswendig, was sie benötigt.

Kartoffeln, Tomaten, Suppengrün, Zucchini und Staudensellerie. Und noch ein paar Zwiebeln.

Hannah macht sich mit den Zutaten des Abendessens auf den Weg zurück zur Haltestelle. Gerade als sie sich auf dem Bahnsteig gemächlich der einfahrenden Bahn nähert, klingelt ihr Handy. Sie jongliert Korb und Handtasche und angelt das Gerät aus der Jackentasche, als die Bahn vor ihr zum Stehen kommt. Bevor ihr der Korb entgleitet, nimmt sie das Gespräch an und schiebt sich den Träger der Handtasche zurück auf die Schulter.

»Ich bin's.«

»Thomas, was gibt's?«

»Ich wollte dir nur kurz Bescheid geben, bei mir wird's heute Abend ein bisschen später. Ich habe noch ein Meeting und das zieht sich wieder ewig. Du kennst das ja.«

Hannah verdreht enerviert die Augen.

»Ist schon okay.«

»Also dann, ich muss wieder.«

Ohne Abschiedsworte beendet Thomas das Gespräch. In ihrem Mund breitet sich ein galliger Geschmack aus.

Sie lässt das Handy in die Jackentasche fallen und drückt den mittlerweile erloschenen Türöffner der Bahn. Nichts tut sich. Die Bahn fährt an. Hannah lässt die Schulter hängen und sinkt schwer auf eine der nahestehenden Bänke.

Von wegen Meeting. Thomas' neue Assistentin Kirsten wird mal wieder der Grund sein, dass es später wird.

Hannah ist nicht entgangen, wie sich ihr Gatte neuerdings morgens herausputzt, bevor er ins Büro fährt. Wie er minutenlang vor dem Spiegel steht und angestrengt versucht, sich die Haare über die lichter werdende Stelle zu kämmen. Außerdem ist ihr aufgefallen, dass Thomas oftmals selbstvergessen ein Liedchen vor sich hin pfeift, wenn er sich unbeobachtet fühlt. Anfänglich hat Hannah großzügig darüber hinweggesehen und gedacht, die erste Begeisterung werde sich von allein legen. Nachdem Thomas immer öfter lange arbeitet und sich Dienstreisen über die Wochenenden ausdehnen, hat sie in seinem Geschäftshandy nach Beweisen geforscht. Thomas ist ja selbst schuld, wenn er das Gerät mit einem solch sicheren Code wie seinem eigenen Geburtsdatum schützt.

Wie einfältig ist das denn.

Sie hat als PIN immerhin das Datum ihres Hochzeitstages hinterlegt. Damit läuft sie zumindest nicht Gefahr, dass Thomas in ihrem Handy herumwühlt. Vergisst er doch mit regelmäßiger Zuverlässigkeit ihren Hochzeitstag.

Das Geld, das er mit nach Hause bringt und das angenehme Leben, welches sie damit führen kann, ist früher Entschädigung genug gewesen. Einst haben sie gemeinsam viel mehr unternommen und gelacht. Sie haben über alles gesprochen, oft nächtelang bei einem Glas Wein beisammengesessen und sich ihre Wünsche und Träume ausgemalt.

Was ist nur aus ihnen geworden?

Hannah kann nicht sagen, wann sich ihre Ehe in eine Zweckgemeinschaft verwandelt hat. Ihr eintöniges Leben mit Thomas ödet sie unbeschreiblich an. Allein bei dem Gedanken, die nächsten Monologe über stundenlange Meetings ertragen zu müssen, bahnt sich ein alles verschlingendes Gähnen an.

Eine eingegangene WhatsApp lässt Hannahs Handy in der Tasche vibrieren.

Hi Schatz, ich vermisse dich. Was machst du?

Ein breites Lächeln erhellt Hannahs Gesicht und beschleunigt ihren Puls zu dem eines Kolibris.

Ich dich auch. Bin gerade einkaufen. Wie läuft dein Tag so?

Ach, das Übliche. Ich möchte dich endlich wiedersehen.

Thomas muss heute lange arbeiten. Ein Zwinkersmiley ziert das Ende der Nachricht.

LOL. Bis später.

Bis dann. Ich melde mich.

Glücklich lächelnd lässt Hannah das Handy sinken und steigt mit neuer Energie beseelt in die gerade einfahrende U-Bahn. Schmetterlinge tanzen in ihrem Magen um die Wette.

Während Hannah zu Hause angekommen einen Topf aufsetzt und das erstandene Biogemüse von der Bioerde befreit, wandern ihre Gedanken zurück zum Telefonat mit Thomas.

Denkt er denn, ich sei blind? Wenn sie doch nur diesen Ehevertrag nicht unterschrieben hätte. Dann wäre mit einer Scheidung das ganze Drama beendet und sie müsste nicht um das Haus und das Vermögen zittern.

Sie schnippelt das Gemüse und lässt die Minestrone köcheln.

Stunden später hört sie den Schlüssel im Schloss, gefolgt vom vertrauten Klonk-Klonk, mit dem Thomas seine Anzugschuhe in die Ecke pfeffert, und dem Scheppern, wenn er ungeachtet der Schlüsselschale seine Aktentasche auf die Anrichte poltern lässt.

»Was gibt's zu essen?«

»Minestrone. Ist gleich fertig«, sie schaut Thomas zu, wie er sich seines Jacketts entledigt und die Krawatte lockert.

Zufrieden beugt sich Thomas zum obligatorischen Begrüßungskuss vor. Hannah hebt den Kopf und erstarrt mitten in der Bewegung. Ihre Gesichtszüge gefrieren augenblicklich zu

Eis. Ihre Augen starren auf Thomas' Hemdkragen. Ist das etwa Make-up?

Er scheint ihre Reaktion nicht zu bemerken und drückt ihr einen feuchten Kuss auf die Stirn. Thomas huscht an ihr vorbei und streckt sich der Länge nach auf dem Sofa aus.

Hannah blickt ihm gedankenversunken nach.

Da hat Kirsten ja ganze Arbeit geleistet.

Filigraner Dampf steigt von der Minestrone auf.

»Dauert das Essen noch lange? Ich bin richtig ausgehungert nach diesem endlosen Meeting«, ruft Thomas ihr zu.

»Nein, ist gleich fertig.«

Hannah vernimmt zufriedenes Grunzen aus dem Wohnzimmer, sie hebt den Topfdeckel an und rührt die Suppe um. Es fehlt nur noch eine Zutat.

Mechanisch öffnet sie den Küchenschrank. Einen Moment zögert sie, dann greift sie entschlossen zur Ölflasche. Sie schraubt den Deckel ab und hält kurz inne. Die Flasche in ihrer Hand verharrt schwebend wenige Zentimeter über dem Topfrand. Mit einer fließenden Bewegung kippt sie das Erdnussöl in die Minestrone und rührt gleichzeitig kräftig um. Sachte stellt sie die Ölflasche auf die Arbeitsplatte. Sie rührt die Minestrone, die mittlerweile kocht, noch einmal um. Sie entnimmt dem Topf einen Löffel Suppe und schnuppert prüfend daran.

Nichts zu riechen. Perfekt!

Sie pustet auf den Löffel und kostet mit gespitzten Lippen. Sie zögert kurz. Auch nichts zu schmecken. Bingo. Behutsam füllt sie mit dem Schöpflöffel die Minestrone in einen tiefen Suppenteller. Ihre Hände beginnen zu zittern. Sie atmet durch, um ihre Nerven zu beruhigen.

Langsam lässt sie das Stück Pecorino über die Reibe gleiten. Lautlos fällt der Käse in zarten gelben Locken auf den Eintopf.

Mit bedächtigen Bewegungen stellt sie den Teller vor Thomas auf den Couchtisch.

»Magst du nichts essen?«, sagt er, während er nach dem Löffel greift.

»Ich habe keinen Hunger, aber lass es dir schmecken.«

Dir und deiner Erdnussallergie.

Mit einem seligen Ausdruck auf dem Gesicht macht er sich über die Suppe her.

Ein kaltes Lächeln umspielt Hannahs Lippen. Triumph steigt in ihr auf. Sie verschwindet zurück in die Küche und beginnt das Geschirr zu spülen. Ein Flattern breitet sich in ihrem Magen aus und sendet einen kalten Schauer ihren Rücken hinauf. Sie spitzt die Ohren und lauscht ins Wohnzimmer hinaus.

Plötzlich hört sie, wie Thomas klirrend den Löffel in den Teller fallen lässt.

»Hannah, komm schnell. Hier stimmt irgendwas nicht«, röchelt er.

Ja, hier stimmt etwas ganz und gar nicht, mein Lieber.

»Hannah ...«, Thomas' gepresste Stimme klingt verzweifelt.

Sie hört Gepolter im Wohnzimmer, gefolgt von etwas Schwerem, das zu Boden stürzt.

Sie dreht das Radio an. Leise pfeifend entsorgt sie den Rest der Minestrone im Müll, spült den Topf sauber aus. Nachdem sie das Geschirr abgetrocknet und in den Schränken verstaut hat, stellt sie das Erdnussöl in die hintere Ecke des Vorratsschranks zurück.

Dann nimmt sie ihr Handy und geht ins Wohnzimmer. Adrenalin durchflutet ihren Körper.

Thomas liegt mit bläulichem Gesicht und dick geschwollener Zunge der Länge nach ausgestreckt auf dem Wohnzimmerteppich, die Hände noch um den Hals geklammert. Anklagend klafft sein weißer Hemdkragen mit dem Make-up-Fleck wie das Maul eines hungrigen Tieres auf.

Hannah dreht ihrem untreuen Ehegatten den Rücken zu und zieht das Handy aus der Gesäßtasche, bevor sie pfeifend mit dem Suppenteller zurück in die Küche schlendert.

Schnell tippt sie eine Nachricht.

Es ist so weit. Du kannst kommen.

Kurze Zeit später klingelt es an der Tür. Beschwingt eilt Hannah zur Tür und öffnet diese schwungvoll.

Kirsten steht im Türrahmen.

»Hallo, mein Schatz, du hast mir so gefehlt.«

»Und du mir erst.«

Hannahs Augen leuchten wie glühende Smaragde auf, als sie sie mit einem schnellen Kuss begrüßt.

Kirsten schiebt sich an ihr vorbei und betritt das Wohnzimmer.

Ihr Blick fällt auf ihren Chef, der sie mit weit aufgerissenen toten Augen beinahe anschuldigend anstarrt.

»Ist alles bereit?«, Hannah versucht, ihren Blick aufzufangen.

Triumphierend hält Kirsten eine weiße Plastiktüte in die Höhe.

»Jawohl! Die allerfeinste Kokos-Gemüsesuppe mit extra Erdnüssen vom Asiaten um die Ecke. Ups, da hat wohl jemand die Bestellung verwechselt«, Kirsten verzieht das Gesicht zu einem gehässigen Lächeln. »Mit seiner Firmenkreditkarte bezahlt«, mit einem Kopfnicken weist sie in Richtung Thomas. »Er hat sie mir nach kurzer Überzeugungsarbeit ohne zu murren gegeben.« Mit einem gefährlichen Glitzern in den Augen zwinkert sie Hannah zu. »Lass mich mal.«

Kirsten zieht die heiße Aluschüssel vorsichtig aus der Tüte. Mit der kleinen Plastikgabel rührt sie das Essen energisch um, steckt Thomas ein wenig davon in den Mund und verteilt die Saucenreste der Gabel auf seinem Hemd.

Kirsten klatscht in die Hände und betrachtet ihr Werk.

»So ... fertig. Lass uns den Krankenwagen rufen.«

Minestrone

Für 4 Personen

Zutaten:
2 Zwiebeln
2 Zucchini
2 Karotten
2 Kartoffeln
1/2 Wirsing
4 Tomaten
4 EL Olivenöl
1 1/4 l Rinderbrühe
100-150 g Hörnchennudeln
Parmesan
Salz
frisch gemahlener schwarzer Pfeffer
nach Belieben: einige Löffel Erdnussöl

Zubereitung:
Zwiebeln schälen und hacken. Die Zucchini waschen und würfeln. Karotten und Kartoffeln waschen, schälen und würfeln. Den Wirsing putzen, Strunk entfernen, waschen und abgetropft in Streifen schneiden.
Tomaten mit kochendem Wasser überbrühen und kurz ziehen lassen. Anschließend häuten, vierteln und Stielansätze entfernen. In einem Topf das Öl erhitzen, Zwiebeln darin leicht anbraten. Anschließend das restliche Gemüse hinzufügen und zugedeckt bei schwacher Hitze ca. 10 Minuten im eigenen Saft dünsten.
Inzwischen die Brühe zum Kochen bringen. Das Gemüse zugeben. Die Suppe zugedeckt bei schwacher Hitze ca. 90 Minuten garen. Die Hörnchennudeln in den Topf streuen und ohne Deckel al dente kochen. Die Minestrone mit Salz, Pfeffer und nach Belieben mit Erdnussöl abschmecken. Mit frisch geriebenem Parmesan bestreuen. Sofort servieren.

Viten

Maribel Añibarro

Die gebürtige Berlinerin war früher Chemikerin. Viel interessanter als die Chemie auf molekularer Ebene fand sie die zwischenmenschliche Chemie, weshalb sie als Changemanagerin und Dozentin arbeitet.

Seit 2008 bahnt sich in ihr eine weitere Leidenschaft den Weg: das Schreiben krimineller Kurzgeschichten und eines Romans. Dessen nicht genug, ist Maribel Añibarro als freie Lektorin tätig, um ihr Wissen über dreidimensionale Figuren, Spannungsaufbau und die Feinheiten der Sprache weiterzugeben. www.anibarro.de

Birgit Adam

Sie lebt mit Mann und Hund im badischen Teil vom Ländle zwischen Karlsruhe und Baden-Baden. Die Kinder sind ausgezogen und nach Jahren als Reiseberaterin, in denen sie in aller Herren Ländern unterwegs war, will sie sich nun voll und ganz ihrem Roman widmen. Zwischendurch ist noch immer Zeit für einen kleinen Mord – natürlich nur auf dem Papier.

Ute Bareiss

Die Autorin und Weltumseglerin schreibt Reiseberichte und die fesselnde Thriller-Reihe um den Meeresbiologen Alex Martin, die an den von ihr erforschten Schauplätzen spielt, wie Mittelmeer, Thailand, Rotes Meer und Karibik. Auch für die neue Borneo-Thriller-Reihe verbrachte sie einige Zeit vor Ort. Im Hintergrund stehen brisante Themen um Politik und Umwelt. Im Ehrenamt engagiert sich die Autorin für die Fortbildung in Autorenverbänden, im Tauchverband und in Umweltverbänden.

Dorothea Böhme

Die Westfälin zog es in ihrer Jugend weit in die Welt hinaus. Nach Aufenthalten unter anderem in Tübingen, Quito und Triest kam sie schließlich nach Klagenfurt, wo sie mit dem Schreiben von schwarzhumorigen Kriminalromanen um den trotteligen Chefinspektor Reichel begann (»Sauhaxn«, Gmeiner-Verlag 2012).

Nach einigen Jahren in Ungarn, wo sie sich auch den Liebesromanen zuwandte, lebt sie inzwischen in Stuttgart. Hier ist sie Mitglied der Lesebühne *Get Shorties* (www.maringoverlag.de) und hat mit der Bäckereiverkäuferin Paula Schmidt eine Privatermittlerin geschaffen, die in Stuttgart lebt, liebt und Mordfälle klärt (»Schwabenbräute«, Gmeiner-Verlag 2016, »Schwabenblues«, Gmeiner-Verlag 2018).
www.dorotheaboehme.de

Regine Bott

Jahrgang 1968, Stuttgarterin der 4. Generation. Sie studierte Allgemeine Vergleichende Literaturwissenschaften, Anglistik und Kunstgeschichte und war zwanzig Jahre lang Medienlektorin bei einem internationalen Medienunternehmen. Seit 2014 schreibt die Autorin Kurzgeschichten, SF-Romane (unter dem Pseudonym Kris Brynn) und Krimis. Nebenher ist sie als selbstständige Lektorin hauptsächlich für SelfPublisher tätig.
Für ihr Debut im SF-Genre »The Shelter« erhielt sie 2019 den Deutschen Phantastik-Preis SERAPH auf der Leipziger Buchmesse. Die britische Zeitung *The Guardian* erwähnte die Autorin neben Tom Hillenbrand und Sibylle Berg in einem Beitrag als Vertreterin eines neuen Genres: des Brexit-SF. Die Autorin ist Mitglied im BVjA, dem Phantastik-Autoren-Netzwerk PAN e.V. und Teil der get-shorties-Lesebühne.
Infos u.a. unter: www.autorenwelt.de/person/regine-bott, **Wikipedia-Seite:** Kris Brynn

Ruth Edelmann-Amrhein

Geboren 1958 in Reutlingen, verschlug es die gelernte Bankkauffrau zunächst beruflich für einige Jahre nach Berlin, bevor sie wieder ins Schwäbische zurückkehrte. Ihre Liebe zum Schreiben entdeckte sie erst in ihrer zweiten Lebenshälfte. Veröffentlicht wurden ihre Geschichten bisher im dtv Verlag sowie in Anthologien des Wellhöfer Verlags.
Sie liebt Menschen mit Humor, gutes Essen, das Viertele, ihre schwäbische Heimat und die schwäbische Mundart, die sie gerne den Protagonisten ihrer Geschichten in den Mund legt. Zusammen mit ihrem Mann lebt die Mutter zweier erwachsener Söhne heute in Württembergs Mitte, im schwäbischen Aichtal.

Beatrix Erhard

Sie ist studierte Historikerin, ausgebildete Journalistin und schreibt seit einigen Jahren Prosa und Drehbücher, vorwiegend in den Genres Krimi, Thriller, Horror und Historische Fiktion. Seit 2015 veröffentlichte sie Kurzkrimis und Erzählungen in Anthologien und als Hörbücher. Die Erzählung »1645 – Eine Geschichte aus dem Dreißigjährigen Krieg« wurde 2017 mit dem 2. Platz des Schaeff-Scheefen-Literaturpreises ausgezeichnet. Beatrix Erhard lebt und arbeitet in Hohenlohe-Franken und im Allgäu.

Mareike Fröhlich

Sie liebt Worte. Sie hat sie schon immer geliebt. Die ersten Lebensjahre waren es die gesprochenen Worte – sehr zum Leidwesen der Eltern und einer großen Anzahl an Lehrerinnen und Lehrern.

Erst nach vielen Jahren entdeckte sie die Liebe zum geschriebenen Wort. Ob Kurzgeschichten, Romane oder Sachbücher – ein Wort folgt dem anderen und ergibt irgendwann ein Ganzes. Das Ganze sieht sie auch in fremden Texten und arbeitet daher als freie Lektorin.

Das gesprochene Wort ist ihr aber immer noch heilig – daher bringt sie die Geschichten der *Mörderischen Schwestern* als Organisatorin auf die Bühne.

www.mareikefroehlich.de

Linda Graze

Im Nordschwarzwald geboren, hat sie die Ländlegrenzen schon vor dem Abi hinter sich gelassen. Nach ihrer Ausbildung zur Dolmetscherin/Übersetzerin wollte sie lieber eigene Texte schreiben und heuerte in der Werbung an. 30 Jahre lang hat sie sich für Agenturen von Hamburg über Frankfurt bis München die Finger wund geschrieben. Heute betreibt sie eine Personalberatung für die Werbebranche in Stuttgart.

Ihr erster Schwarzwaldkrimi erschien 2018 im Rowohlt Verlag. Der zweite kommt 2020 auf den Markt.

www.schmälzle.com

Julia Hofelich

Die Stuttgarter Schriftstellerin übernahm. Während Linn Geller jetzt gefährliche Fälle löst und Mandanten in Mordangelegenheiten vertritt, kann sich Julia Hofelich endlich ganz dem Schreiben widmen.

www.juliahofelich.de

Adi Hübel

Sie lebt und schreibt in Ulm und in Frankreich. Allerdings könnten ihre Geschichten und Romane überall spielen.

Sie studierte Theaterwissenschaften und Neue Deutsche Literatur und leitete zunächst ein kleines privates Theater. Neben Theaterstücken für Kinder und Erwachsene schreibt sie Kriminalromane, Erzählbände und hat Beiträge in zahlreichen Anthologien veröffentlicht.

Sie ist Mitglied im Verband Deutscher SchriftstellerInnen und bei den Ulmer Autoren e.V.

2018 erschienen ihr vierter Gedichtband und der Roman »Ein letzter Sommertag«.

www.adihuebel.de

Sabine Kampermann

Sie liest und schreibt Fantasy – aber nicht nur. Bei ihr gibt es festgerostete Erdachsen, liebenswerte Trolle, vielseitige Drachen und Seehengstchen mit Schwangerschaftsdepressionen.

Sabine Kampermann hat mehrere Literaturpreise erhalten und drei Arbeitsstipendien.

Neueste Romane: »Die Seelenkäuferin«, Schwarzer Drachen Verlag, »Ikarus fliegt noch«, Edel Elements.

www.facebook.com/sabine.kampermann

Sarah Kempfle

1985 in Biberach/ Riss geboren, wohnt und lebt mittlerweile in Esslingen. In ihrer Freizeit befasst sie sich am liebsten mit dem perfekten Mord. Natürlich nur mit Stift und Papier. Aber auch beruflich lässt sie gerne mal die Köpfe rauchen. Unter anderem im Deutschunterricht an einer Esslinger Schule.

Das »Urteil« ist ihre zweite Veröffentlichung, aber bestimmt nicht ihre letzte.

Ilona P. Köhle

Sie hat 1985 in Stuttgart das Licht der Welt erblickt. Obwohl sie durch das Umland schweifte, blieb Stuttgart stets ihre Herzensstadt. Bereits von Kindesbeinen an ist sie ein passionierter Bücherwurm. Ilona P. Köhle ist hauptberuflich Bankerin und lebt ihre Kreativität seit drei Jahren als Schriftstellerin aus. Neben dem Schreiben ist Yoga eine ihrer großen Leidenschaften. Letztes Jahr erschien ihre Debütgeschichte »Liebe mich«. Momentan arbeitet sie an ihrem ersten Thriller.

Monika Küble

Ihr Alter Ego ist Helene Wiedergrün, geboren wurde sie 1960 in Bergatreute in Oberschwaben. Studierte Sozialpädagogik in Weingarten, italienische Sprache und Kultur in Perugia/Italien, Romanistik, Germanistik und Kunstgeschichte in Konstanz. Dort war sie auch ein Vierteljahrhundert lang wohnhaft. Inzwischen lebt sie auf der inspirierenden Insel Reichenau. Ihre Brötchen verdient Monika Küble mit Reiseleitungen, Führungen rund um den Bodensee, Übersetzen und Dolmetschen, kunsthistorischen Vorträgen und dem Schreiben.
Schriftspuren: Drei Oberschwabenkrimis und drei historische Romane. Erzählungen, Sachbücher und Übersetzungen ergänzen ihr literarisches Portfolio. Vom Förderkreis deutscher Schriftsteller in Baden-Württemberg erhielt sie 2009 ein Lesestipendium.
www.monika-kueble.de

Uschi Kurz

Sie ist in Ludwigsburg aufgewachsen und nach dem Studium (Germanistik und Philosophie) und einem Volontariat zwischen Tübingen und Reutlingen gestrandet. Als freie Journalistin und später als Redakteurin beim »Schwäbischen Tagblatt« hat sie häufig Strafprozesse beobachtet und viel über menschliche Abgründe erfahren. Die »kriminelle Energie«, die dabei in ihr geweckt wird, setzt sie schreibend um. Sie hat in verschiedenen Anthologien zahlreiche Kurzkrimis veröffentlicht. In der Regionalkrimi-Reihe des Silberburg Verlags sind bisher zwei Kriminalromane – »Der Totenschöpfer« und »Raureif« – erschienen. Im Wartberg Verlag hat sie zudem gemeinsam mit Thomas de Marco »Dunkle Geschichten aus Reutlingen«

veröffentlicht. Uschi Kurz ist nicht nur eine *Mörderische Schwester*, sie ist auch Mitglied im *Syndikat*.
Mit ihrer Familie und einem Kater lebt sie in Wannweil.
www.usch-kurz.de

Petra Naundorf

Als bekennender Bücherwurm verschlang sie schon immer alles, was aus Buchstaben besteht. Die logischen Folgen: Buchhändlerlehre, Germanistikstudium, Aufgaben in verschiedenen Verlagen, Autorin.
Seit 2015 veröffentlicht sie Krimikurzgeschichten. Sie lebt mit ihrem Mann und zwei Katzen in Stuttgart.

Tanja Roth

Schnöde Metropolen wie Rom, Paris und München ließ die Autorin hinter sich, um im schönen Stuttgarter Umland zu leben. Nach einigen Kurzgeschichten erschien ihr erster Ostalbkrimi (»Der Tote vom Kocher«, 2018), der Filderkrimi (»Die geschenkte Sau«) folgte 2019.
Rein auf der literarischen Ebene mordet sie also gern. Im Übrigen reist die hauptberufliche Kommunikationsdesignerin viel, spricht fünf Sprachen, schießt Bogen und versucht sich eher semi-erfolgreich in weiteren kreativen Disziplinen wie Malerei und Fotografie.

Alexa Rudolph

Sie lebt und arbeitet in Freiburg, sie schreibt und publiziert seit 2006. Zuvor war sie Malerin und Performerin. Heute malt sie mit Worten: Kurzgeschichten, Erzählungen, Gedichte, anekdotische Texte, Romane. Ihre Themen: Alltagssituationen, Beziehungsdramen, Lebensentwürfe, oftmals eingebettet in Mordfälle.
Alexa Rudolph ist Mitglied im *Syndikat*, Förderkreis deutscher Schriftsteller Baden-Württemberg, Freiburger Krimipreis e.V., Förderkreis PEN Deutschland. Sie ist verheiratet und hat inzwischen vier Enkelkinder. Ihre Freizeit verbringt sie am liebsten in den Bergen.
www.alexa-rudolph.de

Gabi Schmid
Jahrgang 1965, ist in einschlägigen Kreisen als Serienmörderin bekannt. Besonders auf Lokal- und internationale Politiker hat sie es abgesehen. Am frühen Morgen ist sie am aktivsten, plant ihre Anschläge voller Sorgfalt und Akribie. Wenn sie nicht mordet, dann schreibt sie Liebesromane oder geht ihrer Tätigkeit als Grafik-Designerin, Dozentin und Technischer Kopf im Team der *Büchermacherei* nach.
www.buechermacherei.de, www.pcs-books.de

Lisa Straubinger
Sie wurde 1993 in Ostfildern geboren und hat schon früh ihre Begeisterung für das Erzählen von Geschichten entdeckt. Hätte sie sich nicht für eine Ausbildung als Industriekauffrau entschieden, wäre sie sicherlich Fotografin, Weltenbummlerin oder Juwelendiebin geworden. Momentan arbeitet sie bei einem mittelständischen Unternehmen als Logistikerin. Ihre Leidenschaft gilt aber dem Verfassen von Geschichten, sie hat einige Kurzgeschichten veröffentlichen können, längere Texte sind in Vorbereitung. Lisa Straubinger war 2015 und 2017 mit Krimikurzgeschichten für den Ralf-Bender-Preis nominiert.

Martina Uhl
Sie lebt in Stuttgart. Die Literatur zieht sich wie ein roter Faden durch ihr Leben. In der Schule, dem Deutsch-Studium und der langjährigen Tätigkeit im Kommunikationsbereich hat sie die Lust an der Sprache und den Worten immer begleitet. Sie ist Trainerin für systemische Beratung und Kommunikationsthemen und Leseratte. Das brennende Interesse für die Hintergründe menschlichen Handelns ist die Basis für ihre Kurzgeschichten und die Arbeit an ihrem Kriminalroman.

Jutta Weber-Bock
Sie ist 1957 in Melle/Osnabrück geboren, 1983 mit einer Liebe nach Stuttgart gezogen und aus Liebe zu Stuttgart geblieben. Heute lebt sie im Heusteigviertel, und bei jedem Wetter joggt sie auf die Waldau oder die Karlshöhe. Sie liebt Stuttgarts alte Häuser, die so manch kriminelle Geschichte erzählen können.
www.weber-bock.de

Angelika Wesner

1968 in Stuttgart geboren, entdeckte die Berufung des Schreibens.

Ihre ersten Brötchen verdiente sie als rasende Reporterin. Später wurde sie Zeitungsredakteurin in Schwäbisch Hall.

Seit Jahr 2002 arbeitet sie als freie Autorin in Schwäbisch Gmünd.

Bisher schrieb sie zwei veröffentlichte Biografien, brachte zwei Camping-Krimis im Eigenverlag heraus und ist Mitautorin der Anthologien »Schwäbisch kriminelle Weihnacht« sowie »Frauen morden schöner«.

www.wesnerswortschmiede.de

Alle Autorinnen in dieser Anthologie sind Mitglieder der Mörderischen Schwestern e.V.,einem Netzwerk mit über 550 Mitgliedern in Deutschland, Österreich und der Schweiz.

Ziel der Mörderischen Schwestern ist, die von Frauenverfasste deutschsprachige Kriminalliteratur zu fördern und zu unterstützen.

Mit der Ladies Crime Night – der Lesung mit Schuss – sind die Mörderischen Schwestern mit ihren Geschichten auch auf den unterschiedlichsten Bühnen zu finden.

www.moerderische-schwestern.eu

www.wellhoefer-verlag.de